LE FONTI DEL DIRITTO NELL'ORDINAMENTO ITALIANO

Fabrizio Politi

LE FONTI DEL DIRITTO NELL'ORDINAMENTO ITALIANO

IUSTITIAM COLIMUS
G. Giappichelli Editore

VIA PO, 21 - TEL. 011-81.53.111 - FAX 011-81.25.100
http://www.giappichelli.it

ISBN/EAN 978-88-921-3343-3

Stampa: Stampatre s.r.l. - Torino

Indice

Capitolo Terzo
Le fonti di grado primario

Capitolo Quarto
Le fonti dell'ordinamento europeo e la loro incidenza nell'ordinamento italiano

Capitolo Quinto
Le fonti di grado secondario e la consuetudine

Premessa

Il tema delle fonti del diritto costituisce una significativa prospettiva da cui analizzare le contemporanee dinamiche dell'ordinamento giuridico.

Secondo l'impostazione tradizionale, nell'ordinamento giuridico italiano il sistema delle fonti del diritto è strutturato intorno al principio di superiorità gerarchica della Costituzione e alla centralità della legge parlamentare. Ma qualunque osservatore libero da precostituiti schemi formali non ha difficoltà a rilevare l'indebolimento di entrambe tali caratteristiche. La debolezza che da qualche decennio caratterizza l'istituzione parlamentare ha determinato infatti anche un progressivo indebolimento della legge parlamentare sempre più sostituita da atti governativi aventi forza di legge o ridotta a momento di ratifica di decisioni dell'esecutivo o comunque risultato di "contrattazioni" e di "concertazioni" elaborate in altre sedi. Negli ultimi decenni si registra inoltre l'affermazione di fonti subordinate (regolamenti di delegificazione, regolamenti delle autorità amministrative indipendenti, ecc.) o di atti di *soft law* (codici deontologici, "linee-guida", ecc.) concretamente chiamati a disciplinare, o comunque ad influenzare, àmbiti cruciali della vita dei singoli. E l'indebolimento della primazia gerarchica della Costituzione è certificata proprio dallo svuotamento di senso (che in alcuni casi giunge al sovvertimento) delle regole procedurali dalla stessa poste (basti pensare alla prassi governativa di approvazione di decreti-legge ancora in fase di scrittura!). Il processo di integrazione europea ha inoltre impresso al sistema statuale delle fonti del diritto la necessità di misurarsi con i vincoli discendenti dalla cessione di sovranità operata con l'adesione all'ordinamento europeo (ed in tal senso operano anche le adesioni ad altri organismi internazionali).

L'esame dell'odierno assetto del sistema delle fonti del diritto richiede la consapevolezza della storicità del fenomeno giuridico, quale risultato delle dinamiche che scaturiscono dalla dialettica che coinvolge tutti gli attori in gioco (legislatore, giudice, organi costituzionali, ecc.). Questa consapevolezza consente di comprendere appieno il significato della visione ordinamentale dell'esperienza giuridica, quale risultante di molteplici opzioni valoriali e di differenti spinte storico-sociali.

Il presente lavoro spera di adempiere alla propria funzione didattica mostrando al discente, anche nell'esame delle fonti del diritto, la ricchezza e la pluralità del fenomeno giuridico.

Sulmona, 27 febbraio 2020

f.p.

Capitolo Primo

La nozione di fonte del diritto fra norma giuridica e ordinamento giuridico

1. *Considerazioni preliminari: fonti del diritto ed esperienza giuridica*

Se il diritto, in quanto "fenomeno giuridico", si presenta innanzitutto quale "esperienza giuridica", la riflessione sulle "fonti del diritto" non può accontentarsi di muoversi all'interno di pre-costruiti schemi formali, ma deve necessariamente interrogarsi sulle dinamiche concrete che si registrano quotidianamente nell'odierna fenomenologia delle fonti del diritto per cercare di individuare il significato attuale di tale espressione. Ma, prima ancora, la riflessione sulle fonti del diritto non può prescindere da un preliminare approfondimento relativo alla nozione del "diritto" – esplicitata o presupposta – dalla quale si intenda prendere le mosse. Le nozioni di "fonte del diritto" e di "norma giuridica" infatti non possono non risentire della più generale visione del diritto (*id est*, del fenomeno giuridico) da cui si muove. A questo proposito va ricordato che l'ampio e complesso panorama delle riflessioni scientifiche in materia può essere tendenzialmente suddiviso in (almeno) tre orientamenti.

Secondo la c.d. *teoria normativista* il diritto è innanzitutto norma giuridica ed il carattere normativo costituisce l'elemento peculiare che distingue l'ordinamento giuridico dagli altri tipi di ordinamento e ne determina l'essenza. Per questa impostazione la riflessione sulle fonti del diritto (cioè sugli atti o fatti capaci di produrre norme giuridiche) viene a rivestire il ruolo di momento centrale e determinante della riflessione sul fenomeno giuridico. Infatti la visione del diritto come norma giuridica pone inevitabilmente l'accento sugli atti o fatti capaci di produrre norme giuridiche e dunque sui soggetti e sulle procedure mediante le quali "nasce" il diritto. In questa prospettiva il diritto viene a configurarsi come esercizio di un «potere» a disposizione del detentore del potere normativo (parlamento, monarca, dittatore, ecc.).

In una prospettiva formalistica, il punto critico dell'orientamento normativista è rappresentato dalla difficoltà di rispondere al quesito relativo a chi o cosa conferisca alla norma quella "giuridicità" che distingue la norma giuridica dalle altre norme che giuridiche non sono. Dal punto di vista sostanziale, la teoria normativista presenta la norma giuridica (e dunque il diritto) come costruzione razionale ed astratta, rimuovendo così ogni considerazione relativa alle dinamiche storico-sociali che hanno portato all'affermazione delle singole discipline giuridiche e, più in generale, ad una determinata configurazione dell'ordinamento giuridico.

Al contrario di quanto sostenuto dalla concezione normativa del diritto (secondo la quale il diritto si risolve un complesso o sistema di norme), la *teoria istituzionalista* (o istituzionalistica) del diritto afferma che ogni istituzione, in quanto ente avente una propria struttura e organizzazione, costituisce un «ordinamento giuridico», valendo anche la reciproca per cui ogni ordinamento giuridico è un'istituzione. Secondo la teoria istituzionalista, il diritto è innanzitutto (non norma bensì) "istituzione". In base a questa impostazione «*Ogni ente sociale, cioè ogni istituzione ... è un ordinamento giuridico*» (Santi Romano).

In base a questa impostazione, sia le singole norme che l'intero complesso delle norme giuridiche sono solo «estrinsecazioni» dell'ordinamento, che non può ritenersi risolto nelle sole norme giacché queste presuppongono l'istituzione «comprensivamente e unitariamente considerata» e di cui le norme sono appunto un aspetto ed una manifestazione. Naturalmente il diritto è anche norma, ma, «prima di essere norma, è organizzazione o corpo sociale ed è questo che alla norma comunica la natura giuridica, non viceversa». L'aspetto normativo del diritto è dunque logicamente posteriore all'aspetto istituzionale essendo quest'ultimo ad imprimere alle norme il carattere della giuridicità. Come ogni istituzione, lo Stato è un ordinamento giuridico ed è «uno» dei numerosi ordinamenti giuridici esistenti (principio della pluralità degli ordinamenti giuridici e principio della possibile loro non esclusività), sì da determinare il fenomeno per cui i diversi ordinamenti giuridici possono essere in relazione di antitesi, di indifferenza o di «socievole coesistenza».

Ancora differente l'impostazione che vede il *diritto come relazione* o come insieme coordinato di rapporti. Questa impostazione sottolinea l'inerenza del diritto ai rapporti umani, collegando così la normatività con l'organizzazione sociale ed individuando il senso profondo del fenomeno giuridico nella concreta esperienza delle relazioni umane giacché tutto il diritto è costituito in funzione dell'uomo (Ermogeniano: «*cum igitur hominum causa omne ius constitutum sit*»). In questa prospettiva il diritto viene ad assumere la dimensione della "esperienza giuridica" con conseguente rifiuto delle visioni esclusivamente formalistiche e concettuali del diritto, le quali "nascondono" le dinamiche reali dei fenomeni ed i concreti interessi in gioco. Infatti il diritto, in quanto «ordine di convivenza, immanente ai rapporti di un corpo sociale» (Emilio Betti), è il prodotto, storicamente condizionato, della *societas* e cioè dei molteplici rapporti esistenti fra i membri della *societas*. Conseguenzialmente anche l'esame delle fonti del diritto non può limitarsi ad una riflessione sulla sistematizzazione di rigide categorie formali, non potendo esaurirsi in una mera analisi dei concetti di "norma giuridica" e di "fonte del diritto", ma deve necessariamente allargare lo sguardo alle dinamiche concrete dell'ordinamento giuridico.

Il diritto non è solo «forma» (o «definizioni»), ma realtà concreta (esperienza giuridica, appunto) e pertanto anche nello studio delle fonti del diritto (come di ogni altro aspetto del fenomeno giuridico), bisogna necessariamente interrogarsi sulle dinamiche concrete che ruotano attorno alla nozione di fonte del diritto, nella consapevolezza che in questa riflessione la *dogmatica giuridica* (cioè la costruzione di definizioni e concetti giuridici) costituisce uno strumento necessario ed utile, ma che non deve condurre ad un distacco dalla realtà e dalla constatazione (e considerazione) delle sottostanti opzioni valoriali.

2. *Fonte del diritto, norma giuridica e ordinamento giuridico*

Secondo la tradizionale definizione dottrinale, le **fonti del diritto** sono gli **atti e fatti capaci di produrre, in un determinato ordinamento giuridico, norme giuridiche**.

Emergono così gli elementi essenziali della nozione di "fonte del diritto":

– la *"relatività"* del concetto di fonte del diritto ("in un determinato ordinamento giuridico"): è "fonte del diritto" solo quel fatto o atto cui l'ordinamento stesso riconosce la capacità di produrre norme valide per l'intero ordinamento;

– la distinzione fra "fonti-atto" e "fonti-fatto" (v. *infra*);

– la "capacità" delle fonti del diritto di "produrre" di norme giuridiche (e questa viene ad essere la peculiarità delle fonti del diritto).

Dalla distinzione fra «atti» e «fatti» (che, a loro volta, possono essere ricompresi nel più ampio *genus* dei fatti giuridici in senso lato, quali fatti produttivi di effetti giuridici) discende la divisione delle fonti in ***fonti-atto*** (atti normativi posti in essere da soggetti determinati nell'esplicazione di uno specifico potere normativo loro assegnato) e ***fonti-fatto*** (fatti normativi, fatti che producono norme che vengono assunte dall'ordinamento nella loro oggettività).

La formula «fonti del diritto» è espressa, nel nostro diritto positivo, nell'art. 1 disp. prel. c.c., la cui elencazione (leggi, regolamenti e usi) non può ritenersi esaustiva sia perché contenuta in una fonte di grado primario (e quindi non costituzionale), sia perché già gli articoli immediatamente successivi (artt. 2 e 3 disp. prel. c.c.) introducono un'ulteriore tipologia di fonti consistente nelle «leggi di carattere costituzionale». Con questa espressione il codice civile (che è del 1942) fa riferimento a quella categoria di leggi («legge costituzionale»), introdotta (durante il regime fascista) con la riforma del 1928, per l'approvazione delle quali era richiesto il parere del Gran Consiglio del Fascismo (e senza alcuna modifica dello Statuto albertino che formalmente continuava ad essere la Costituzione del Regno, ma il cui ordine delle competenze era stato completamente stravolto).

Nell'ordinamento repubblicano «legge costituzionale» è l'atto approvato secondo il procedimento previsto e disciplinato dall'art. 138 Cost. (al riguardo v. *infra*, cap. 2). La Costituzione è il documento fondamentale da cui deve muovere ogni ricostruzione del quadro delle fonti del diritto nel nostro ordinamento. Ed è dunque dalla Costituzione che bisogna trarre l'assetto fondamentale del sistema delle fonti, giacché la Costituzione, oltre ad essere essa stessa una fonte (*rectius*, la fonte posta al vertice del sistema costituzionale), disciplina (*rectius*, deve disciplinare) tutte le fonti di grado primario, i rapporti intercorrenti fra le stesse e la possibilità di ingresso nell'ordinamento giuridico statale di fonti o di norme di tipo diverso.

Tradizionalmente si afferma che la *norma giuridica* è la *"regola generale e astratta volta a disciplinare una serie indeterminata di casi"*.

Da questa definizione emergono i ***caratteri della norma giuridica***.

La norma giuridica è una "regola" che disciplina la vita dei consociati. Di qui l'elemento della *esteriorità* della norma giuridica che ha ad oggetto i comportamenti umani come si estrinsecano nel mondo esteriore; questo elemento serve a distinguere la norma giuridica (e dunque il diritto), fondato sulla esteriorità, dalla norma morale fondata invece sulla interiorità; a tal proposito si dice anche che la norma giuridica è una norma *eteronoma* e quella morale una norma *autonoma*.

Emerge così un ulteriore carattere della norma giuridica che è quello della *imperatività* della stessa, essendo la norma giuridica un comando (è una *proposizione prescrittiva*) la cui trasgressione comporta l'applicazione di una sanzione o comunque la produzione di ulteriori effetti previsti dall'ordinamento.

La *generalità* e l'*astrattezza* consistono nell'attitudine della norma a regolare intere categorie di fatti o di comportamenti.

L'*astrattezza* attiene al fatto che la norma giuridica disciplina una "fattispecie astratta", cioè un'ipotesi astratta al verificarsi della quale la norma determina la produzione di un determinato effetto.

La *generalità* invece è data dal fatto che la norma giuridica è indirizzata alla generalità dei consociati.

Generalità e astrattezza non sono requisiti essenziali, ma caratteri «naturali» delle norme giuridiche, giacché possono esistere anche norme riguardanti casi individuali e concreti (c.d. leggi-provvedimento). La dottrina tradizionale prende le mosse dal riconoscimento dei caratteri di generalità e astrattezza della norma giuridica, come precetto avente ad oggetto un insieme di situazioni possibili e, per tale ragione, suscettibile di indefinita applicazione (generalità e astrattezza nel senso della «ripetibilità») (Crisafulli). In questa ricostruzione la generalità della norma viene a concretizzarsi nella impersonalità e l'astrattezza nella ripetibilità (Cerri).

Le norme giuridiche sono inserite in un sistema (*ordinamento giuridico*) che ne garantisce l'osservanza mediante la previsione di apposite procedure dirette ad accertare il rispetto della norma o a dichiararne l'inosservanza applicando in quest'ultimo caso, nei confronti del soggetto della violazione, una misura punitiva (la sanzione). Secondo questa impostazione, la norma giuridica viene a comporsi di due elementi: il *precetto* e la *sanzione*. Il primo esprime il comportamento che deve essere tenuto dai destinatari della norma medesima e può essere positivo o negativo (obbligo di fare o di non fare); la seconda consiste invece nella reazione dell'ordinamento conseguente alla violazione del precetto e si concretizza nell'applicazione di una misura punitiva (che può essere di varia tipologia; civile, penale, disciplinare, ecc.) a carico del trasgressore.

In merito alla *coattività* (o *coercibilità*) e alla *sanzionabilità* della norma giuridica bisogna ricordare che a lungo si è discusso se anche la *coercibilità* (la previsione di una sanzione irrogata a chi non obbedisca alla norma) sia un carattere proprio della norma giuridica. Nell'ordinamento è infatti frequente rinvenire norme sprovviste di sanzione. L'assenza di sanzione però non può giungere a negare la giuridicità delle relative norme giacché la coercibilità va riferita, più che alle singole norme, all'ordinamento giuridico, cioè al «sistema» costituito dalle norme medesime. Infatti la sanzione prevista dalla norma giuridica è irrogata grazie alla forza di cui dispone il corpo sociale che le norme stesse organizzano. Emerge così il ruolo del corpo sociale «produttore» di quelle norme mediante le quali lo stesso corpo sociale si organizza. La norma giuridica presuppone l'esistenza di una società organizzata (*ubi societas ubi ius*) cioè l'esistenza di un sistema o «ordinamento giuridico».

Questa considerazione dimostra che la norma giuridica presuppone l'esistenza di un ordinamento giuridico e cioè di una pluralità di soggetti organizzata (*societas*) in base ad un «sistema» di norme. Nella massima «*Ubi societas ibi ius*» si rinviene lo stretto collegamento intercorrente fra il fenomeno giuridico e l'esistenza di un gruppo sociale, costituito e ordinato, che persegue fini comuni.

Ed anche da questa prospettiva riemerge come il fenomeno giuridico non si esaurisca nella "norma" (o "nelle norme"), ma comprenda anche la struttura della società: il diritto «*prima di essere norma, è organizzazione, struttura, posizione della stessa società in cui si svolge e che esso costituisce come unità, come ente per se stante*», cioè come istituzione (Santi Romano).

3. *Fonti del diritto e pluralità degli ordinamenti giuridici*

L'essere umano vive immerso in una pluralità di ordinamenti giuridici ciascuno dei quali è caratterizzato da un "proprio" sistema di fonti del diritto. I diversi ordinamenti giuridici, in via di principio, tendono a porsi come «non esclusivi», mentre lo Stato, in quanto detentore della "sovranità", si pone (appunto) come "sovrano" (*superiorem non recognoscens*) e dunque si autoassegna anche il potere di "qualificare" gli altri ordinamenti giuridici (come "ammessi", "riconosciuti", vietati", ecc.).

La ***pluralità degli ordinamenti giuridici*** pone il problema della individuazione dei criteri in base ai quali i vari ordinamenti giuridici si rapportano fra di loro. I diversi ordinamenti possono infatti trovarsi vicendevolmente in una relazione di indifferenza, di coesistenza o di antitesi. Come detto, lo Stato, in quanto ordinamento giuridico a fini generali, indipendente e originario, dotato di potere sovrano nell'ambito del proprio territorio, si autoassegna il potere di determinare il rapporto che gli "altri" ordinamenti giuridici devono avere nei confronti dell'ordinamento statale, e che può essere:

– di separazione (quando fra i diversi ordinamenti non vi è alcuna forma di condizionamento);
– di coordinamento (quando vi è un coordinamento reciproco paritario; cfr., ad es., riguardo ad alcune materie, i rapporti fra Stati);
– di riconoscimento (quando l'ordinamento statale riconosce l'esistenza dell'altro ordinamento ed entro certi limiti attribuisce efficacia alle norme dello stesso);
– di opposizione (quando fra i diversi ordinamenti vi è una irriducibile contrapposizione sì che lo Stato vieta l'esistenza dell'altro ordinamento);
– di indifferenza (quando un determinato ordinamento sia del tutto indifferente per l'ordinamento statale); ed ancora di derivazione, di dipendenza, ecc.

Lo schema della pluralità degli ordinamenti giuridici trova numerose forme di applicazione: dai rapporti fra Stati ai rapporti fra singolo Stato e confessioni religiose, dai rapporti fra l'ordinamento statale e gli ordinamenti sportivi alle vicende dei rapporti associativi concernenti profili riguardo ai quali lo Stato ritiene di non dover intervenire lasciando all'associazione medesima la competenza a decidere sulle questioni interne all'associazione.

La constatazione della pluralità degli ordinamenti giuridici pone la questione del rapporto fra ordinamenti differenti (e dunque anche fra le fonti del diritto dei diversi ordinamenti giuridici). Anche a questo proposito, il tipo di correlazione esistente fra i diversi ordinamenti si ripercuote nel rapporto fra fonti del diritto dei singoli ordinamenti (e dunque nel rapporto fra le relative norme). E, ancora una volta, è la sovranità statale a giocare il ruolo di elemento decisivo nella ripartizione degli ambiti di influenza (o di efficacia) giacché è lo Stato con i propri atti normativi a stabilire il rapporto con le norme degli altri Stati (operano in questa direzione le norme di diritto internazionale privato e di diritto internazionale pubblico), o con gli altri diversi ordinamento giuridici diversi dallo Stato (ordinamenti sportivi, religiosi, associativi, ecc.) o con gli organismi internazionali (in base ai trattati). In questo àmbito si incontra la problematica del ruolo di fonti "esterne" all'ordinamento giuridico, fonti "esterne" ma che operano all'interno dell'ordinamento giuridico statale (e così ad esempio le norme dell'UE, v. *infra*, cap. IV).

Da questa prospettiva si conferma l'impostazione secondo cui le fonti del diritto, come espressione di potere normativo dello Stato, sono espressione (ed esperienza) della sovranità dello Stato.

Con riguardo specifico allo Stato italiano, deve aggiungersi che l'ispirazione pluralista della Costituzione repubblicana, oltre a riconoscere la «pluralità» degli ordinamenti, pone sostanziali limitazioni al diritto dello Stato (cfr., ad es., artt. 2, 7, 10, 11 e 18 Cost.) in ragione appunto della constatazione dell'impossibilità di riduzione del diritto alle sole norme di produzione statale.

In base al *principio della pluralità degli ordinamenti giuridici* può trovare applicazione nell'ordinamento giuridico statale anche una norma prodotta da fonte di altro ordinamento giuridico oppure, di fronte a determinate questioni, il potere giudiziario statale (cioè il giudice statale) può dichiarare la propria incompetenza a pronunciarsi nel merito: in tali casi il giudice dichiara il «*difetto di giurisdizione*», nel senso che il giudice dichiara che su quella determinata questione l'ordinamento statale non può intervenire (giacché «estraneo» riguardo alla stessa) e che la norma da applicare va individuata in altro ordinamento e che solo quest'ultimo è competente a pronunciarsi in materia. In tali casi, il giudice statale rimette al giudice dell'altro ordinamento la relativa decisione o applica la norma prodotta dalla fonte del diritto di altro ordinamento giuridico.

La dichiarazione del difetto di giurisdizione significa la dichiarazione – da parte del potere giudiziario statale – di trovarsi di fronte ad un ordine di interessi ritenuti non tutelabili dall'ordinamento statale in ragione dell'esistenza di uno spazio giuridicamente «bianco» o perché devoluto (dallo stesso Stato) ad altra sfera di tutela.

E così possono citarsi i rapporti fra ordinamento statale e ordinamento sportivo, ma anche le questioni legate alle vicende interne ai partiti politici e, più in generale, tutte le vicende legate al fenomeno associazionistico. A questo proposito va sottolineato che è difficile rintracciare esempi di associazioni del tutto irrilevanti per il diritto statuale dovendosi sempre commisurare con un contratto associativo – che, in quanto "contratto", rientra nelle forme del diritto privato – ed in cui la distinzione fra profili giudicabili e profili non giudicabili discende dalla natura degli interessi in gioco.

A questo proposito bisogna ribadire, da un lato, che è lo Stato a tracciare la linea di demarcazione fra materie e questioni rimesse alla competenza dell'ordinamento statale e materie e questioni riguardo alle quali lo Stato dichiara la propria "indifferenza" (o "estraneità" o "contrarietà"); ma, dall'altro lato, bisogna parimenti ricordare che assegnare in questo ambito allo Stato una piena discrezionalità vuol dire reprimere fortemente – se non negare – ogni forma di autonomia sociale, che viene appunto rimessa all'arbitrio assoluto dello Stato medesimo. A questo dilemma sono state date, nei secoli, risposte differenti: la Costituzione repubblicana innanzitutto nell'art. 2 Cost. (ma v. anche artt. 18, 19, 39 e 49 Cost.) ha affermato la "pre-statualità" del fenomeno associativo quale espressione di una libertà inviolabile che lo Stato deve "riconoscere" e "garantire".

Con riguardo ai *rapporti tra ordinamento statale e ordinamento sportivo*, bisogna ricordare la disciplina posta dal d.l. 19 agosto 2003, n. 220 (*"Disposizioni urgenti in materia di giustizia sportiva"*), conv. con modif. in legge n. 280 del 2013 che dispone (art. 1): «La Repubblica riconosce e favorisce l'autonomia dell'ordinamento sportivo nazionale, quale articolazione dell'ordinamento sportivo internazionale facente capo al Comitato Olimpico Internazionale». I rapporti tra l'ordinamento sportivo e l'ordinamento statale sono regolati in base al *principio di autonomia* dell'ordinamento sportivo, «*salvi i casi di rilevanza per l'ordinamento giuridico della Repubblica di situazioni giuridiche soggettive connesse con l'ordinamento sportivo*». Pertanto all'ordinamento sportivo è riservata la disciplina delle questioni aventi ad oggetto l'applicazione delle norme (regolamentari, organizzative e statutarie) dell'ordinamento sportivo nazionale e delle sue articolazioni, nonché dei comportamenti rilevanti sul piano disciplinare (compresa l'irrogazione delle sanzioni disciplinari sportive). Con riguardo a tali questioni le società sportive e i singoli tesserati possono adire gli organi di giustizia dell'ordinamento sportivo e, una volta esauriti i gradi della giustizia sportiva, è possibile rivolgersi al giudice amministrativo, ma solo per le controversie non riservate agli organi di giustizia dell'ordinamento sportivo.

La Corte costituzionale (sentt. n. 49 del 2011 e n. 160 del 2019) ha affermato che la riserva al giudice sportivo della competenza a decidere sulle controversie aventi ad oggetto sanzioni disciplinari, diverse da quelle tecniche, inflitte ad atleti, tesserati, associazioni e società sportive trova fondamento negli artt. 2 e 18 Cost. «anche ove i loro effetti superino l'ambito dell'ordinamento sportivo, incidendo su diritti soggettivi ed interessi legittimi». Nella sent. n. 160 del 2019 la Corte costituzionale – riconfermando quanto già dichiarato nella sent. n. 49 del 2011 – specifica che la "scelta legislativa" di cui è espressione il d.l. n. 220 del 2003 «è frutto del non irragionevole bilanciamento operato dal legislatore fra il principio costituzionale di pienezza ed effettività della tutela giurisdizionale e le esigenze di salvaguardia dell'autonomia dell'ordinamento sportivo» («che trova ampia tutela negli artt. 2 e 18 Cost.»).

La Corte specifica che «Nel quadro della struttura pluralista della Costituzione, orientata all'apertura dell'ordinamento dello Stato ad altri ordinamenti, anche il sistema dell'organizzazione sportiva, in quanto tale e nelle sue diverse articolazioni organizzative e funzionali, trova protezione nelle previsioni costituzionali che riconoscono e garantiscono i diritti dell'individuo, non solo come singolo, ma anche nelle formazioni sociali in cui si esprime la sua personalità (art. 2 Cost.) e che assicurano il diritto di associarsi liberamente per fini che non sono vietati al singolo dalla legge penale (art. 18). Con la conseguenza che eventuali collegamenti con l'ordinamento statale, allorché i due ordinamenti entrino reciprocamente in contatto per intervento del legislatore statale, devono essere disciplinati tenendo conto dell'autonomia di quello sportivo e delle previsioni costituzionali in cui essa trova radice. La regolamentazione statale del sistema sportivo deve dunque mantenersi nei limiti di quanto risulta necessario al bilanciamento dell'autonomia del suo ordinamento con il rispetto delle altre garanzie costituzionali che possono venire in rilievo, fra le quali vi sono ... il diritto di difesa e il principio di pienezza ed effettività della tutela giurisdizionale presidiati dagli artt. 24, 103 e 113 Cost.».

Per la Corte costituzionale, quando vengono a configurarsi situazioni non irrilevanti per l'ordinamento giuridico statale, e dunque meritevoli di tutela da parte di questo – perché concernono o la tutela di fondamentali diritti di libertà o di significativi diritti patrimoniali, soprattutto nei casi in cui «si tenga conto della rilevanza economica che ha assunto il fenomeno sportivo, spesso praticato a livello professionistico ed organizzato su base imprenditoriale» –, il d.l. n. 220 del 2002 (conv. in legge

n. 280 del 2003) prevede che l'autonomia dell'ordinamento sportivo receda proprio in ragione del coinvolgimento di situazioni giuridiche rilevanti per l'ordinamento giuridico statale. La normativa vigente non preclude in astratto al giudice statale di conoscere questioni sorte all'interno dell'ordinamento sportivo, quando le stesse riguardino diritti soggettivi o interessi legittimi giacché «qualora la situazione soggettiva abbia consistenza tale da assumere nell'ordinamento statale la configurazione di diritto soggettivo o di interesse legittimo ... è riconosciuta la tutela risarcitoria».

4. *Fonti di produzione e fonti di cognizione*

Con l'espressione «**fonti del diritto**» si indicano – come detto – tutti quegli atti o fatti a cui un determinato ordinamento riconosce la capacità di produrre norme giuridiche.

Si sta parlando delle c.d. **fonti di produzione**, cioè di quei fatti e atti abilitati dall'ordinamento a creare «diritto oggettivo», e perciò atti o fatti «normativi», nel senso di produzione e modificazione di norme costitutive del diritto positivo (Crisafulli).

Con l'espressione «*fonti di cognizione*» si fa invece riferimento a quegli atti scritti aventi lo scopo di assicurare la conoscibilità del diritto vigente. Le **fonti di cognizione** costituiscono dunque gli strumenti mediante i quali è possibile venire a conoscenza delle fonti di produzione. La *Gazzetta Ufficiale della Repubblica italiana* è la più importante delle fonti di cognizione ufficiali del nostro ordinamento.

Riguardo alla **pubblicazione degli atti normativi**, il d.p.r. n. 1092 del 1985 (*"Testo unico delle disposizioni sulla promulgazione delle leggi, sulla emanazione dei decreti del Presidente della Repubblica e sulle pubblicazioni ufficiali della Repubblica italiana"*) prevede che debbano essere pubblicati sulla Gazzetta Ufficiale della Repubblica italiana le leggi costituzionali, le leggi ordinarie, i decreti aventi forza di legge, i decreti (del Presidente della Repubblica, del Presidente del Consiglio dei Ministri, ministeriali, dei comitati interministeriali) «strettamente necessari per l'applicazione di atti aventi forza di legge e che abbiano contenuto normativo», gli accordi internazionali, le sentenze di accoglimento della Corte costituzionale. Gli atti normativi statali, dopo essere stati controfirmati, sono trasmessi al ministro della giustizia il quale appone il proprio «visto» ed il sigillo dello Stato. Il ministro può sottrarsi a tale compito se «incontra qualche difficoltà riguardo alla forma esteriore della legge ovvero al tenore del decreto, della delibera o dell'altro atto» normativo. In questo caso il ministro comunica tale «difficoltà» al Presidente del Consiglio nel caso di una legge, o al ministro competente per gli altri tipi di atti.

La «*pubblicazione legale degli atti normativi statali*» è dunque quella che avviene sulla *Gazzetta Ufficiale*, mentre l'inserimento dell'atto normativo nella *Raccolta ufficiale degli atti normativi della Repubblica* costituisce una ripubblicazione degli stessi.

Le **fonti sulla produzione** sono quelle fonti che disciplinano o determinano gli organi – ed i procedimenti – deputati nel relativo ordinamento giuridico a produrre norme giuridiche. Tali fonti ("sulla produzione"), con riguardo all'ordinamento statale, possono essere di grado costituzionale o anche di grado primario o secondario, ma (in ragione del principio gerarchico, v. *infra*) la relativa disciplina per essere vincolante deve essere posta da una fonte di grado superiore rispetto alla fonte oggetto di disciplina giacché, altrimenti, la disciplina "sulla produzione" con cui una fonte mira a "regolare" fonti di pari grado può facilmente essere derogata dalle successive fonte di pari grado. Invece la disciplina diventa vincolante – e criterio di validità – se posta da fonte di grado superiore: e così la Costituzione pone la disciplina sul procedimento di formazione della legge e degli atti aventi forza di legge – cioè sulle fonti di grado primario – mentre è la legge ordinaria – o fonti a questa equiparata – a porre la disciplina delle fonti di grado secondario.

5. *Il dibattito sulla crisi della nozione di "fonte del diritto" e le "norme di riconoscimento"*

In dottrina è stata affermata la necessità di una riflessione sul concetto di "fonte del diritto" e sul sistema delle fonti, che si distacchi dalla impostazione della dogmatica tradizionale, che finisce per fornire una nozione di fonte del diritto quale mera espressione di una visione potestativa del diritto e che tende ad identificare il diritto esclusivamente nella norma giuridica.

Inoltre un semplice "sguardo disincantato" della realtà, e libero da pre-costituiti schemi formali, dimostra l'implosione del tradizionale sistema delle fonti del diritto: dall'abdicazione del Parlamento dal proprio ruolo di soggetto centrale nella produzione della legge alla centralità conquistata dal potere normativo – primario e secondario – del Governo; dal ruolo normativo delle autorità amministrative indipendenti al ruolo dei codici deontologici; dalle decisioni legislative adottate a valle di procedure di concertazione all'affermazione di istituti di produzione negoziale delle norme. A questo proposito va evidenziato che il pluralismo istituzionale (cioè il riconoscimento della necessità – costituzionalmente imposta – di una pluralità di istituzioni, con la conseguenza che la produzione di norme giuridiche non è monopolio del solo legislatore statale), il processo di integrazione europea (con la progressiva crescita dell'ordinamento europeo le cui fonti del diritto incidono su materie già spettanti agli ordinamenti degli Stati membri) e la crisi dell'istituzione parlamentare (cioè la perdurante debolezza del Parlamento sistematicamente "scavalcato" dal Governo nell'esercizio del potere legislativo) costituiscono solo alcune delle numerose ragioni che hanno messo in crisi il tradizionale concetto di «fonte del diritto», con la conseguenza che le definizioni elaborate dalla dogmatica tradizionale si mostrano poco utili per comprendere la realtà.

Pertanto, anche nell'analisi delle fonti del diritto, deve ribadirsi la necessità di un approccio non formalistico ma caratterizzato da una «apertura» nei confronti dei vari percorsi che conducono alla «identificazione del diritto da applicare in concreto», rifuggendo dai dogmatismi e ponendo specifica attenzione ai «criteri di riconoscimento» che vengono concretamente applicati (Cervati). Ed è proprio in base a questa impostazione che è stata avanzata la proposta di utilizzazione dell'espressione, diffusa nella letteratura angloamericana, «**norme di riconoscimento**» (Giuliani) con riferimento appunto alle regole di individuazione del diritto vigente, cioè del diritto applicato ai singoli casi.

Alessandro Giuliani ha messo in luce come sia stato il positivismo codicistico a far radicare non solo il principio secondo cui la volontà del legislatore costituirebbe l'unica norma di riconoscimento per il giudice, ma anche il dogma secondo cui i principi regolanti il sistema delle fonti – e che mirano ad assicurare la «certezza del comando» – discenderebbero da «canoni di una logica invariabile», quale, ad esempio, il valore del principio della prevalenza della *lex posterior*. L'analisi storica dimostra invece che le codificazioni civili del XIX secolo hanno raccolto tali principi dalla dottrina dei *principia iuris* (o *leges legum*) elaborata dalla teologia giuridica del XVI secolo in antitesi alla opposta tradizione delle *regulae iuris* propria del nostro diritto comune. Quest'ultimo era caratterizzato dall'assenza di una «coerente dottrina delle fonti» e dalla precarietà della gerarchia normativa. Le norme di riconoscimento venivano individuate dalla dottrina e dalla giurisprudenza come tutte le norme, sostanziali e processuali, finalizzate al momento dell'applicazione. Si deve invece all'elaborazione teologico-giuridica del XVI secolo la determinazione dei concetti che saranno secolarizzati dal positivismo codicistico e trasmessi come principi immutabili relativi alla nascita, alla modificazione, estinzione ed applicazione delle norme giuridiche. La contrapposizione è dunque fra le «norme di riconoscimento» del diritto comune – in cui centrale è il ruolo del giudice nella individuazione e determinazione della norma da applicare – e l'impostazione di tipo illuministico che individua una sede – in concreto il titolo preliminare al codice civile – in cui fissare in maniera definitiva norme, anch'esse di riconoscimento, ma aventi valore assoluto, meccanico ed automatico ed in cui il ruolo del giudice è declassato a quello di mero funzionario chiamato ad applicare senza margine alcuno di discrezionalità quanto stabilito dal legislatore.

Da queste considerazioni si propone l'uso del concetto di «**norma di riconoscimento**», categoria da utilizzare volutamente in senso ampio per indicare la problematicità del rapporto esistente tra conoscenza e diritto (Giuliani).

Con riferimento alla tradizionale formulazione "fonte del diritto", Giuliani invita a porre maggiore attenzione ai contesti storici, sociali ed economici e propone di utilizzare l'espressione «*norme di riconoscimento*» proprio allo scopo di assumere, nello studio del diritto, una prospettiva storica e comparativa (Cervati). Per Giuliani la locuzione «fonti del diritto», anche se «*pare efficace per il richiamo semantico alla problematica del rapporto tra conoscenza e diritto*», finisce per concentrare l'attenzione su una concezione esclusivamente imperativa dei fenomeni giuridici, fondata sull'errata idea «*secondo cui l'unica norma di riconoscimento*» sarebbe «*la volontà del legislatore*». Giuliani invita il giurista a non concentrarsi esclusivamente sui problemi formali relativi al procedimento di formazione degli atti normativi e all'ordine gerarchico degli stessi, e ad ampliare invece la propria riflessione all'approfondimento dei profili interpretativi ed etici dei rapporti giuridici nello studio dei rapporti tra legislazione e giurisdizione. Per Giuliani «*la riduzione del diritto alla legge non è soltanto contro l'ordine delle istituzioni, ma anche contro l'ordine della conoscenza pratica*» e pertanto è necessario riflettere sulla dimensione storica assunta dai valori etici e razionali. Ed è in questa prospettiva che Giuliani propone di utilizzare, in luogo dell'espressione «fonti del diritto», quella di «norme di riconoscimento», proprio per mettere l'accento sui problemi della ricognizione delle norme vigenti in un certo luogo e in un determinato periodo di tempo, evidenziando le connessioni tra economia, diritto e dinamiche sociali.

Il riconoscimento che «*i titoli preliminari dei codici civili sono un capitolo fondamentale della storia del costituzionalismo moderno*», apre la strada ad una visione dialettica e storica della legislazione e dei suoi rapporti con la giurisdizione. E per Giuliani è il valore dell'equità a rappresentare la "metafora base" della civiltà giuridica occidentale, *id est* la norma di riconoscimento per eccellenza: «*Il termine equità ... non evoca più lo spettro di un giudizio intuitivo svincolato da regole*», perché «*destinato ad investire il discorso sulle fonti del diritto e sull'interpretazione*» e perché «*il discorso sulla equità appare inseparabile da quello sui principi del diritto*».

Per Giuliani «*l'equità è un elemento costitutivo dell'esperienza giuridica*». Conseguenzialmente Giuliani individua come «punti di riferimento» del discorso sulle «norme di riconoscimento», i concetti di «prudenza», di «equità» e di «ragionevolezza» quali «componenti essenziali della conoscenza giuridica», ed in cui l'equità si pone «*metafora base*» del linguaggio e dell'argomentazione giuridica, in quanto elemento capace di mettere in luce diversità e analogie nei comportamenti umani, e di adattare al caso singolo le regole e le decisioni giudiziarie (Cervati).

Emerge così il dato centrale rappresentato dalla constatazione che «*tutte le norme ... sono finalizzate al momento dell'applicazione*». La riflessione sulle fonti del diritto costituisce dunque per Giuliani un aspetto del più ampio discorso sulla scienza giuridica di cui è riaffermata la necessità di un discorso critico che non si limiti ad intendere il diritto come mera espressione della volontà di chi detiene il potere politico o economico (Cervati). La scienza del diritto non deve esaurirsi nella ricerca di «una mitica volontà del legislatore», né perdersi «nell'illusione della "purezza" di una conoscenza imperativa dei fenomeni giuridici», ma muovere dalla consapevolezza dell'esigenza di dedicare specifica attenzione al mutare dei significati reali, storici dei percorsi argomentativi dei giuristi, superando le concezioni imperative del diritto e collocando i fenomeni giuridici in una visione dialettica e critica dell'esperienza giuridica.

6. *I criteri di risoluzione delle antinomie*

Con il sostantivo *"antinomia"* (dal greco *"anti-nomos"*, norme in contrasto fra loro) si fa riferimento all'ipotesi, altamente frequente, di disposizioni normative che pongono norme fra loro contrastanti e che impongono all'interprete l'individuazione della norma da applicare e di quella da pretermettere. La molteplicità delle fonti esistenti nell'ordinamento impone la necessità della individuazione di criteri volti a risolvere le **antinomie** – cioè, i contrasti fra norme – che inevitabilmente si producono in ragione della continua capacità delle fonti di produrre norme. È compito dell'interprete risolvere le antinomie, individuando la norma da applicare al caso concreto.

L'ordinamento giuridico, proprio perché "ordinamento" – cioè, per definizione, sistema coerente ed unitario di norme – richiede criteri volti appunto alla risoluzione delle antinomie. A questo proposito ci si deve porre la domanda relativa alla individuazione del soggetto o dei soggetti chiamati a "ricostruire" il sistema delle fonti: chi "ordina" l'ordinamento giuridico?

È lo stesso ordinamento ad "autoordinarsi" – ad esempio mediante principi fissati dal legislatore di cui i giudici e tutti gli operatori del diritto sono semplici esecutori – oppure è il potere giudiziario (mediante la giurisprudenza) oppure è la dottrina, mediante la sua capacità di una elaborazione critica dei dati normativi?

In merito a tale a tale ordine di problemi, la rigidità e la superiorità della Costituzione, da un lato, e il contenuto di singoli articoli della Costituzione (*in primis,* ma non solo, gli artt. 64, 70 e seguenti, 117, 138 e 139) confermano la strutturazione del sistema delle fonti del diritto del nostro ordinamento secondo i principi di gerarchia, cronologico e di competenza.

6.1. *Il criterio gerarchico*

Secondo il **criterio gerarchico**, la norma prodotta da una fonte di grado superiore prevale sulla norma prodotta da una fonte di grado inferiore. Questo criterio presuppone l'esistenza di una scala gerarchica fra le diverse fonti del diritto.

Nel nostro ordinamento la piramide gerarchica delle fonti del diritto vede al vertice la Costituzione e le leggi di grado costituzionale (*fonti di grado costituzionale*); al livello immediatamente inferiore si rinvengono la legge e gli atti aventi forza e valore di legge dello Stato, delle Regioni e delle Province autonome (*fonti di grado primario*); al livello ulteriormente inferiore vi sono le *fonti di grado secondario* che, al proprio interno, possono avere ulteriori graduazioni; infine al livello più basso vi è la consuetudine.

Il rapporto che intercorre fra norma di grado superiore e norma di grado inferiore è un rapporto di validità/invalidità e pertanto la norma di grado inferiore contrastante con altra di grado superiore è invalida e l'effetto che ne consegue è quello dell'annullamento della norma di grado inferiore invalida. Nel nostro ordinamento il contrasto fra norma di grado superiore e norma di grado inferiore è disciplinato differentemente a seconda se il contrasto riguardi il rapporto fra norma costituzionale e norma di grado primario o fra una norma di grado primario ed una norma di grado secondario. Infatti differenti sono gli organi competenti a dichiarare l'invalidità (e dunque l'annullamento) della norma di grado inferiore: spetta alla Corte costituzionale pronunciarsi sulla incostituzionalità della legge e degli atti aventi forza di legge (contrasto fra fonti di grado primario e fonti di grado costituzionale), mentre spetta al giudice amministrativo annullare l'atto normativo di grado secondario in contrasto con una norma di grado primario. Si registra dunque una differente modalità di funzionamento del principio gerarchico, che discende, nell'ordinamento italiano, con riguardo al rapporto fra norma di grado costituzionale e norma di grado primario, dalla tipologia di controllo di costituzionalità della legge (modello accentrato e in via incidentale).

6.2. *Il criterio cronologico. L'abrogazione*

In caso di contrasto fra norme di pari grado è necessario far ricorso al **criterio cronologico** (*lex posterior derogat priori*) in base al quale la norma successiva abroga la precedente e l'**abrogazione** – che costituisce l'effetto proprio di tale criterio – è l'istituto giuridico che regola la successione nel tempo delle norme di pari grado.

L'**abrogazione** non determina l'invalidità o l'annullamento della norma abrogata e nemmeno la scomparsa della stessa dall'ordinamento. Infatti l'abrogazione non comporta l'eliminazione della norma abrogata, la quale continua ad essere presente nell'ordinamento quale regola delle situazioni sorte durante il tempo in cui la stessa era vigente. Evidente è dunque la profonda differenza che intercorre fra l'abrogazione e l'annullamento di una norma, giacché quest'ultimo presuppone un vizio di validità della norma annullata e consegue ad una pronuncia di un organo dotato di apposita competenza; inoltre, se l'annullamento produce sempre un effetto retroattivo, l'abrogazione opera (tendenzialmente) *pro futuro*. L'abrogazione infatti non estingue la norma, ma ne delimita la sfera materiale di efficacia, e quindi l'applicabilità, ai fatti verificatisi sino ad un certo momento del tempo. L'abrogazione incide sulla legge abrogata, nel senso di renderla – da fonte originariamente riferibile ad una serie indefinita di fatti futuri a – fonte di una norma riferibile solo ad una serie definita di fatti passati.

L'abrogazione della norma preesistente opera dal momento di entrata in vigore della norma successiva (*ex nunc*, da ora). Tale principio è fissato dall'art. 11 delle disp. prel. c.c. secondo cui «*La legge non dispone che per l'avvenire: essa non ha effetto retroattivo*». Con riguardo alla portata di questa disposizione, bisogna innanzitutto affermare che l'espressione «*legge*» (contenuta nell'art. 11 disp. prel. c.c.) va intesa come riferita a qualsiasi atto normativo.

In secondo luogo, va sottolineato che il principio per cui ogni nuova norma non operi che *pro futuro* risponde ad un principio di giustizia e di civiltà giuridica dal momento che ognuno determina il proprio comportamento in base alla norma vigente – conosciuta e conoscibile – nel momento di realizzazione del comportamento medesimo. Ed infatti è agevole constatare che l'introduzione di una norma in un momento successivo rispetto alla realizzazione dei relativi comportamenti si pone in contrasto con il generale sentimento di giustizia giacché in questo modo chi pone la norma conosce già *ex ante* i soggetti che va a premiare o a sanzionare.

L'esperienza quotidiana ci dimostra l'esistenza di ***leggi retroattive*** chiamate a disciplinare e a porre nuove regole per fatti già realizzatisi.

Questo evento è possibile perché l'art. 11 disp. prel. c.c. è una fonte di grado primario e pertanto non vi è assoluta preclusione per la legge – e per le fonti di grado primario – di derogare a tale principio, consacrato esplicitamente in Costituzione solo con riguardo alla materia penale (v. *infra*), a meno che non si voglia ritenere che tale principio sia implicitamente posto dalla Costituzione per qualunque tipo di rapporto.

La Costituzione repubblicana pone espressamente il divieto di leggi retroattive in materia penale (art. 25 Cost.: «*nessuno può essere punito se non in forza di una legge entrata in vigore prima del fatto commesso*»), ma nelle altre materie non è rinvenibile esplicitamente tale principio e la Corte costituzionale – allo scopo di limitare l'arbitrio del legislatore – ha affermato che la Costituzione non ha posto un divieto assoluto di retroattività della legge (non penale), ma la norma retroattiva non può porsi in contrasto con il principio di eguaglianza – giacché la norma retroattiva non può giungere a "premiare" o "sfavorire" categorie di persone o di situazioni operando appunto distinzioni che violino il principio della parità di trattamento dei cittadini da parte della legge – e con il principio di separazione dei poteri, giacché mediante la legge retroattiva il legislatore a volte interviene anche su questioni già oggetto di pronunce giudiziarie. Riguardo a questi ultimi casi la Corte costituzionale ha affermato che il legislatore non può intervenire sui rapporti oggetto di pronunce passate in giudicato sia per il rispetto del principio della separazione dei poteri sia per la tutela dell'affidamento che il cittadino ha avuto nei riguardi della legislazione all'epoca vigente e dell'operato degli organi statali.

Per quanto riguarda le fonti di grado secondario, il principio posto dall'art. 11 disp. prel. c.c. – proprio perché posto da una fonte di grado primario e dunque non superabile da norma posta da fonte di grado secondario – rappresenta un limite invalicabile pena l'illegittimità della norma secondaria retroattiva.

Con riguardo alla efficacia *pro futuro* della nuova norma (di qualunque grado), va ricordato che l'art. 73, ultimo comma, Cost. dispone che le leggi «*entrano in vigore il quindicesimo giorno successivo alla loro pubblicazione, salvo che le leggi stesse non stabiliscano un termine diverso*». Pertanto deve riconoscersi che è la stessa fonte a disporre della data della propria entrata in vigore, data che può essere successiva alla – data di – pubblicazione dell'atto normativo (trascorso il termine della *vacatio legis*), oppure può coincidere con tale data o essere anteriore (leggi retroattive), ma – come detto – solo le fonti di grado primario possono essere retroattive, non potendo giammai le fonti secondarie derogare quanto disposto dall'art. 11 disp. prel. c.c.

La riflessione sulle leggi retroattive si interseca spesso con quella relativa alle ***leggi di interpretazione autentica***, cioè leggi mediante le quali il legislatore indica "il significato" da assegnare alla disposizione legislativa. Il legislatore ricorre in genere all'adozione di una legge di interpretazione autentica in caso di contrasto sulla portata di una disposizione legislativa ed indica "la soluzione" da adottare con riguardo ai casi concreti, spesso anche in contrapposizione a quanto già stabilito da pronunce giurisprudenziali. Le leggi di interpretazione autentica vengono dunque ad avere di fatto la funzione di normative "retroattive" ed anzi, spesso, il legislatore "ammanta" sotto la veste della legge di interpretazione autentica leggi semplicemente retroattive! Ed infatti anche la Corte costituzionale ha riconosciuto che «è indifferente che il legislatore disponga l'operatività di una legge anche per il passato, anziché mediante un'apposita norma, mediante un diverso strumento, quale è, come nella specie, l'autodefinizione di interpretazione autentica» (sent. n. 36 del 1985). La legge di interpretazione autentica infatti non si distingue dalla legge innovativa con efficacia retroattiva, essendo anch'essa innovativa (v. sent. n. 118 del 1957) e naturalmente retroattiva, e non interferisce, di per sé, con la sfera riservata al potere giudiziario (Corte cost., sent. n. 123 del 1988).

Nel nostro ordinamento è generalmente riconosciuto – e confermato anche dalla Corte costituzionale – il potere del legislatore di conferire efficacia retroattiva alle disposizioni legislative, purché non vengano superati i limiti derivanti dal divieto posto in materia penale dall'art. 25 Cost. o da altre disposizioni costituzionali (quali, per esempio, l'art. 3 Cost. o gli artt. 101, 102 e 104 Cost.).

Già nel 1957 (sent. n. 118 del 1957) la Corte costituzionale rilevava l'assenza in Costituzione di una norma di ordine generale che escluda la possibilità di leggi interpretative e («in quanto tali») retroattive, cui la Corte assegna la qualifica di «istituto comunemente ammesso anche da altri ordinamenti statali» rispondenti ai caratteri di Stato di diritto e di Stato democratico. La Corte costituzionale inoltre ha escluso che di per sé l'emanazione di leggi interpretative interferisca "necessariamente" nella sfera del potere giudiziario, incidendo dunque sul principio della divisione dei poteri, giacché («non diversamente dalle altre leggi») «anche la legge interpretativa innova all'ordine legislativo preesistente: il *quid novi* che essa introduce in tale ordine consiste nell'attribuire a certe norme anteriori un significato obbligatorio per tutti (con conseguente esclusione di ogni altra possibile interpretazione)». Pertanto l'adozione di una legge interpretativa non costituisce («di per sé sola») «una interferenza nella sfera del potere giudiziario».

Il principio generale della irretroattività delle leggi – enunciato nell'art. 11 disp. prel. c.c. – costituisce «un'antica conquista della nostra civiltà giuridica», non assurgendo però nel nostro ordinamento al livello di norma costituzionale se non per la materia penale. Pertanto, per le materie diverse da quella penale, l'osservanza di tale principio è rimessa «alla prudente valutazione del legislatore», il quale – come in ogni materia – dovrebbe comunque attenersi a tale principio (salvo i casi di necessità), in ragione della tutela del principio della certezza dei rapporti e dell'affidamento che il singolo pone nella legislazione vigente al momento in cui regola il proprio comportamento. Nel nostro ordinamento costituzionale il principio della irretroattività della legge, pur non assurgendo, nella sua assolutezza, a precetto costituzionale, non esclude che in singole materie, oltre che in quella penale, l'emanazione di una legge retroattiva possa essere in contrasto con la Costituzione (*id est*, con specifici precetti costituzionali). La legge retroattiva, in altri termini, non si pone di per sé in contrasto con i diritti dei singoli o con l'autonomia privata, e non si può neppure, in via di principio, considerare lesiva della sfera del potere giudiziario (e dunque non vi è automatica lesione degli artt. 101, 102 e 104 Cost.).

Al tempo stesso bisogna evidenziare che, di fronte a leggi che si autodefinivano "interpretative" ma che tendevano ad introdurre "nuove" disposizioni retroattive, si è assistito a casi di ribellione dei giudici di merito che spesso si sono interrogati sui limiti da riconoscere alle leggi retroattive e così si è affermato che «non può riconoscersi natura interpretativa (e, quindi, efficacia retroattiva) ad una disciplina che, sebbene qualificata e formulata come tale dal legislatore, privilegi tuttavia un'esegesi precedentemente non consentita alla stregua degli ordinari canoni dell'ermeneutica legislativa, dovendo pertanto seriamente dubitarsi della costituzionalità di disposizioni legislative laddove esse risultino finalizzate – mediante una ben evidente forzatura letterale – ad attribuire ad una disposizione previgente un significato precettivo da essa obiettivamente non ritraibile pur utilizzando nella massima espansione applicativa tutte le regole e le tecniche in materia di *interpretatio legis*» (Tar Veneto, sez. I, 29 maggio 2007, n. 1604).

Ed inoltre è stato evidenziato che la «portata retroattiva» delle norme di interpretazione autentica incontra anche i limiti della «tutela dell'affidamento» e «del rispetto delle funzioni costituzionalmente riservate al potere giudiziario» (Tar Lazio, sez. I, 14 luglio 2004, n. 6971).

A questo proposito va ricordata la pronuncia della Corte europea diritti dell'uomo del 21 settembre 2007, che ha affermato che lo Stato in materia civile può intervenire con una legge retroattiva ma solo per «ragioni imperative di interesse generale» («che solo possono giustificare l'adozione di una legge retroattiva»), le quali "ragioni" però non possono ritenersi sussistenti con riguardo a «ragioni di natura finanziaria» conseguenti alla soccombenza (o al rischio di soccombenza) nei giudizi avviati nei suoi confronti. Per la Corte Edu, «il principio della parità delle armi nel processo, incluso tra i principi dell'equo processo dettati dall'art. 6 della Convenzione europea, impedisce un'ingerenza del potere legislativo volto ad ottenere una determinata soluzione delle controversie in corso in favore dello Stato», in cui appunto lo Stato cerca di porre rimedio alle iniziative giudiziarie intraprese con successo nei suoi confronti per l'accertamento di un diritto di natura patrimoniale «cambiando la normativa da applicare».

In merito alla portata dell'art. 11 disp. prel. c.c., la Cassazione (Cass. civ., sez. III, sent. 2 luglio 2019-21 gennaio 2020, n. 1157) ha affermato che una legge (nel caso di specie l'art. 3, comma 3, del d.l. n. 138 del 2012 conv. in legge n. 189 del 2012 c.d. *"Decreto Balduzzi"*, che prevede criteri di liquidazione equitativa del danno non patrimoniale) debba trovare applicazione anche a fatti anteriori alla sua entrata in vigore, stabilendone dunque la retroattività, «quando si è in assenza di disposizioni normative precedenti sulla materia» ed anche quando vi sia una differente prassi giurisprudenziale giacché la legge dello Stato è «sempre prevalente sulla prassi giurisprudenziale». E la Cassazione afferma che al riconoscimento di siffatta retroattività «non osta» l'art. 11 delle disp. prel. c.c. – che pone il principio di irretroattività della legge – perché tale principio è posto da fonte avente il medesimo rango della legge cui si riconosce capacità retroattiva. Secondo la Cassazione, in assenza di una precedente disciplina legislativa sul punto, i parametri indicati dalla nuova legge (nel caso concreto i criteri di liquidazione del danno alla salute) devono trovare applicazione anche con riguardo a fatti anteriori alla entrata in vigore della nuova legge, sia perché «una legge dello Stato prevale su una prassi giurisprudenziale» sia perché a tale esito «non osta l'articolo 11 preleggi, atteso che la legge Balduzzi e le preleggi sono norme aventi il medesimo rango come fonti di diritto, sicché la prima ben può derogare alle seconde».

E la Cassazione aggiunge che «pur a non voler ammettere un'applicazione retroattiva della cd. legge Balduzzi, il nuovo ed uniforme criterio normativo ben potrebbe essere utilizzato al fine di operare una liquidazione equitativa del danno, a nulla rilevando che il risultato sia più o meno favorevole al danneggiato». In questo caso non si porrebbe una questione di retroattività della legge (giacché «non si è al cospetto della sostituzione di una precedente normativa ... della fattispecie con una nuova disciplina normativa, in quanto ... la nuova previsione legislativa del criterio tabellare non va a sostituire alcuna norma di legge anteriore indicante un diverso criterio liquidativo del danno»): «non intervenendo a modificare con efficacia retroattiva gli elementi costitutivi della fattispecie legale della responsabilità civile il decreto legge n. 138 del 2012, articolo 3, comma 3, come convertito dalla l. n. 189 del 2012, trova diretta applicazione anche in tutti i casi in cui il Giudice sia chiamato a fare applicazione, in pendenza del giudizio, del criterio di liquidazione equitativa del danno non patrimoniale, con il solo limite del giudicato interno sul *quantum*».

Con riguardo alle **forme di abrogazione**, l'art. 15 disp. prel. c.c. dispone che «*Le leggi non sono abrogate che da leggi posteriori per dichiarazione espressa del legislatore e per incompatibilità tra le nuove disposizioni e le precedenti o poiché la nuova legge regola l'intera materia già regolata dalla legge anteriore*».

L'abrogazione può essere dunque:

– «**espressa**» (quando è lo stesso atto normativo abrogante a dichiarare esplicitamente l'abrogazione delle norma previgente);
– «**tacita**», quando, pur in assenza di una espressa previsione del legislatore in tal senso, l'abrogazione si deduce dalla incompatibilità tra la nuova disposizione e quella precedente (si pensi ad una nuova norma che introduce la velocità massima consentita agli autoveicoli in autostrada: essa inevitabilmente si pone in irriducibile contrasto con la norma previgente che prevedeva una differente velocità massima);
– «**implicita**» quando la nuova normativa abbia ridisciplinato integralmente la materia in questione.

L'abrogazione tacita e quella implicita sono dunque sempre il frutto di un'operazione interpretativa.

6.3. *Il criterio della competenza*

Il **criterio della competenza** presuppone una separazione di competenze fra le diverse fonti, a ciascuna delle quali viene assegnata la competenza a disciplinare specifiche materie. Il criterio della competenza risponde dunque ad una logica in cui le diverse fonti del diritto si differenziano fra loro in base non ad un principio gerarchico, ma in base alla assegnazione a ciascuna fonte di uno specifico àmbito materiale di competenza.

La Costituzione pone vari esempi di materie riservate a determinate tipologie di fonti (ad esempio l'art. 64 Cost. riserva alla fonte "regolamento parlamentare" la competenza a porre la disciplina relativa alla organizzazione e al funzionamento di ciascuna Camera) o di suddivisione di materie fra differenti tipologie di fonti (ad esempio l'art. 117, secondo comma, Cost. elenca le materie assegnate alla potestà legislativa esclusiva statale ed il successivo comma elenca le materie assegnate alla potestà legislativa regionale ripartita o concorrente). Il criterio della competenza trova inoltre applicazione anche con riguardo ai rapporti fra fonti statali e fonti europee (v. *infra*, cap. IV).

7. *L'art. 12 delle disposizioni sulla legge in generale e l'interpretazione giuridica*

L'art. 12 disp. prel. c.c. dispone che «*Nell'applicare una legge non si può ad essa attribuire altro senso di quello fatto palese dal significato proprio delle parole secondo la connessione di esse, e dalla intenzione del legislatore*».

Molto si è scritto in dottrina sulla portata – e sul "significato" – di questa disposizione e sulla sua valenza culturale, ideologica e storico-giuridica. Tale disposizione, come evidente, si colloca al centro del dibattito relativo alla interpretazione giuridica. L'art. 12 cit., con riguardo all'interpretazione della legge e più in generale delle fonti scritte, intende chiaramente porre un limite all'autonomia dell'interprete ancorandolo alla *littera legis*.

E, di fronte a diverse possibili interpretazioni di un'identica disposizione, l'ordinamento giuridico assegna al potere giudiziario il compito di individuare la norma «vera» e, all'interno del potere giudiziario, spetta alla Cassazione il compito di assicurare «l'esatta osservazione e l'uniforme interpretazione della legge, l'unità del diritto oggettivo nazionale» (art. 65 ord. giur., v. 30 gennaio 1941, n. 12). Ma anche la stessa Cassazione può dar vita ad orientamenti contrastanti.

Questa constatazione conduce a riconoscere che «*il postulato della norma "vera", positivamente accolto, è suscettibile di realizzarsi in modo soltanto tendenziale, rappresentando comunque – e soprattutto – un valore politico fondamentale e un'esigenza ideale*» (Crisafulli).

Nello studio del fenomeno interpretativo può innanzitutto operarsi una *summa divisio* fra quanti configurano il processo interpretativo come recezione passiva di un dato pre-esistente, sicché l'interpretazione consisterebbe essenzialmente in una meccanica – quantunque raffinata – applicazione al caso concreto di quanto disposto dal legislatore, e quanti invece ritengono inevitabile una componente "creativa" nella attività interpretativa. Secondo quest'ultima impostazione – che al suo interno ricomprende numerose, e spesso diversicate, posizioni – è l'interpretazione che fa vivere le leggi nella realtà storica. E così per Emilio Betti l'interpretazione è un «*procedimento ricognitivo diretto a identificare e riprodurre negli apprezzamenti dell'interprete le valutazioni comparative degli interessi in conflitto che sono già contenute nelle norme giuridiche*».

Alla base della predetta divaricazione si rinviene una differente concezione del fenomeno giuridico: quale mero sistema di regole autoritarie imposte dal legislatore (come delineato dall'art. 12 disp. prel. c.c.) oppure come fenomeno intimamente connesso con la realtà sociale di cui il diritto, quale strumento di convivenza civile, è diretta espressione.

La differente impostazione in tema di interpretazione giuridica determina inevitabilmente un mutamento di approccio anche al tema delle fonti del diritto.

Aderendo alla prima concezione infatti, il "cuore" del fenomeno giuridico viene ad essere posizionato nella "norma giuridica" come posta dalla "disposizione legislativa" – a sua volta come scritta dal legislatore – e conseguenzialmente la teoria delle fonti del diritto, quale ricostruzione sistematica e coerente delle disposizioni normative, viene ad essere la struttura portante dell'ordinamento giuridico.

Nella seconda concezione invece, il sistema delle fonti del diritto, nonostante la sua indubbia valenza, non riesce a spiegare la complessità dell'ordinamento giuridico, nella vita del quale svolgono un ruolo determinante tutti gli "attori" dello stesso e quindi non solo il potere legislativo, ma anche gli altri detentori di potestà pubbliche – dal potere giudiziario all'amministrazione pubblica – ma anche i soggetti privati e più in generale tutte le componenti del pluralismo giuridico e sociale.

Le ricostruzioni dottrinali che restringono la libertà dell'interprete ad una attività meramente esecutiva o applicativa della volontà del legislatore, riducono il problema interpretativo ad un procedimento di ricostruzione della volontà imperativa del legislatore. Secondo questa impostazione il testo legislativo conterrebbe "in sé" il «comando» posto dal legislatore e l'interpretazione verrebbe ad essere un procedimento avente «aritmetica precisione». A questo fine viene utilizzato lo schema del c.d. «*sillogismo giudiziale*», quale percorso argomentativo-deduttivo in cui, confrontando quanto posto da una «premessa maggiore» (la norma di legge ritenuta violata; ad esempio l'art. 1218 c.c. dispone che «Il debitore che non esegue esattamente la prestazione dovuta è tenuto al risarcimento del danno, se non prova che l'inadempimento o il ritardo è stato determinato da impossibilità della prestazione derivante da causa a lui non imputabile») con il fatto racchiuso nella «premessa minore» (Tizio debitore di Caio non ha adempiuto esattamente a quanto dovuto), il giudice sarebbe chiamato nella sentenza a dedurre «l'inferenza» o «deduzione» (Tizio è condannato a risarcire Caio del danno ulteriore arrecatogli dall'incompleto adempimento di Tizio medesimo).

Come è facile comprendere già dalla semplice lettura delle precedenti righe, se l'attività del giudice si esaurisse in questa operazione sillogistica, non ci sarebbe nessun bisogno di giudici e tribunali! Potrebbe bastare un computer o un terminale dotato di un software capace di svolgere tale elementare "accoppiamento" di dati e nel quale inserire, volta per volta, i singoli dati del caso concreto per avere una sentenza "rapida" ed "esatta". Ma l'esperienza quotidiana ci dimostra che la ricostruzione dell'attività interpretativa del giudice all'interno di uno schema deduttivo «tecnicamente logico» risponde ad una «indifferenziata idea primitiva della certezza giuridica» che si pone in antitesi con «l'incertezza possibile in ogni giudizio» (Calogero).

Infatti «*la vera e grande opera del giudice*» non è quella di dedurre «la conclusione» da etero-imposte premesse, bensì proprio quella di «*trovare e formulare le premesse*». Infatti «il giudice è ben lontano dal possedere l'automatica tranquillità di una macchina calcolatrice. Talune sue decisioni sono facili, altre così angosciose che egli lungamente combatterà con sé medesimo e non sarà mai sicuro di averle prese secondo giustizia e verità. Le sue angosce sono le angosce stesse della vita: quelle di chiunque deve capire, studiare, interpretare, decidere, e per fare ciò adeguarsi il più possibile alle cose, vivere profondamente la sua esperienza, intendere quel che è e quel che deve essere, insomma lavorare e penare» (Cardozo).

L'attività giurisdizionale viene così a sostanziarsi nel procedimento di «*sussunzione*», cioè di "sussunzione" della realtà nelle categorie giuridiche. E la sussunzione del fatto sotto la norma non può mai essere «idealmente determinata da un paradigma di logica formale», ma consiste invece in una «*delicata operazione di riconoscimento*», nello svolgimento della quale il giudice deve dimostrare padronanza di molti aspetti, dalla «conoscenza delle cose» all'esperienza tecnico-giuridica, dalla capacità ermeneutica alla capacità di intendimento della volontà del legislatore.

Lo schema del sillogismo giudiziario si presta a legittimare – e a spiegare – un assetto dell'ordinamento giuridico che vede il giudice – e, più in generale, il potere giudiziario – in posizione fortemente subordinata rispetto al legislatore (al detentore del potere legislativo, che può essere il parlamento, il monarca, il governo o il dittatore di turno, ecc.). A questo proposito deve ricordarsi che la storia di tutti gli ordinamenti giuridici è caratterizzata dal rapporto – o, se si preferisce, dalla dialettica – fra legislatore e giudice (o fra detentori di potere legislativo e detentori del potere giudiziario) appunto perché dialettica (o conflitto) fra "poteri".

Il sillogismo giudiziale risponde dunque ad una concezione potestativa del diritto, in cui il ruolo fondamentale è assegnato al legislatore e alla norma giuridica come da questi posta. Viene così a determinarsi una cesura netta fra produzione e applicazione del diritto e cioè fra il momento di «posizione della norma» (opera del legislatore) e il momento interpretativo-applicativo che riveste il ruolo di una semplice applicazione di quanto già deciso in precedenza, «fra un comando che si conchiude e si esaurisce in un testo e la vita che continua e diviene malgrado il testo e ben spesso oltre e contro il testo: è la strada che conduce a un formalismo talora esasperato nella sua astrattezza» (Kaufmann).

L'impostazione che riconosce invece una ineliminabile creatività del momento interpretativo della disposizione giuridica, assegna alla dimensione ermeneutica la qualità di «componente interna, essenziale, della positività della norma» (Paolo Grossi). All'interpretazione giuridica bisogna dunque riconoscere la qualifica di fattore di creazione del diritto sia perché l'attività interpretativa contiene in sé un'ineliminabile componente creativa, sia perché il diritto non può ritenersi monopolio del solo legislatore. In questa impostazione il principio della certezza del diritto, oltre a mostrare la sua funzione di principio volto a limitare l'autonomia dell'interprete, si rivela come una «mitologia giuridica» (in quanto «prodotto storico assolutizzato»; così Paolo Grossi).

Ovviamente ciò non significa che non debba perseguirsi l'esigenza di una garanzia di certezza, quale esigenza ineliminabile per la ordinata convivenza sociale (che è la funzione del diritto), ma prendere atto che le dinamiche dell'ordinamento giuridico – all'interno delle quali va collocata anche l'attività interpretativa, in quanto creatrice di diritto, e conseguenzialmente anche il rapporto che intercorre fra legislazione e giurisdizione, fra potere legislativo e potere giudiziario, con la conseguente riflessione sugli elementi di differenziazione esistenti fra il diritto posto tramite legge e quello posto tramite sentenza – non consentono di accogliere supinamente e acriticamente uno schema apparentemente neutrale, ma che in realtà nasconde opzioni ordinamentali ben precise.

A questo proposito è sufficiente porre l'attenzione sulle dinamiche della contemporanea società, caratterizzata da un universo giuridico disomogeneo, molteplice, e dunque profondamente instabile, proprio perché caratterizzato dalla presenza di «valori» potenzialmente in contrasto, ed in cui le esistenti contrapposizioni non si risolvono con la mera e netta prevalenza di un valore sull'altro, bensì mediante complesse e «faticose» «non-esclusioni», e dunque coesistenze e integrazioni. E, di conseguenza, la creatività della giurisprudenza costituisce «fattore di adattamento del diritto alle profonde trasformazioni della realtà sociale» (Zagrebelsky). E all'obiezione di una eccessivamente ampia attribuzione di discrezionalità all'interprete, si replica che il giudice non può non essere chiamato a misurarsi con «la ricchezza dell'esperienza e il senso delle cose». Infatti si evidenzia, da parte di alcuni che l'autonomia e la libertà interpretativa dei giudici costituiscono «un pregio» conforme alla logica e al buon senso (Dicey) e, da parte di altri, della necessità di «riconciliarci con l'incertezza» (Cardozo, De Nitto).

Infatti, riconosciuto che l'attività interpretativa del giudice possiede due coesistenti caratteri, l'ineliminabilità (nel senso che in ogni giudizio il giudice non può non svolgere un'attività interpretativa) ed una insopprimibile componente di creatività (che cresce o diminuisce a seconda dei casi, della tipologia della disposizione legislativa in questione, ma che c'è sempre!), si deve prendere atto, con riguardo ai rapporti fra legislazione e interpretazione, che la linea di demarcazione fra tali attività non può essere tracciata con precisione e bisogna evitare di cadere in una sterile disputa relativa al significato del termine interpretazione (Dicey).

Il riconoscimento della «naturale» capacità dell'attività giurisdizionale di «creare diritto» non rende il giudice un «legislatore», bensì «interprete del diritto». E può avvenire che l'interpretazione di una norma «sconfini nell'estensione o nella fissazione *ex novo* della stessa, ossia di fatto nella legislazione», ma resta sempre una profonda differenza fra la norma posta dal legislatore (che vale *erga omnes*, è frutto di un procedimento di tipo politico, ha la forma di una disciplina "generale ed astratta", ecc.) e la norma posta dal giudice (che vale solo per le parti del processo, che è frutto di una decisione adottata al termine di un processo in cui una parte "chiede" al giudice la tutela di un bene della vita con riguardo ad un caso concreto, ecc.). Indubbiamente anche i giudici sbagliano – e di qui l'importanza di più gradi di giudizio – perché i giudici non possono non essere soggetti alla «influenza delle credenze e dei sentimenti della loro epoca», e così «vengono guidati in misura notevole dalla corrente dominante dell'opinione pubblica», ma l'inevitabile influenza delle credenze prevalenti nell'epoca in cui i giudici vivono, deve misurarsi con l'abito mentale – rappresentato dalle opinioni professionali e dai modi di pensare – tipico del giudice e che spesso è indipendente, se non contrapposto, rispetto all'atmosfera generale dell'opinione pubblica.

Il diritto di produzione giudiziale dunque si presenta tendenzialmente conservatore in ragione della ricorrenza di tre elementi che lo caratterizzano. Il diritto di produzione giudiziale infatti:

– «mira a preservare la logica o la simmetria del sistema giuridico»;
– è volto «più a garantire la certezza del diritto che a correggerne i difetti»;
– ha «la tendenza a rispecchiare in ogni dato periodo le convinzioni di un'epoca precedente quella delle idee rappresentate dalla legislazione del Parlamento».

L'abito mentale del giudice conduce questi ad una grande attenzione alla logica e alla coerenza delle proprie argomentazioni. Per questa via la dottrina può influenzare profondamente la giurisprudenza nella misura in cui riesce a fornire ai giudici «uno schema coerente di norme logicamente compatibili». Anche per questa ragione il giudice tende a rimanere legato agli esiti già raggiunti in precedenza piuttosto che a mutare orientamento, anche di fronte a limiti e contraddizioni.

Alla critica per cui il rispetto del precedente finisce per giustificare («autoritativamente») anche le opinioni più inique, Dicey risponde che, basandosi il sistema di *common law* sulla regola dell'applicazione ai nuovi casi di regole giuridiche ricavate dai principi del diritto e dai precedenti giudiziari, le esigenze di «uniformità», di «coerenza» e di «certezza» conducono a ritenere doverosa l'applicazione di tali norme anche ai nuovi casi «a meno che non siano chiaramente irragionevoli e controproducenti». E questa conclusione corrisponde anche ad un criterio di ragionevolezza giacché non si può trattare allo stesso modo il diritto di produzione giudiziale e quello di produzione parlamentare, le cui modifiche avvengono tramite procedure pubbliche e con la pubblicità dei relativi esiti.

Riconoscere all'interprete una funzione creativa del diritto non significa affatto assimilare il potere giudiziario a quello legislativo, né fare del singolo giudice un legislatore. Il diritto di produzione giudiziale, proprio in ragione della sua origine, nasce con peculiari caratteri – storicamente determinati – che necessariamente lo differenziano dal diritto di produzione parlamentare. L'interpretazione giudiziale svolge un ruolo di fattore di «preservazione» nel tempo del sistema giuridico. Ed è proprio questa funzione di «preservazione nel tempo» a conferire all'interpretazione un carattere di conservazione (legato alle esigenze di continuità), ma anche un carattere di innovazione, legato agli inevitabili mutamenti che il tempo introduce. L'attività del giudice che, tramite l'interpretazione, mantiene viva la norma nell'ordinamento giuridico, deve sempre svolgersi nella ricerca di un equilibrio tra tali contrapposte esigenze.

Il problema è piuttosto quello relativo alla possibilità di determinazione di limiti alla libertà interpretativa del giudice. Legislazione e giurisdizione si influenzano vicendevolmente. L'aumento del numero delle leggi accresce la libertà interpretativa del giudice e così anche la cattiva redazione delle stesse. La patologia della legislazione si ripercuote inevitabilmente nel momento giurisdizionale. Ed è per questa ragione che Alessandro Giuliani invita a porre l'attenzione, prima che sul giudice, sul legislatore.

Ma, tornando alla esigenza di non ridurre il diritto alla legge, va ricordato l'insegnamento di Giuseppe Capograssi, secondo cui ritenere che il diritto sia solo quello posto dalla legge, vuol dire compiere «una restrizione arbitraria della totale sfera dell'esperienza giuridica». La legge infatti «non è capace di comprendere in sé e dare ragione di tutta l'intera sfera dell'esperienza giuridica». Il diritto non può essere ridotto ad una somma di precetti comandati: la funzione dell'interpretazione giuridica viene così ad essere «non tanto e non solo un mostrare quello che c'è nella norma interpretata, ma un mostrare che nella norma interpretata c'è di più di quello che appare; c'è insomma tutta l'unità dell'ordinamento da cui nasce essa e di cui essa non è che una parte». Per Capograssi la funzione dell'interpretazione è quella di «"rendere efficiente" la norma, in quanto interpretare significa accostare la norma alla vita, rendere la norma assimilabile alla vita: la vita è ... il fine della norma».

All'interpretazione è così assegnata la funzione di strumento di perenne sviluppo del diritto. In tal senso si esprime anche Emilio Betti che definisce l'interpretazione giuridica «interpretazione in funzione normativa», la cui peculiarità è data dal fatto che l'interpretazione non ha la funzione di «tornare a conoscere una manifestazione di pensiero» (*id est*, quella del legislatore), ma di tornare a conoscerla «per integrarla e realizzarla nella vita di relazione» fornendo «la massima della decisione e dell'azione». Ed è la continua correlazione esistente fra il processo interpretativo e il «vigore dell'ordine giuridico» a consentire all'interpretazione di svolgere la funzione di conservare «in perenne efficienza» norme e precetti. Il processo interpretativo non si esaurisce *uno actu* e non ha carattere di mera ricognizione di un pensiero altrui, ma di «concorrente complementarità» in quanto il «criterio della decisione» è ricavato da norme e precetti posti in vista di una possibile azione ma anche da valutazioni morali e da situazioni psicologiche. L'attività interpretativa presuppone e contiene, oltre al momento ricognitivo, anche un momento «rappresentativo». La «formula legislativa» costituisce solo la tappa iniziale da cui prende le mosse il processo interpretativo, ma con questa prima operazione l'interprete non termina il proprio compito essendo chiamato anche a «raffigurarsi» nelle ripercussioni pratiche l'esito dell'interpretazione sostenuta.

Nell'interpretazione giuridica si persegue sempre un esito pratico giacché il risultato intellettivo dell'attività interpretativa conduce a «prendere posizione» con riguardo a situazioni ipotizzate in anticipo. Il giudice è chiamato a pronunciarsi con riguardo a casi concreti ed è consapevole del fatto che la propria decisione avrà un determinato effetto. E questo «esito pratico» impone all'interpretazione giuridica di assegnare al precetto «il senso che si ricollega nell'ambiente sociale». La formulazione in termini generali e astratti della disposizione legislativa rende ancor più necessario che questa sia adattata e adeguata «alla vita e alla natura dei rapporti disciplinati». Senza l'apporto dell'interprete, la disposizione legislativa è «lettera morta»: è l'interpretazione a far sì che la disposizione «si mantenga viva e vigente nell'orbita dell'ordinamento giuridico». Alla visione potestativa del diritto, Betti contrappone una concezione del fenomeno giuridico quale «ordine di convivenza immanente ai rapporti di un corpo sociale» che si rispecchia nella coscienza sociale dei membri che lo compongono per cui l'ordine giuridico viene ad essere «un organismo in perenne movimento, in continua trasformazione, che segue e rispecchia da vicino il movimento delle trasformazioni della vita sociale».

Il compito interpretativo del giurista non è indirizzato alla ricognizione di un significato immutabile e «conchiuso» delle norme, giacché l'interpretazione svolge «l'ufficio di *vivificare*» le norme da applicare, le quali sono oggetto di un continuo ripensamento in ragione del «moto perenne della vita sociale». A sua volta però l'interprete è vincolato ad un'oggettività preesistente, giacché non può prescindere dalle valutazioni immanenti nell'ordinamento giuridico e nel relativo ambiente storico e sociologico. Betti crede fermamente nell'efficienza evolutiva dell'interpretazione, ma pone anche limiti all'autonomia dell'interprete ed invita esplicitamente a «non esagerare» nell'attribuzione all'interpretazione di un ufficio evolutivo, giacché l'efficienza evolutiva, che l'interpretazione non può non avere, si esplica sempre «*compatibilmente col senso che si può ricavare dal testo legale, tenuto conto della linea di coerenza che lega il testo con la totalità dell'ordinamento*».

Ed è in tale «linea di coerenza» che va individuato il punto di equilibrio fra il ruolo del legislatore e l'attività dell'interprete. Si deve dunque affermare la necessità di una "collaborazione" fra legislatore e giudice (Cerrone) in quanto entrambi necessari protagonisti dell'esperienza giuridica: la norma posta dal legislatore «vive» nell'ordinamento giuridico grazie all'attività dell'interprete. Compito dell'interprete è dunque, dopo aver ricostruito «l'idea originaria» della formula legislativa, di mettere d'accordo quell'idea con l'attualità, «infondendovi la vita di questa».

Betti precisa che l'interpretazione non può essere scissa in due successive operazioni, sia pure logicamente connesse l'una con l'altra, di cui la prima consisterebbe nell'accertamento della norma legislativa esistente e nella categoria di interessi prodotti dalla norma, mentre la seconda operazione si concretizzerebbe nella ulteriore elaborazione della massima necessaria per la decisione del caso. La distinzione fra le due operazioni è inammissibile perché l'elemento valutativo è immanente alla norma stessa da interpretare e pertanto le due operazioni in concreto s'intrecciano e si fondono in un processo unitario. Il momento assiologico, se non appiattisce la funzione giurisdizionale al ruolo di mera esplicitazione della volontà del legislatore, neppure la conduce al livello della pura discrezionalità poiché l'apprezzamento dell'interprete è sempre subordinato alla linea di coerenza logica «immanente all'ordine giuridico considerato nella sua organica totalità» (Betti).

La costruzione dei concetti giuridici avviene sempre in correlazione con la relativa realtà sociale e pertanto essi non possono essere considerati come il solo prodotto di una logica deduttiva priva di componenti valutative (Cervati). Conseguenzialmente le enunciazioni giuridiche (scelte normative e decisioni giurisprudenziali) sono sempre soggette ad un processo di continuo mutamento ed adeguamento. E, con riguardo al dialogo ("perenne") tra legislatore e giudice, la *nouvelle rhétorique* afferma che il compito della logica giuridica è quello di «offrire gli strumenti» per tale «dialogo», nel quale la relativizzazione dei testi consente al giudice – che comunque non può sostituire la sua volontà a quella del legislatore – di addivenire a decisioni «eque» o «ragionevoli». L'obbligo di subordinazione del giudice alla legge costituisce sempre un limite, quantunque elastico, alla libertà interpretativa del giudice medesimo. La risposta è dunque in un «equilibrio» fra legislazione e giurisdizione e la «intersoggettività delle valutazioni» rappresenta lo strumento mediante il quale è possibile superare il «soggettivismo di ciò che appare giusto ad un solo individuo» (Giuliani).

Riconosciuta la funzione normativa dell'interpretazione giudiziale e chiarito che tale funzione normativa si differenzia da quella esercitata dal (e spettante al) legislatore, il tema del «vincolo alla legge» viene ad assumere una diversa connotazione.

Nella ricostruzione positivistica, il ***principio della certezza del diritto*** e la subordinazione del giudice alla legge marciano insieme. Ma se il diritto non è solo quello posto dal legislatore e se il vincolo del giudice alla legge è configurato come rispetto delle valutazioni degli interessi operate dal legislatore, il tema assume ben altra dimensione.

Il *principio della certezza del diritto* inizia ad affermarsi con la nascita dello Stato moderno, quando progressivamente il principe conquista il ruolo di detentore – tendenzialmente esclusivo – del potere di produzione di norme autoritarie. Il giusnaturalismo cattolico del XVI e XVII sec. era funzionale alla definizione di limiti al potere statale ed il giuspositivismo illuministico trova nel giusnaturalismo cattolico il proprio referente dialettico. Il principio della certezza del diritto consegue storicamente all'affermazione del principio della superiorità ed indiscutibilità della legge, quale atto del principe, che si pone quale fonte tendenzialmente unica e che mira a prendere il posto del complesso sistema di fonti dell'epoca medievale.

Ma è stato evidenziato come giusnaturalismo e positivismo giuridico non siano affatto così «fondamentalmente diversi» giacché, pur distinguendosi dal punto di vista della differente ragione della validità del diritto («natura dell'uomo» o «volontà del legislatore»), si equivalgono, dal punto di vista teorico-giuridico e metodologico, giacché entrambi – giusnaturalismo e positivismo – ritengono il diritto qualcosa di oggettivo, stabilito *a priori* ed in cui le singole decisioni giuridiche discendono in via deduttiva da norme sovraordinate, prescindendo dall'esperienza

(Kaufmann). Il principio della certezza del diritto ha svolto un ruolo di «mito» necessario all'illuminismo politico-giuridico perché questi «ha bisogno di un assoluto a cui aggrapparsi» in ragione della «carenza di assoluto» prodottasi in conseguenza del rifiuto delle giustificazioni provenienti dalle metafisiche religiose (Paolo Grossi). Le riflessioni sulla certezza del diritto dimostrano il significato storicamente determinato che tale principio ha avuto e la collocazione a livello filosofico della relativa riflessione, se può rispondere ad un'esigenza etica di limitazione dell'arbitrio, perde il contatto con la storicità dell'esperienza giuridica intrisa, per sua natura, di limiti e contraddizioni che, a loro volta, sono il riflesso dei limiti e delle contraddizioni della concreta società che quel diritto produce.

L'***ermeneutica giuridica***, con riguardo al fenomeno della conoscenza, supera lo schema «soggetto-conoscente oggetto-conosciuto» (schema che raffigura la conoscenza come «riproduzione» dell'oggetto nella coscienza), giacché la comprensione è sempre, allo stesso tempo, oggettiva e soggettiva, in quanto «colui che comprende entra anch'egli nell'orizzonte del comprendere e non riproduce nella propria coscienza in modo meramente passivo ciò che si tratta di conoscere, ma lo costruisce». Non vi è dunque un semplice processo di sussunzione del caso sotto la legge, rispetto al quale l'interprete rimane del tutto estraneo: l'interprete svolge un ruolo «attivo-costruttivo». E per questa ragione risulta vano ogni tentativo di individuazione di una «giustizia oggettiva» del diritto «al di fuori del processo ermeneutico del comprendere».

La determinazione del contenuto di una disposizione legislativa non è un processo puramente ricettivo, ma è innanzitutto «un autocomprendersi del soggetto che comprende». Questi infatti deve inserirsi «nell'orizzonte del comprendere e la sua conoscenza dipenderà sempre anche da quanto egli stesso è credibile». La personalità di chi comprende costituisce un elemento imprescindibile nell'analisi della comprensione di un significato linguistico. E questa considerazione non conduce ad un «soggettivismo senza limiti».

Viceversa è la completa negazione di ogni soggettività a condurre ad un oggettivismo ideologico. La peculiarità del pensiero ermeneutico è data proprio dal fatto che questi «vive dell'eredità della tradizione», quale «terreno comune del mondo delle relazioni pubbliche in cui ci troviamo», quale «consolidato patrimonio di consapevolezze collettive di cui viviamo». L'ermeneutica contrappone ad una «ambiziosa, ostentata oggettività» una «onesta intersoggettività». Il diritto è «relazionale» giacché «esiste nelle relazioni degli uomini tra loro e rispetto alle cose». Questa concezione relazionale, e non sostanziale, del diritto – che non è «nelle cose» giacché tutto il diritto ha carattere di rapporto – conduce a ritenere il diritto un «sistema aperto» caratterizzato dalla «intersoggettività» (Kaufmann).

Il riconoscimento del pluralismo viene così a dimostrare il suo ruolo, che non è di «impedimento» nella ricerca della verità, bensì di «presupposto» per poter giungere alla «verità», ovviamente non una verità «oggettiva» bensì «una verità intersoggettiva». In questo panorama, così intriso di pluralismo, bisogna rifuggire da ogni teoria «assolutizzante» o comunque fondata su visioni monotematiche o unilaterali dell'esperienza giuridica o che comunque riducano il diritto alla norma e al soggetto – legislatore o giudice – che quella norma produce.

Per l'ermeneutica non si può pervenire al diritto senza un punto di vista di valore. Pertanto anche una teoria procedurale della verità e della giustizia deve essere «materialmente fondata». Le teorie procedurali della verità non si formano solo «*attraverso* la procedura, anche se certamente *nella* procedura». La debolezza delle teorie procedurali «*pure*» consiste nella rinuncia ai contenuti ed all'esperienza. Il riconoscimento dell'importanza del procedimento, e della necessità di partecipazione allo stesso di una sempre più ampia gamma di soggetti, portatori delle rispettive istanze, non può giungere a far perdere di vista l'importanza dei contenuti. L'oggetto di ogni discorso di giustizia non può essere che l'uomo come persona, cioè come «complesso di rapporti, nei quali l'uomo sta in relazione ad altri uomini e alle cose». E tale pensiero «vive dell'eredità della tradizione e della cultura come terreno comune, sul quale si ritrova ogni comunità di un determinato tempo». Pertanto «la vera razionalità del diritto non può che essere basata sempre e solo sull'uomo nella sua interezza» ed il giurista (secondo l'insegnamento di Hans Jonas) deve «assumere responsabilità di fronte all'uomo e al suo mondo» (Kaufmann).

È la *societas* il referente della giuridicità. E la complessità della società si riflette nel momento giuridico che di quella società è espressione. E, di fronte alla complessità della realtà, l'apprezzamento per le ricostruzioni volte ad assegnare al giurista un ruolo di composizione dei diritti e interessi in conflitto deve unirsi all'esigenza di non trascurare gli elementi di conflittualità e di antagonismo presenti in ogni esperienza giuridica. Non si deve cadere infatti né in una visione di idealizzazione del conflitto e nemmeno in una concezione eccessivamente conciliativa dell'opera del giurista. Giudice e legislatore svolgono ruoli diversi nella dialettica giuridica, ruoli che variano nel tempo e non si lasciano definire *a priori*: se la visione solo normativa del diritto è frutto di una posizione ideologica, anche una ricostruzione dell'esperienza giuridica che escluda interamente il ruolo del legislatore finisce per essere – a sua volta – «un'astrazione», al pari di quella che neghi l'esistenza dei momenti di conflittualità e di antagonismo sociale «nel divenire del diritto» (Cervati).

E il compito del giurista è proprio quello di non trincerarsi dietro comodi schemi logici e apodittiche definizioni dogmatiche, bensì quello di interrogarsi sulle ragioni profonde dei mutamenti e delle sottostanti dinamiche sociali, economiche e culturali.

Sull'interpretazione costituzionale v. *infra*, cap. II.

8. *Principio di legalità e riserva di legge*

Il **principio di legalità** si afferma storicamente come strumento di garanzia volto a limitare l'arbitrio del monarca (e dei funzionari regi), riconoscendo legittimo l'esercizio del potere pubblico solo quando si svolga all'interno del quadro normativo predeterminato dalla legge. Il principio di legalità, quale principio di supremazia della legge sugli atti esercizio di potere pubblico, comporta che tale supremazia opera nei confronti sia degli atti del potere esecutivo che degli atti del potere giudiziario, con l'ulteriore conseguenza della invalidità di ogni atto dei pubblici poteri che non sia espressamente autorizzato dalla legge o che sia con essa in contrasto. Il principio di legalità comporta dunque la necessità del controllo di legalità degli atti di pubblica autorità da parte del potere giudiziario.

Il principio di legalità, che postula la subordinazione dei poteri pubblici alla legge, viene ad avere differente significato a seconda del mutamento del concetto di "legge" (come "legge in senso formale" – cioè come atto approvato dall'organo competente e secondo il procedimento previsto – oppure come "legge in senso materiale", come norma giuridica generale ed astratta che disciplina una serie indeterminata di situazioni).

Il principio di legalità, quale principio in base al quale il potere pubblico deve avere un fondamento nella legge (con la conseguenza che l'esercizio di potere pubblico deve essere previsto dalla legge), costituisce, insieme al principio della separazione dei poteri, uno dei principi fondanti dello Stato di diritto. Tale principio ha un significato storico-politico di garanzia del singolo nei confronti degli abusi del potere pubblico (e questa *esigenza di garanzia* conduce anche all'affermazione dell'istituto della riserva di legge, v. *infra*).

Con l'espressione «Stato di diritto» si fa riferimento ad uno Stato in cui l'esercizio del potere si esplica nella «forma del diritto», cioè mediante le procedure previste dalla legge (accezione formale) e in cui il potere pubblico – oltre ad essere predeterminato nella titolarità e nell'esercizio da norme generali – è limitato dal riconoscimento di una sfera di valori codificata dalla Costituzione (accezione sostanziale).

Oltre a quello di garanzia, deve essere evidenziato anche il profilo più strettamente politico-istituzionale, dall'esame del quale emerge come gli istituti del principio di legalità e della riserva di legge abbiano operato come meccanismi di limitazione del potere del monarca a vantaggio della camera elettiva e di giustificazione di spostamento del potere normativo dal monarca al Parlamento.

Il **principio di legalità** postula la necessità che ogni potere pubblico trovi il proprio fondamento nella legge.

Si distingue fra:

– un'accezione *in senso formale* di tale principio, per cui è sufficiente un mero conferimento di potere da parte della legge (*principio di legalità in senso formale*);

– ed un'accezione *in senso sostanziale,* secondo cui è necessario che la legge ponga anche la disciplina fondamentale della materia, affinché il soggetto pubblico cui è conferito il relativo potere non sia titolare di un potere «in bianco», ma trovi nella legge anche la delimitazione degli ambiti concessi, sicché la legge che conferisce il potere deve anche disciplinarne compiutamente l'esercizio (*principio di legalità in senso sostanziale*).

Un'esplicita formulazione di tale principio nella Costituzione repubblicana non appare ravvisabile: alla tesi che ne esclude in ogni caso la presenza si è replicato, da alcuni, che esso sarebbe previsto nell'art. 23 Cost. (secondo cui «ogni prestazione personale o patrimoniale non può essere imposta se non per legge») o, secondo altri, nell'art. 97 Cost. (secondo cui alla legge è rimessa l'organizzazione della pubblica amministrazione) o nell'art. 113 Cost. (secondo cui contro gli atti della pubblica amministrazione è sempre ammessa la tutela giurisdizionale dei diritti e degli interessi legittimi, senza alcuna esclusione o limitazione a particolare mezzi di impugnazione o a determinate categorie di atti).

La riflessione sul principio di legalità nel nostro ordinamento deve muovere dalla considerazione dell'aspetto pluralistico dell'ordinamento costituzionale repubblicano. Infatti la tesi secondo cui il principio di legalità richieda semplicemente la presenza di una legge, che operi un mero conferimento di potere, finisce per svuotare il contenuto sostanziale del principio, di cui va invece sottolineato il ruolo di espressione di un'esigenza di garanzia.

Il principio di legalità, quale principio fondante dello Stato di diritto, corrisponde ad una idea di «razionalità, impersonalità e oggettività normativa» (Portinaro), che trova la sua consacrazione nell'illuminismo ma che ha affermazioni già nella cultura romana e, prima ancora, nell'antica Grecia. A questo proposito è sufficiente ricordare la disputa filosofica platonico-aristotelica, sulla superiorità del governo delle leggi o del governo degli uomini. Platone, se nel *Politico* si esprime contro il principio della supremazia delle leggi (giacché la legge per la sua generalità non sarebbe in grado di comprendere tutti i casi possibili facendo giustizia della diversità delle posizioni), nelle *Leggi* si esprime a favore della superiorità della legge: «*Dove la legge è sottomessa ai governanti ed è priva di autorità, io vedo pronta la rovina della città; dove invece la legge è signora dei governanti e i governanti sono suoi schiavi, io vedo la salvezza della città e accumularsi su di essa tutti i beni che gli dei sogliono largire alle città*» (*Leggi*, 715d).

Questa argomentazione sarà ripresa da Aristotele che si esprimerà contro il principio del primato del governo degli uomini, in quanto costantemente minacciato dal prevalere degli interessi particolari e dalle passioni distruttive. Per Aristotele la legge è «ragione senza passione» (*Politica*, 1287a). E ancora: «*È preferibile, senza dubbio, che governi la legge più che un qualunque cittadino e, secondo questo stesso ragionamento, anche se è meglio che governino alcuni, costoro bisogna costituirli guardiani delle leggi e subordinati alle leggi*» (*Politica*, 1287a).

E Aristotele aggiunge che «*Soprattutto occorrerebbe che delle leggi ben stabilite determinassero esse stesse tutto quanto è possibile e lasciassero ai giudici il meno possibile; anzitutto perché è più facile trovare uno o pochi che non molti uomini ben pensanti e capaci di legiferare e giudicare; quindi perché le disposizioni legislative sono stabilite dopo un lungo esame, invece i giudizi avvengono all'improvviso, cosicché è difficile che quelli che giudicano stabiliscano bene il giusto e l'utile. Ma, ed è la cosa più importante, perché il giudizio del legislatore non è particolare, ma riguarda il futuro e l'universale, mentre il membro di assemblea e il giudice giudicano ogni volta su casi presenti e determinati*» (*Retorica*, 1354a-b).

Il principio di legalità è dunque espressione della dottrina della subordinazione del potere al diritto. A questo proposito, è spesso citata la massima del *De legibus et consuetudinibus Angliae* di Henry Bracton: «*Ipse autem rex non debet esse sub homine sed sub deo et sub lege quia lex facit regem*». Questa massima sancisce l'idea del primato della legge (e che è alla base della tradizione della *rule of law*) ed il principio della sottomissione alla legge sia del sovrano che del magistrato.

Successivamente la legge tenderà a monopolizzare le fonti del diritto ed il "secolo trionfale" per il principio di legalità sarà l'Ottocento in cui «*la funzione primaria della codificazione consisterà nella riduzione dell'incertezza, incoerenza e confusione delle fonti, rendendo possibile l'affermazione del principio di legalità*» (Portinaro). Nello Stato di diritto borghese il principio di legalità verrà ad operare innanzitutto nei confronti degli atti dell'esecutivo (regolamenti e provvedimenti amministrativi), anche se bisogna ricordare che l'illuminismo, nell'ambito del diritto penale, aveva consacrato il principio di legalità penale (*nullum crimen sine lege*) unendolo al principio della "certezza del diritto", come risultato di procedure rigorose di applicazione del diritto (e che diverrà il «mito fondativo del positivismo giuridico», Paolo Grossi).

La Costituzione, pur non codificando espressamente il principio di legalità, ha avvertito chiaramente tale esigenza di garanzia, ponendo al servizio della stessa più di uno strumento e, *in primis*, la consacrazione del **principio di legalità costituzionale** con la previsione di una costituzione rigida, con esplicita previsione di un controllo di costituzionalità della legge e degli atti aventi forza e valore di legge.

Si ha **riserva di legge** quando la Costituzione «riserva» alla legge la disciplina di una determinata materia. L'istituto della riserva di legge si afferma storicamente come mezzo di sottrazione della disciplina di determinate materie (*in primis*, quelle relative alla libertà del singolo e al potere di imposizione di tributi) dal potere del sovrano – e quindi dell'esecutivo – a vantaggio del Parlamento. La riserva di legge si fonda sull'idea che la legge sia capace di fornire il massimo livello di garanzia contro il potere esecutivo. Nell'Ottocento la riflessione sulla riserva di legge si sviluppa con la duplice funzione di strumento, da un lato, di tutela dei diritti dei cittadini contro il potere esecutivo e, dall'altro lato, di assegnazione della disciplina di determinate materie all'organo rappresentativo ed espressione della sovranità popolare. Da questo punto di vista la riserva di legge si presenta come corollario del principio della divisione dei poteri.

La riserva di legge nasce storicamente come riserva di «legge parlamentare», ma nella prassi si è riconosciuto a tutte le fonti di grado primario, e dunque anche agli atti del governo aventi forza di legge (decreto-legge e decreto legislativo), il potere di intervenire nelle relative materie. Questo esito è stato giustificato, secondo un approccio di tipo formale, in ragione della pari «forza» di tali atti o del loro identico regime giuridico (controllo di costituzionalità da parte della Corte costituzionale) o ancora del necessario intervento del Parlamento sia nel procedimento della delega legislativa che in quello della decretazione d'urgenza (v. *infra*, cap. II).

Non può non evidenziarsi che in tal modo viene a smarrirsi il significato più profondo dell'istituto della riserva di legge, rappresentato appunto dall'assegnazione al solo Parlamento del potere di disciplinare determinate materie. L'equiparazione della riserva di legge alla riserva di fonte di grado primario (che consente che la disciplina delle materie sia posta anche da atti governativi aventi forza di legge) conduce a ritenere soddisfatta la riserva di legge anche quando la disciplina sia introdotta dall'esecutivo, ma questo esito è in contrasto con quanto perseguito dalla *ratio* storica dell'istituto che mira appunto a riservare in via esclusiva alla legge parlamentare (e dunque al dibattito parlamentare) la disciplina della materia.

La riserva di legge viene definita «*rinforzata*» quando la Costituzione, oltre a prevedere la necessità di un atto legislativo, pone ulteriori vincoli o limitazioni (sostanziali o procedurali), o un principio di disciplina che il legislatore deve rispettare. Fra i numerosi esempi possono citarsi l'art. 13, terzo comma, Cost. (per cui la pubblica sicurezza può adottare provvedimenti di limitazione della libertà personale del singolo «in casi eccezionali di necessità ed urgenza, indicati tassativamente dalla legge»: in questi casi la legge – sempre necessaria – deve indicare «tassativamente» i casi eccezionali di necessità ed urgenza), l'art. 16 Cost. (secondo il quale le limitazioni che la legge può porre alla libertà di circolazione e soggiorno devono essere poste «in via generale, per motivi di sanità o sicurezza») o l'art. 97 Cost. (secondo cui la legge deve assicurare l'imparzialità e il buon andamento della pubblica amministrazione).

La riserva di legge si distingue in «*assoluta*» e «*relativa*» a seconda della possibilità riconosciuta alla fonte secondaria di intervenire nella disciplina della materia: la riserva è:

– «*assoluta*», quando l'intera disciplina della materia deve essere posta dalla fonte di grado primario, residuando al regolamento governativo spazio solo eventualmente per una disciplina di mera esecuzione delle norme di legge (regolamenti di esecuzione; v. *infra*, cap. V);

– «*relativa*» quando è sufficiente – ma comunque necessario – che la legge ponga la disciplina di principio della materia e autorizzi il regolamento governativo ad introdurre la disciplina di dettaglio. La riserva di legge relativa non esclude dunque la possibilità che alla disciplina della materia concorra anche la fonte di grado secondario, ma richiede che la legge, che autorizza la fonte secondaria a porre l'ulteriore disciplina della materia, ponga innanzitutto i principi a cui il regolamento deve attenersi.

Più complessa è la determinazione in concreto di quando ci si trovi di fronte ad una riserva assoluta o relativa. Un criterio proposto è quello che fa leva sulla formulazione letterale utilizzata dai singoli articoli della Costituzione: così le espressioni «*nei casi e modi previsti dalla legge*» o «*per legge*» sarebbero più stringenti di quelle del tipo «*in base alla legge*» o «*secondo disposizioni di legge*». Ma questo criterio è messo in crisi da un'attenta lettura delle numerose disposizioni costituzionali interessate e in particolare da quelle aventi un *incipit* del tipo: «*la legge promuove*», «*la legge provvede*», «*la legge dispone*». Altri hanno proposto di fondare la distinzione fra riserva assoluta e riserva relativa a seconda della materia sulla quale la stessa sia prevista, ritenendo assolute quelle poste in materia di libertà e di sanzioni penali; altri ancora hanno sostenuto la necessità di distinguere fra la materia, su cui cade la riserva, dall'oggetto proprio della riserva stessa.

In realtà ognuno dei criteri proposti si rivela insoddisfacente perché è la stessa distinzione fra riserva assoluta e riserva relativa ad avere un carattere fittizio, essendo il frutto di un'operazione dottrinale volta a ridurre gli spazi che la Costituzione vorrebbe interamente riservati alla legge. Infatti l'assegnazione della qualifica di "relativa" ad una determinata riserva di legge giustifica l'intervento, nella materia in questione, di fonti secondarie benché la Costituzione abbia riservato alla legge la materia stessa. La distinzione fra riserva assoluta e riserva relativa (accolta dalla giurisprudenza costituzionale ed utilizzata anche dal legislatore ordinario) indebolisce la portata garantistica della riserva giacché è funzionale all'ingresso di fonti secondarie nella disciplina di materie che la Costituzione vorrebbe sottratte all'ingerenza dell'esecutivo ed oggetto invece di disciplina solo di origine parlamentare.

Nella giurisprudenza costituzionale è possibile rintracciare il tentativo di precisare, sia pure con qualche incongruenza, la nozione di riserva relativa, laddove (con riferimento all'art. 23 Cost.) la Corte costituzionale ha affermato che il principio costituzionale «*deve ritenersi rispettato quando la legge che prevede l'imposizione, pur non fissandone il massimo, determina criteri, condizioni, limiti e controlli idonei a contenere la discrezionalità dell'ente impositore nell'esercizio del potere attribuitogli e ad evitare così che possa trasmodare in arbitrio*» (sent. n. 51 del 1960).

Nella sent. n. 383 del 1998 la Corte costituzionale ha precisato che: «*La "riserva di legge" assicura il monopolio del legislatore nella determinazione delle scelte qualificanti nelle materie indicate dalla Costituzione, sia escludendo la concorrenza di autorità normative "secondarie", sia imponendo all'autorità normativa "primaria" di non sottrarsi al compito che solo a essa è affidato. Tale valenza è generale e comune a tutte le "riserve". Dipende invece dalle specifiche norme costituzionali che le prevedono, secondo la loro interpretazione testuale, sistematica e storica, il carattere di ciascuna riserva, carattere chiuso o aperto alla possibilità che la legge stessa demandi ad atti subordinati le valutazioni necessarie per la messa in atto concreta delle scelte qualificanti la materia ch'essa stessa ha operato*».

Nota bibliografica

E. Betti, *Interpretazione della legge e degli atti giuridici*, Milano, 1949; Id., *Diritto Metodo Ermeneutica. Scritti scelti*, a cura di G. Crifò, Milano, 1991; N. Bobbio, *Teoria dell'ordinamento giuridico*, Torino, 1955; Id., *Teoria della norma giuridica*, Torino, 1958; Id., *Dalla struttura alla funzione. Nuovi studi di teoria del diritto*, Milano, 1977; G. Calogero, *La logica del giudice e il suo controllo in Cassazione* (1937), Padova, 1964; G. Capograssi, *Il problema della scienza del diritto* (1937), Milano, 1962; B.N. Cardozo, *Il giudice e il diritto* (1947), Firenze, 1961; L. Carlassare, *Legalità (principio di)*, in *Enc. giur. Treccani*, vol. XVIII, Roma 1990; R. Carré de Marlberg, *La loi, expression de la volonté générale*, Paris, 1931. A. Cerri, *Prolegomeni ad un corso sulle fonti del diritto*, Torino, 2011; A.A. Cervati, *Per uno studio comparativo del diritto costituzionale*, Torino, 2009; F. Cerrone, *In margine ad un frammento di storia e teoria delle fonti: le norme sulle norme in tema di interpretazione*, in *Rivista Aic*, 2019, n. 2; V. Crisafulli, *Lezioni di diritto costituzionale*, vol. I, Padova, 1970; A. De Nitto, *Diritto dei giudici e diritto dei legislatori*, Lecce, 2002; A.V. Dicey, *Diritto e opinione pubblica nell'Inghilterra dell'Ottocento* (1905), Bologna, 1997; A. Di Giovine, *Introduzione allo studio della riserva di legge nell'ordinamento costituzionale italiano*, Torino, 1969; M. Dogliani, *In-*

terpretazione, in *Dizionario di diritto pubblico*, a cura di S. Cassese, vol. III, Milano, 2006, p. 3179 ss.; S. Fois, *Legalità (principio di)*, in *Enc. dir.*, vol. XXIII, Milano, 1973, p. 659 ss.; A. Giuliani, *Logica del diritto (teoria dell'argomentazione)*, in *Enc. dir.*, vol. XXV, Milano, 1975; Id., *Presentazione*, in Ch. Perelman, *Logica giuridica nuova retorica* (1976), Milano, 1979; Id., *Le disposizioni sulla legge in generale. Articoli da 1 a 15*, in *Trattato di diritto privato*, diretto da P. Rescigno, Torino, 1999, p. 398 ss.; P. Grossi, *Mitologie giuridiche della modernità*, Milano, 2005; R. Guastini, *Legalità (principio di)*, in *Dig. disc. pubbl.*, vol. IX, Torino, 1994, p. 84 ss.; Id., *Legge (riserva di)*, in *Dig. disc. pubbl.*, vol. IX, Torino, 1994, p. 163 ss.: J. Habermas, *Faktizität und Geltung. Beiträge zur Diskurstheorie des Rechts und des demokratischen Rechtsstaats*, Frankfurt a.M., 1992 (trad. it. dell'appendice: *Morale, diritto, politica*, Torino, 1992); M. Hauriou, *Précis de droit constitutionnel*, Paris, 1923; P. Häberle, *Die offene Gesellschaft der Verfassungsinterpreten*, in *Juristenzeitung*, 1975; Id., *Stato costituzionale*, Roma, 2005; H. Heller, *Staatslehre* (1934), trad. it. *Dottrina dello Stato*, Napoli, 1988; H. Hofmann, *Legalität, Legitimität*, in *Historisches Wörterbuch der Philosophie*, vol. V, Darmstadt, 1980, col. 161 ss.; A. Kaufmann, *Ermeneutica e filosofia del diritto* (1996), in *Filosofia del diritto ed ermeneutica*, a cura di G. Marino, Milano, 2003, p. 5 ss.; H. Kelsen, *Reine Rechtslehre* (1934), trad. it. *Lineamenti di dottrina pura del diritto*, Torino, 2000; Id., *Teoria generale del diritto e dello Stato*, Milano, 1978; Id., *La democrazia*, Bologna, 1980; C.H. Mc Ilwain, *Constitutionalism: ancient and modern*, Ithaca, N.Y., 1940 (trad. it.: *Costituzionalismo antico e moderno*, Bologna 1990); F. Marinelli, *Scienza e storia del diritto civile*, Bari-Roma, 2009; N. Matteucci, *Organizzazione del potere e libertà. Storia del costituzionalismo moderno*, Torino, 1976; Id., *Lo Stato moderno. Lessico e percorsi*, Bologna, 1993; L. Mengoni, *Diritto e valori*, Bologna, 1985; Id., *Ermeneutica e dogmatica giuridica. Saggi*, Milano, 1996; F. Modugno, *Interpretazione giuridica*, Padova, 2015; C. Mortati, *Costituzione*, in *Enc. dir.*, vol. XI, Milano, 1962; Id., *Istituzioni di diritto pubblico*, Padova, 1978; F. Politi, *Diritto pubblico*, VI ed., Torino, 2018; Id., *Studi sull'interpretazione giuridica*, Torino, 2019; P.P. Portinaro, *Legalita (principio di), Enc. scienze sociali*, Roma, 1996; P. Ricoeur, *Il conflitto delle interpretazioni* (1969), Milano, 1977; Id., *Percorsi del riconoscimento* (2004), Milano, 2005; P. Ridola, *Democrazia pluralistica e libertà associative*, Milano, 1987; Id., *Democrazia rappresentativa e parlamentarismo*, Torino, 2011; Id., *Il principio libertà nello Stato costituzionale. I diritti fondamentali in prospettiva storico-comparativa*, Torino, 2018; Id., *Esperienza Costituzioni Storia. Pagine di storia costituzionale*, Napoli, 2019; F. Rimoli, *Pluralismo e valori costituzionali*, Torino, 1999; S. Romano, *L'ordinamento giuridico*, II ed., Firenze, 1945; Id., *Principii di diritto costituzionale generale*, Milano, 1947; Id., *Frammenti di un dizionario giuridico*, Milano, 1955; C. Schmitt, *Dottrina della Costituzione* (1928), Milano, 1984; R. SMEND, *Costituzione e diritto costituzionale* (1928), Milano, 1986; P. STEIN, *Regulae iuris*, Edinburgh, 1966; G. TARELLO, *Storia della cultura giuridica moderna*, vol. I, Bologna, 1976; G. ZAGREBELSKY, *Il sistema costituzionale delle fonti del diritto*, Torino, 1984; ID., *Il diritto mite. Legge diritti giustizia*, Torino, 1992.

Capitolo Secondo
Le fonti di grado costituzionale

SOMMARIO: 1. Il dibattito sul concetto di costituzione. – 2. Il procedimento di redazione ed i caratteri fondamentali della Costituzione repubblicana. – 3. Legge costituzionale e legge di revisione della Costituzione. L'art. 138 Cost. e le modifiche apportate alla Costituzione. – 4. I limiti alla revisione della Costituzione. Potere costituente e potere costituito. – 5. Gli Statuti delle Regioni ad autonomia speciale. – 6. I diversi regimi costituzionali dello Stato italiano dall'epoca statutaria ad oggi. Il problema della continuità dello Stato. – 7. Interpretazione costituzionale e interpretazione costituzionalmente conforme fra Corte costituzionale e giudice comune. – Nota bibliografica.

1. *Il dibattito sul concetto di costituzione*

Il sostantivo «costituzione» è caratterizzato da una pluralità di significati.

Nei secoli XVIII e XIX tale sostantivo assume innanzitutto il significato di "documento politico" contenente il principio di limitazione del potere del monarca. Nel novecento il sostantivo "costituzione" acquista progressivamente anche il significato di "norma giuridica" avente grado superiore alla legge e che si pone quale atto "fondamentale" (*Grundnorm*) che legittima e conforma l'intero ordinamento giuridico e dunque anche il sistema delle fonti del diritto (e ponendosi così anche il problema della specificità dell'interpretazione costituzionale, v. *infra*, par. 7). E, non a caso, la riflessione relativa al concetto di costituzione attraversa tutto il ventesimo secolo, registrando numerose ed eterogenee riflessioni dottrinali che hanno animato il dibattito non solo giuridico ma anche quello filosofico e della scienza politica.

In dottrina numerose sono le riflessioni registrate con riguardo al concetto di "costituzione" e soprattutto nei primi decenni del secolo scorso in connessione con la nascita delle costituzioni del primo dopoguerra (Weimar, Austria, Cecoslovacchia, ecc.). Ed un contributo importante è proprio quello sorto all'interno della riflessione della c.d. *"dottrina weimariana"* cioè degli autori che hanno sviluppato le proprie riflessioni negli anni successivi all'entrata in vigore della Costituzione di Weimar e proprio muovendo dai contenuti di tale documento costituzionale.

E così Rudolf Smend, il padre della "dottrina dell'integrazione" (*Integrationslehre*), sul finire degli anni venti del secolo scorso, definisce l'integrazione un processo fondamentale della vita dello Stato ed assegna alla costituzione il ruolo di "ordinamento giuridico del processo di integrazione dello Stato". Per Smend, la costituzione, come diritto positivo, «non è soltanto norma», ma anche realtà «persistente e quotidiana». E questa realtà, che è «in continuo rinnovamento», è costantemente riprodotta dalla "vita costituzionale". La costituzione e il diritto costituzionale vengono così ad avere un significato dinamico di integrazione che nega la "staticità" della costituzione, chiamata invece a doversi misurare con gli inevitabili mutamenti storici e sociali.

In quegli stessi anni Herman Heller afferma che nel potere costituente «esistenzialità e normatività ... non sono in opposizione ma si condizionano reciprocamente». Il potere costituente non può non essere legato, mediante principi giuridici comuni, agli strati sociali decisivi per la struttura del potere. La costituzione dello Stato viene così ad essere «forma di attività: essa è una forma aperta, dentro cui passa la vita». Per Heller «nel concetto di costituzione non vanno mai separati del tutto né dinamica e statica, né normalità e normatività, né essere e dover essere: ogni costituzione politica può venire concepita solo come una realtà strutturata da norme. Come condizione politica dell'esistenza, come forma ed ordinamento concreto, la costituzione è possibile solo allorché coloro che vi partecipano determinano l'essere-in-ordine e l'essere-in-forma che essa ad un certo stadio raggiunge, come una realtà normativa da rinnovare o da trasformare».

Nei primi decenni del secolo scorso, il dibattito relativo al concetto di costituzione, registra anche la contrapposizione fra Hans Kelsen e Carl Schmitt, contrapposizione in cui il primo, muovendo da una impostazione essenzialmente formale, afferma che la costituzione, quale *Grundnorm* – norma fondamentale dell'ordinamento – rappresenta il fondamento di validità del diritto positivo e che la stessa abbia un contenuto essenzialmente procedurale; per Schmitt, al contrario, la costituzione rappresenta la decisione politica fondamentale di un popolo sul proprio assetto istituzionale.

Nella dottrina italiana non si può non prendere le mosse dalla riflessione di Costantino Mortati che già nel volume «*La costituzione in senso materiale*» (1939) si interroga sulla possibilità di individuazione giuridica del principio primo dell'organizzazione statale, cioè del «contenuto della costituzione, che sia indipendente dalle particolarità delle singole figure storiche di Stato», un contenuto dunque «assoluto, tipico», che deve essere determinato attraverso la ricerca della costante funzione che la costituzione adempie in ogni tipo di Stato. E per Mortati la costituzione «è data dal valore o dal complesso dei valori, di cui sono portatori una data classe sociale e il partito, che ne è l'espressione attiva, e intorno ai quali sono coordinate le varie istituzioni statali». In epoca repubblicana, nella voce «*Costituzione dello Stato*» (del 1962), Mortati aggiungerà che «Sono i gruppi prevalenti in virtù del potere di fatto esercitato, che ricercano nella costituzione lo strumento idoneo alla tutela degli interessi di cui sono portatori, al consolidarsi dei principi di vita associativa che meglio giovano alla stabilizzazione ed al più ordinato svolgimento del potere stesso».

Tale visione sarà criticata da Giovanni Bognetti, secondo il quale la costituzione è da intendere come «un quadro di principi» delimitante l'azione del legislatore e in cui il compito della Corte costituzionale è quello di intervenire a garantire il rispetto di tali principi. Per Bognetti la teoria della costituzione rappresenta un «insieme di principi» avente la funzione di delimitare i confini delle attività ("autonome" nel rispettivo campo) di ogni potere dello Stato. Bognetti rigetta dunque la teoria della costituzione come "progetto di società giusta", nonché la teoria della Costituzione come «generale imperativo di "ragionevolezza"» (visioni che finirebbero per assegnare al giudice costituzionale un indefinito spazio di intervento). Per Bognetti invece ai poteri politici spetta «una grande libertà di movimento per la gestione indipendente di interessi della comunità anche importantissimi e fondamentali», mentre l'intervento della Corte costituzionale deve essere molto limitato. A questo proposito, bisogna aggiungere che la riflessione di Bognetti aveva ad oggetto specificamente il rapporto fra Corte costituzionale e Parlamento, con la delimitazione dei rispettivi ruoli.

Sempre con riguardo alle dottrine contemporanee, va ricordato il pensiero di Gustavo Zagrebelsky che vede nella Costituzione italiana, al tempo stesso, un «comando costituente» ed una «ricognizione obbligante dei valori politici in campo». In quest'ultima definizione (Costituzione come «ricognizione obbligante dei valori politici in campo») Zagrebelsky ricomprende la funzione della costituzione come «reciproco riconoscimento e coinvolgimento» e dunque «atto di forze amiche, o concorrenti ma non ostili». Secondo questa ricostruzione, i valori riconosciuti nella Costituzione italiana tendono a porsi, più che come «comandi costituenti», come il vicendevole riconoscimento di una situazione pluralistica. Il pluralismo costituzionale ha dunque il significato non di somma di *enclaves* particolari, ma ricognizione accettata di valori politici e patto di comune soggezione ad essi («la costituzione pluralistica non è né un comando né un contratto»). In tale quadro anche l'interpretazione costituzionale assume un significato proprio giacché l'interpretazione della costituzione pluralistica non può essere parificata all'interpretazione della legge o del contratto in ragione proprio delle irrimediabili differenze che intercorrono tra queste diverse tipologie di atti. E la scienza costituzionale, nell'interpretazione della Costituzione, non può ridurre il proprio compito ad una mera ricostruzione di significati testuali, quali espressioni di volontà normativa (unilaterale o contrattuale plurilaterale), ma deve svolgere un «ruolo autonomamente costruttivo».

Per Cervati la Costituzione rappresenta un «arco di valori in grado di mettere in moto profonde trasformazioni della legislazione e della giurisprudenza, come un punto di partenza per una più incisiva considerazione della dignità umana, del libero sviluppo della persona e del riconoscimento di alcune esigenze essenziali». Pertanto anche i processi di innovazione costituzionale non possono prescindere da un'analisi delle «dinamiche delle società pluralistiche contemporanee, nelle quali, *foundations, transformations* e *interpretation* delle costituzioni formano un circuito comprensivo e comunicativo». Le diverse opzioni devono infatti essere valutate «in un'ottica non formalistica ma sostanzialistica, attenta a verificare anzitutto che i processi di innovazione costituzionale siano capaci di attivare un'arena comunicativa aperta ad una molteplicità di voci del tessuto pluralistico e di garantire il mantenimento di strumenti «oppositivi» idonei a contrastare sempre ricorrenti derive plebiscitarie» e a tutelare l'esistenza di uno «spazio pubblico» necessario alla sopravvivenza della democrazia pluralistica (Ridola).

Il concetto di costituzione – e dunque la funzione della stessa – pur continuando a rivestire un ruolo centrale sia del sistema giuridico che di quello politico, viene a caratterizzarsi sempre più per la propria non univocità. A questo proposito, deve ricordarsi che per Luhmann nel termine «costituzione» si condensa «un orizzonte di senso», e la costituzione diventa «il risultato di uno sviluppo evolutivo, un'acquisizione evolutiva che nessuna intenzione può cogliere con precisione». Secondo questa impostazione è la netta differenza esistente fra sistema giuridico e sistema politico (sistemi che pur essendo reciprocamente competenti seguono codici differenti – e precisamente il codice diritto-non diritto da un lato e il codice potere-non potere dall'altro – e svolgono funzioni diverse) a determinare la peculiare ambivalenza del concetto di costituzione, anche se la funzione della costituzione nel sistema politico è del tutto analoga a quella svolta nel sistema giuridico, giacché in entrambi i sistemi la necessità della costituzione viene giustificata in relazione al problema della sovranità. Ma i problemi decisionali che la politica ed il diritto sono chiamati ad affrontare nell'epoca contemporanea non possono più essere risolti con il mero richiamo alla sovranità, ma devono essere ricondotti (per Luhmann) alle condizioni esterne della comunicazione sociale. Ed anche il diritto è esposto a questa pressione e non può essere concepito semplicemente come regolamentazione di conflitti, ma impiegato per la produzione di comportamenti specifici.

2. *Il procedimento di redazione ed i caratteri fondamentali della Costituzione repubblicana*

Dal punto di vista della teoria delle fonti del diritto, la Costituzione repubblicana quale fonte del diritto italiano è il documento formale approvato dall'Assemblea Costituente nel dicembre 1947, promulgato il 27 dicembre ed entrato in vigore il 1° gennaio 1948. Tale atto si inserisce nel sistema delle fonti del diritto dell'ordinamento giuridico italiano quale fonte di grado massimo e che condiziona e conferisce validità a tutte le altre fonti, strutturando l'intero sistema delle fonti.

La Costituzione è il fondamento di validità dell'intero ordinamento giuridico e, con riguardo al sistema delle fonti del diritto, è la Costituzione a dettare la disciplina dell'intero sistema e nello specifico la disciplina delle fonti di grado primario. È infatti nella Costituzione che devono rinvenirsi i principi fondamentali del sistema delle fonti: dalla strutturazione gerarchica del sistema delle fonti (è la Costituzione a porre, in ragione del principio della rigidità della Costituzione, la superiorità delle fonti di grado costituzionale rispetto alle fonti di grado primario, di cui è corollario la previsione del controllo di costituzionalità delle leggi e degli atti aventi forza di legge, nonché il principio di superiorità delle fonti di grado primario rispetto alle fonti di grado secondario) alla disciplina delle fonti di grado primario (quale *numerus clausus* che trova in Costituzione il proprio fondamento); dall'affermazione del principio di legalità e dell'istituto della riserva di legge alla disciplina dei limiti che le diverse tipologie di fonti incontrano e dei controlli cui le stesse sono sottoposte.

L'Assemblea Costituente (composta di 556 membri tutti elettivi), dovendo provvedere alla elaborazione ed approvazione della Carta costituzionale (che avverrà il 22 dicembre 1947, con 453 voti favorevoli e 62 contrari), si pone innanzitutto il problema di come avviare i propri lavori di preparazione del testo. A questo proposito l'Assemblea costituente operò con spirito pragmatico, nel senso del progressivo ricorso ad un sistema di delega politica. L'Assemblea infatti, senza definire alcun principio o criterio di fondo, affidò ad un proprio organo (denominato «Commissione per la Costituzione»), formato da 75 deputati (e per questo chiamato anche «*Commissione dei 75*»), il compito di elaborare un «Progetto di Costituzione».

La scelta di dar vita ad una Commissione (quella dei 75), cui veniva affidato il compito di elaborare il Progetto di Costituzione, rispondeva alla decisione dei maggiori partiti di trasferire in seno a tale Commissione (e dunque in una sede più ristretta) il dibattito sulle singole questioni, evitando di impegnare l'Assemblea in un dibattito sulle linee fondamentali della futura Costituzione, che avrebbe occupato molto tempo ed irrigidito le posizioni dei singoli partiti anziché favorire un percorso di avvicinamento fra gli stessi. La nomina della Commissione dei 75 e l'affidamento alla stessa del compito di redigere il progetto di Costituzione hanno comportato una esautorazione dell'Assemblea che dal giugno 1946 al marzo 1947 ha sostanzialmente atteso gli esiti dei lavori della Commissione. Questa, a sua volta, fin dalla prima riunione, affrontando il problema dell'ordine dei lavori, ha anch'essa rinunciato ad una discussione generale sul testo ed ha invece optato per la formazione di *tre sottocommissioni* (anche qui senza fornire criteri-guida) rispettivamente competenti:

- (la prima) sui diritti e doveri dei cittadini;
- (la seconda) sull'organizzazione dello Stato;
- (la terza) sui rapporti economici.

Il *Comitato di Redazione* (o Comitato dei 18), composto dai membri dell'Ufficio di Presidenza e da 11 delegati della Commissione, aveva il compito di stilare il progetto di Costituzione, riprendendo il lavoro delle sottocommissioni (sicché la Commissione dei 75 era chiamata ad esaminare solo le parti in cui il Comitato non avesse trovato l'accordo).

La Costituzione è formalmente strutturata in due Parti (la Prima intitolata «Diritti e doveri dei cittadini» e la seconda «Ordinamento della Repubblica»), anticipate dal titolo relativo ai «Principi fondamentali» contenente i primi dodici articoli del testo costituzionale.

La Parte prima («Diritti e doveri dei cittadini») si suddivide in quattro titoli (relativi rispettivamente ai «Rapporti civili», ai «Rapporti etico-sociali», ai «Rapporti economici» e ai «Rapporti politici»).

La Parte seconda («Ordinamento della Repubblica») comprende sei titoli (relativi al Parlamento, al Presidente della Repubblica, al Governo, alla Magistratura, all'ordinamento regionale e delle autonomie locali, e alle garanzie costituzionali).

Infine vi sono le Disposizioni transitorie e finali.

Questa impostazione della Carta costituzionale fu proposta, in una riunione del Comitato di Redazione, da Aldo Moro che auspicava una Costituzione avente il profilo di una «piramide rovesciata» secondo il «criterio della socialità progressiva». In base a tale criterio la Costituzione (nella prima parte) disciplina gli aspetti fondamentali della vita del cittadino inteso:

– nella sua individualità pur nel quadro della società della quale fa parte (Titolo I);
– nei rapporti basilari con la comunità (Titolo II);
– nella sfera più ampia del mondo economico (Titolo III) e del mondo politico (Titolo IV).

Nella Seconda Parte, la Costituzione disciplina l'organizzazione statale della società, muovendo proprio dal Parlamento quale diretta espressione della sovranità popolare.

Con riguardo alla individuazione dei principi fondamentali della Costituzione, l'art. 2 Cost. riveste un valore decisivo per l'interpretazione e la comprensione dell'intero testo costituzionale (Ridola). L'originaria contrapposizione tra la parte cattolica e la sinistra si risolse nell'approvazione dell'ordine del giorno, presentato da Dossetti, in cui si legge che «*la Sottocommissione ... ritiene che la sola impostazione veramente conforme alle esigenze storiche, cui il nuovo statuto dell'Italia democratica deve soddisfare, è quella che: a) riconosce la precedenza sostanziale della persona umana (intesa nella completezza dei suoi valori e dei suoi bisogni non solo materiali, ma anche spirituali) rispetto allo Stato e la destinazione di questo a servizio di quella; b) riconosce ad un tempo la necessaria socialità di tutte le persone, le quali sono destinate a completarsi e perfezionarsi a vicenda mediante una reciproca solidarietà economica e spirituale: anzitutto in varie comunità intermedie disposte secondo una naturale gradualità (comunità familiari, territoriali, professionali, religiose, ecc.) e quindi, per tutto ciò in cui quelle comunità non bastino, nello Stato; c) che perciò affermi l'esistenza sia dei diritti fondamentali delle persone, sia dei diritti delle comunità anteriormente ad ogni concessione da parte dello Stato*».

I primi tre articoli della Costituzione costituiscono «la chiave di volta della nostra Costituzione, il criterio fondamentale di interpretazione di essa» (Aldo Moro).

Lo «*spirito costituente*» fu rappresentato dallo sforzo di ciascuna forza politica di «apertura al dialogo». Di qui la definizione della Costituzione come "compromesso" fra le maggiori forze politiche (cattolica, marxista-socialista, liberale) presenti in Assemblea costituente. La Costituzione nasce sulla base di una larga intesa fra le maggiori forze politiche presenti in Assemblea costituente, intesa discendente dal forte e generalizzato sentimento di difesa dell'unità nazionale. Secondo alcuni l'intesa costituzionale, se è formalmente «tripartita» (ideologia cattolica, marxista-socialista e liberale), è sostanzialmente bilaterale, giacché di fatto interviene tra area marxista e area cattolica (Cheli). Il «*compromesso costituzionale*» si fonda su un'ampia apertura al dialogo delle maggiori forze politiche, «dialogo» fondato sui valori dell'antifascismo e di difesa dell'unità nazionale (Cerri).

La Costituzione italiana del 1948 si colloca all'interno del costituzionalismo del secondo dopoguerra, espressione di quella cultura democratica europea che, dopo l'esperienza autoritaria e totalitaria del nazifascismo, riafferma la validità dei principi democratici con la consapevolezza della necessità di «proteggere» il sistema democratico. Di qui la previsione di un'articolata serie di «garanzie costituzionali» e la considerazione che la democrazia non si esaurisce nel diritto di voto, ma richiede anche una eguaglianza di *chances* ed una «pari dignità sociale» di tutti i cittadini.

Secondo l'insegnamento di Costantino Mortati, i *principi fondamentali* della Costituzione repubblicana godono di una «efficacia potenziata», di «superlegalità costituzionale», in quanto sono a base di tutte le altre norme della Costituzione e dispongono di una «diretta ed immediata efficacia normativa» nei confronti sia del legislatore che di ogni altro soggetto dell'ordinamento. I principi fondamentali costituiscono anche criteri generali di interpretazione del testo costituzionale e segnano i limiti invalicabili di ogni mutamento costituzionale (sui limiti alla revisione costituzionale, v. *infra*, par. 4). Mortati sottolinea il significato di «super-legalità costituzionale» svolto dai principi fondamentali, basati sulla «idea-forza» che li ispira e che tutti li riassume e rappresentata dall'art. 1 Cost. per cui l'Italia è una repubblica democratica fondata sul lavoro.

E così l'art. 1 Cost. («*L'Italia è una Repubblica democratica fondata sul lavoro*») esplicita i «caratteri coessenziali» della forma di Stato ed è anche criterio ermeneutico per l'interpretazione di ogni disposizione costituzionale e si pone come logico fondamento dell'ordine democratico. Tale disposizione esprime «l'idea-forza» che è alla base dell'intera Costituzione: il *principio democratico* mira a realizzare «un regime di identità fra governanti e governati» o comunque una «emersione dell'autorità dalla libertà». Il fondamento relativistico della democrazia esclude che singoli o gruppi possano essere detentori di una verità assoluta, essendo possibili solo verità relative, suscettibili, nel rispetto del principio di tolleranza, di raggiungere soluzioni compromissorie fra le opinioni in contrasto. Il fondamento di tale relativismo è però l'assolutezza del valore da riconoscere ad ogni essere umano. Ed il fondamento sostanziale della democrazia è il principio dell'inviolabilità della dignità umana.

La dottrina si è più volte interrogata sul significato del richiamo al lavoro come «*fondamento della Repubblica*». Per Mortati, nel richiamo al lavoro si realizza la sintesi fra il principio personalista, che esprime la richiesta del singolo all'esercizio di un'attività lavorativa, e quello solidarista che invece conferisce carattere di doverosità allo svolgimento di un lavoro. Mortati afferma la portata normativa del principio, ponendolo in correlazione con l'obbligo posto dall'art. 3, secondo comma, Cost. (principio di eguaglianza in senso sostanziale) che, a sua volta, non si risolve in una pura enunciazione ma trova svolgimento in Costituzione in una vasta ed articolata serie di disposizioni attributive di diritti e di corrispondenti doveri. Lo stretto rapporto che intercorre tra l'art. 1 e l'art. 3, secondo comma, Cost. conduce a riconoscere che il lavoro, quale «fondamento dello Stato», costituisce l'elemento basilare da cui prendere le mosse per individuare l'esatto significato delle disposizioni costituzionali relative al complesso dei rapporti etico-sociali ed economici. Infatti porre il lavoro quale fondamento della «Repubblica democratica» vuol dire assegnare a tale elemento il ruolo di generale criterio di regolazione dell'intero sistema dei rapporti dei cittadini fra loro e con lo Stato e dunque quale principio di determinazione del posto del cittadino nello Stato ed i fini assegnati all'azione statale.

Il ruolo riconosciuto al diritto al lavoro assegna posizione centrale, nel sistema delle norme costituzionali, all'art. 4 Cost. secondo cui «*La Repubblica riconosce a tutti i cittadini il diritto al lavoro e promuove le condizioni che rendano effettivo questo diritto*». Ed il secondo comma aggiunge: «*Ogni cittadino ha il dovere di svolgere, secondo le proprie possibilità e la propria scelta, un'attività o una funzione che concorra al progresso materiale o spirituale della società*». L'insieme delle garanzie predisposte dalle diverse disposizioni costituzionali infatti può essere operante solo nella misura in cui venga adempiuto l'obbligo di promozione delle condizioni necessarie a rendere effettivo il diritto al lavoro quale motore della mobilità sociale.

L'art. 4 Cost. – che pone il diritto al lavoro e il connesso *principio lavorista* – è diretta applicazione dell'art. 1 della Costituzione. Il lavoro è strumento di realizzazione della personalità, giacché solo mediante il lavoro è possibile, affrancandosi dalla necessità, godere appieno delle libertà civili e partecipare (come recita l'art. 3, secondo comma, Cost.) «all'organizzazione politica, economica e sociale del Paese». Del diritto al lavoro e del principio lavorista sono espressione gli ulteriori articoli costituzionali che tutelano specificamente i «Rapporti economici» (artt. 35 e ss. Cost.). Il principio del diritto al lavoro riveste anche il ruolo di «supremo criterio interpretativo» degli artt. da 41 a 45 Cost. che disciplinano l'iniziativa economica e il diritto di proprietà e che concernono i congegni mediante i quali il diritto al lavoro è reso effettivo.

La giurisprudenza costituzionale ha più volte affermato che dall'art. 4 Cost. si ricava che il diritto al lavoro, riconosciuto ad ogni cittadino, è un fondamentale diritto di libertà della persona umana, che si estrinseca nella scelta e nel modo di esercizio dell'attività lavorativa. Incombe dunque sullo Stato non solo il divieto di introdurre nell'ordinamento norme che anche indirettamente neghino tale diritto o pongano limiti discriminatori all'esercizio dello stesso (secondo l'art. 35 Cost., «la Repubblica tutela il lavoro in tutte le sue forme ed applicazioni»), ma anche l'obbligo di indirizzare l'attività di tutti i pubblici poteri (a partire dal legislatore) alla creazione di condizioni che consentano l'impiego di tutti i cittadini idonei al lavoro.

Anche la Cassazione (Cass. 12 ottobre 1978, n. 4577) ha riconosciuto che «il lavoro è dal legislatore costituente considerato non soltanto come fondamento dello Stato (art. 1, primo comma), ma anche come diritto soggettivo dei singoli (art. 4, primo comma), tale da essere mezzo di sviluppo della persona e ne è stata pertanto sancita una protezione privilegiata». E pertanto deve riconoscersi «la legittimità costituzionale di ogni intervento che il legislatore operi sull'autonomia negoziale per far sì che il diritto al lavoro sia reso effettivo e che le modalità del suo svolgimento e la sua remunerazione siano adeguatamente tutelate». Anche la dottrina giuslavoristica, ribadendo la centralità del diritto al lavoro per tutti i cittadini, definisce il diritto al lavoro come «diritto della persona ad accedere ad un posto di lavoro in una posizione di eguaglianza rispetto al lavoro disponibile», con il conseguenziale obbligo per lo Stato di apprestare una struttura amministrativa in grado di agevolare l'incontro fra domanda e offerta di lavoro (D'Antona).

L'art. 2 Cost. (secondo cui «*la Repubblica riconosce e garantisce i diritti inviolabili dell'uomo, sia come singolo sia nelle formazioni sociali ove si svolge la sua personalità, e richiede l'adempimento dei doveri inderogabili di solidarietà politica, economica e sociale*») alla riaffermazione dei diritti inviolabili dell'uomo unisce l'adempimento dei doveri inderogabili necessari a realizzare la solidarietà nel campo dei rapporti politici, economici e sociali. Questa disposizione costituzionale afferma il *principio personalista*, che esprime una priorità di valore della persona rispetto allo Stato e pone un limite invalicabile all'intervento di qualunque soggetto – pubblico o privato – nei confronti dell'individuo. Nell'art. 2 Cost. trova fondamento anche il *principio solidarista* – ulteriormente rafforzato dall'art. 3, secondo comma, Cost. – che pone la necessità dell'intervento dei poteri pubblici per consentire il pieno sviluppo della persona umana con la rimozione dei relativi ostacoli economici e sociali.

Il *principio pluralista* si fonda sul riconoscimento della concezione non individualistica dell'organizzazione sociale ed ha molteplici manifestazioni (pluralismo religioso, politico, culturale, ecc.) e dal punto di vista della teoria delle fonti del diritto il pluralismo istituzionale si traduce in una articolazione ampia e plurale del sistema delle fonti del diritto.

Fra i principi fondamentali della Carta costituzionale vi è anche il *principio di eguaglianza* ritenuto «principio generale che condiziona tutto l'ordinamento nella sua obiettiva struttura» (Corte cost., sent. n. 25 del 1966). Il riconoscimento a tutti gli individui della pari dignità sociale (ritenuto da Mortati quale condizione basilare dello stesso principio di eguaglianza) ha avuto spiegazioni varie. Carlo Esposito ha messo in rilievo come l'affermazione della "pari dignità sociale" di tutti gli individui impedisca a chiunque di esprimere giudizi lesivi delle qualità morali di un individuo o di considerare alcuni «indegni del trattamento sociale riservato alla generalità degli altri». Parimenti il principio della pari dignità sociale esplica i propri effetti anche nell'ambito dei rapporti fra privati non potendosi ritenere costituzionalmente ammissibili differenze di trattamento fondate sulla negazione di una pari dignità sociale di un individuo (o di una determinata categoria di persone).

Il primo comma dell'art. 3 Cost. (secondo cui «*Tutti i cittadini hanno pari dignità sociale e sono eguali davanti alla legge senza distinzione di sesso, di razza, di lingua, di religione, di opinioni politiche, di condizioni personali e sociali*») è indirizzato innanzitutto al legislatore sul quale ricade il dovere di rispettare tale principio quale «*generale canone di coerenza dell'ordinamento normativo*» (Corte cost., sent. n. 204 del 1982). Il principio di eguaglianza formale, oltre a vietare al legislatore di operare differenziazioni basate sul sesso, sulla razza e sugli altri criteri indicati espressamente da tale disposizione costituzionale, pone l'obbligo per il legislatore di trattare in maniera identica situazioni tra loro simili ed in maniera differente situazioni tra loro diverse, rivelandosi dunque incostituzionale sia la legge che disciplini in maniera diversa situazioni identiche sia quella che disciplini in maniera identica situazioni tra loro differenti.

Il controllo della Corte costituzionale sulle valutazioni compiute dal legislatore ha condotto la giurisprudenza costituzionale ad affermare l'esistenza di un *principio di ragionevolezza*, secondo il quale la legge deve disciplinare in maniera *"ragionevolmente"* diversa le situazioni fra loro differenti ed in maniera eguale le situazioni eguali. Il giudizio sulla ragionevolezza delle scelte compiute dal legislatore ha assegnato alla Corte costituzionale un ampio potere che secondo alcuni sfiora il controllo delle scelte politiche o di merito. In realtà la Corte costituzionale ha sempre affermato che il giudizio di costituzionalità non può essere utilizzato per esercitare scelte di esclusiva spettanza del legislatore o per operare interventi che invadano la discrezionalità propria del potere legislativo, giacché il giudizio di ragionevolezza ha la funzione di «*ricondurre le deroghe ingiustificate e le arbitrarie eccezioni alle regole già stabilite dalla legge ovvero ai principi generali univocamente desumibili dalla legge*» (sent. n. 314 del 1983).

In merito al contenuto del secondo comma dell'art. 3 Cost. (secondo cui «*È compito della Repubblica rimuovere gli ostacoli di ordine economico e sociale, che, limitando di fatto la libertà e l'eguaglianza dei cittadini, impediscono il pieno sviluppo della persona umana e l'effettiva partecipazione di tutti i lavoratori all'organizzazione politica, economica e sociale del Paese*»), la dottrina si è divisa fra quanti assegnano a tale disposizione (che pone il *principio di eguaglianza sostanziale*) il carattere di norma meramente programmatica (e dunque priva di immediata efficacia normativa in assenza del necessario intervento del legislatore ordinario) e quanti invece ravvisano comunque un'efficacia normativa di tale disposizione quanto meno dal punto di vista interpretativo (Crisafulli, Mortati) e dotata di un'immediata cogenza per il legislatore.

3. *Legge costituzionale e legge di revisione della Costituzione. L'art. 138 Cost. e le modifiche apportate alla Costituzione*

L'art. 138 Cost. disciplina il procedimento di approvazione delle leggi di revisione della Costituzione e delle «altre leggi costituzionali».

Tale disposizione costituzionale pone il procedimento da seguire per l'approvazione di due distinte categorie (entrambe di grado costituzionale) di fonti del diritto. Illuminante a questo proposito è proprio l'*incipit* dell'art. 138 Cost. («*Le leggi di revisione costituzionale e le altre leggi costituzionali sono approvate ...*») che appunto prevede due distinte categorie di fonti costituzionali (pur accomunate da un identico procedimento):

– le *leggi di revisione costituzionale*, cioè volte a modificare parti della Costituzione e dunque espressamente destinate a cambiare il testo della Carta;

– e le *leggi costituzionali*, cioè un'ulteriore tipologia sempre di fonte di grado costituzionale non destinata però a mutare il testo della Carta repubblicana, dunque fonti formalmente costituzionali, a volte previste o richieste dalla stessa Costituzione (v., ad es., artt. 71 e 137 Cost.) o che il Parlamento abbia inteso o intenda adottare seguendo il previsto procedimento e dunque "irrigidendo" la relativa disciplina.

La prassi e la giurisprudenza costituzionale tendono ad assimilare queste (diverse) tipologie di fonti di grado costituzionale accomunandole in ragione dell'identità di procedimento costituzionalmente prescritto.

In dottrina è stata spesso evidenziata, proprio ai fini di garanzia costituzionale, l'importanza della differenziazione fra le due tipologie proprio con riguardo al contenuto di ciascuna. La Costituzione infatti traccia una chiara separazione di competenze fra la fonte «legge di revisione costituzionale» e la fonte «legge costituzionale», separazione purtroppo tutt'altro che rispettata nella prassi repubblicana.

Basti citare gli esempi della legge cost. n. 1 del 1993 e della legge cost. n. 1 del 1997 che hanno introdotto, *una tantum*, un procedimento di revisione della seconda parte della Costituzione in deroga al procedimento *ex* art. 138 Cost. E se in entrambi i casi appena ricordati l'obiettivo (modifica della Costituzione) non venne raggiunto (in quanto i lavori di entrambe le bicamerali fallirono), resta purtroppo il precedente di una legge costituzionale approvata per istituire un procedimento volto a modificare la Costituzione in deroga a quello previsto dalla Costituzione medesima.

Si deve inoltre ricordare l'esempio della legge cost. n. 1 del 2002 il cui art. 1 stabilisce che «I commi 1 e 2 della XIII disp. trans. e fin. Cost. esauriscono i loro effetti a decorrere dalla data di entrata in vigore della presente legge costituzionale». I primi due commi della XIII disp. trans. e fin. Cost. – di cui la legge cost. n. 1 del 2002 dichiara «l'esaurimento» degli effetti, e dunque la cessazione di efficacia – dispongono, e formalmente continuano a disporre, pur avendo perduto ogni efficacia, il divieto per i discendenti di Casa Savoia di ricoprire cariche pubbliche oltre alla mancanza dell'elettorato sia attivo che passivo, nonché il divieto per i discendenti maschi di ingresso e di soggiorno nel territorio nazionale.

In questi casi appare evidente il risultato perseguito di modifica sostanziale della Costituzione ottenuto non mediante una legge di revisione costituzionale (fonte deputata a questo scopo dalla Costituzione), bensì mediante una «semplice» legge costituzionale (che, pur lasciando intatta la Costituzione, in realtà ne abroga o modifica una parte).

La distinzione fra la fonte «legge di revisione costituzionale» (quale atto normativo di grado costituzionale destinato a modificare il testo della Costituzione) e «legge costituzionale» (quale atto normativo, anch'esso di grado costituzionale, che pone una disciplina di tale livello ma che non modifica il testo della Carta Repubblicana) è posta dalla stessa Costituzione in quanto destinata proprio a differenziare, all'interno delle fonti di grado costituzionale, tali diverse tipologie con l'evidente intenzione di assegnare alla fonte «legge di revisione costituzionale» una specifica «visibilità» proprio in ragione della peculiare funzione (modifica del testo costituzionale) a tale fonte assegnata. E nell'esempio rappresentato dalla legge cost. n. 1 del 2002 appare evidente come si sia inteso raggiungere l'obiettivo di modifica del testo costituzionale tramite (non legge di revisione costituzionale, bensì) legge costituzionale. Ancor più grave la scelta operata con le leggi cost. n. 1 del 1993 e n. 1 del 1997 volte ad instaurare (in deroga al procedimento costituzionalmente previsto, cioè quello *ex* art. 138 Cost.) un procedimento *ad hoc* di revisione di tutta la seconda parte della Costituzione.

Per questa ragione Carlo Esposito, facendo leva sull'*incipit* dell'art. 138 Cost., sosteneva la necessità – costituzionalmente imposta – che le fonti di grado costituzionale incidenti sulla Carta Repubblicana avessero l'esplicita intestazione di «legge di revisione costituzionale» (c.d. revisione esplicita). Gli esempi citati dimostrano la funzione di garanzia che la (purtroppo inascoltata) tesi di Esposito mirava a perseguire.

L'esplicita previsione in Costituzione di uno speciale procedimento di approvazione delle norme di modifica del testo costituzionale, aggravato rispetto al normale *iter legis,* conferma la **rigidità della Costituzione** medesima.

A questo proposito bisogna ricordare che la dottrina tende a distinguere le costituzioni in *"flessibili"* (quando la costituzione può essere modificata o derogata dalla legge o comunque da fonte di grado primario) e *"rigide"* (quando la costituzione prevede che le modifiche alla stessa possano essere introdotte solo previo procedimento più complesso rispetto a quello richiesto per l'approvazione della legge ordinaria e per questo detto "procedimento aggravato").

Ulteriore corollario della rigidità della Costituzione repubblicana è rappresentato dal controllo di costituzionalità: non a caso sotto il titolo «*Garanzie costituzionali*» la Costituzione disciplina appunto i due istituti del procedimento di revisione costituzionale (artt. 138 e 139 Cost.) e della Corte costituzionale (e delle relative competenze, artt. 134-137 Cost.).

L'art. 138 Cost., come detto, pone la disciplina del **procedimento di formazione delle leggi costituzionali e di revisione della costituzione**.

Il procedimento di revisione costituzionale viene tradizionalmente definito «*aggravato*» perché si innesta sull'ordinario *iter legis,* prevedendo un procedimento più complesso (rispetto all'ordinario procedimento legislativo) giacché è richiesta una *doppia deliberazione* da parte di ciascuna Camera e con la necessità (nella seconda deliberazione) di una maggioranza "qualificata" (oltre alla eventualità di una fase referendaria). Più precisamente, l'art. 138 Cost. prevede che la legge di revisione costituzionale – o la legge costituzionale – debba essere approvata con doppia deliberazione da parte di ciascuna camera con un intervallo temporale (*dilatorio*) di almeno tre mesi fra le due deliberazioni.

Nella *prima deliberazione* si segue l'ordinario *iter legis* (v. *infra,* cap. III): il potere di iniziativa spetta a tutti i soggetti cui la Costituzione assegna potere di iniziativa legislativa; si segue il procedimento ordinario in ragione della "*riserva d'assemblea*" prevista (per le leggi in materia costituzionale) dall'art. 72, ultimo comma, Cost.; nella prima deliberazione è necessaria e sufficiente – così come richiesto per l'ordinario *iter legis* – la maggioranza "relativa" (sulla distinzione fra le varie tipologie di maggioranza e più in generale su tutti gli aspetti procedimentali v. *infra*, cap. III, par. 2).

Trascorso il termine di tre mesi dalla prima deliberazione può passarsi alla *seconda deliberazione*, nella quale la commissione competente riesamina il progetto nel suo complesso e ne riferisce all'assemblea, davanti alla quale, dopo la discussione generale, si passa direttamente alla votazione finale (non sono ammesse questioni pregiudiziali o sospensive, né emendamenti, né ordini del giorno, né richieste di stralcio, ma solo dichiarazioni di voto) ed è richiesta la maggioranza assoluta (la metà più uno degli aventi diritto).

Qualora nella seconda deliberazione si raggiunga in ciascuna Camera la maggioranza dei due terzi dei membri, il Presidente della Repubblica può procedere alla promulgazione; qualora invece si raggiunga sì la maggioranza assoluta ma non quella dei due terzi dei membri, il Presidente della Repubblica non può procedere immediatamente alla promulgazione dovendo invece porre in essere la c.d. «*pubblicazione anomala*», cioè pubblicare sulla *Gazzetta Ufficiale* la delibera parlamentare (mediante tale pubblicazione il Presidente della Repubblica dà notizia della avvenuta deliberazione e dell'avvio del decorso del termine per richiedere il *referendum*).

Da tale pubblicazione decorre il termine di tre mesi entro il quale un quinto dei membri di ciascuna camera o 500.000 elettori o cinque consigli regionali possono chiedere lo svolgimento di un *referendum*. Se il predetto termine trascorre senza che i soggetti sopra indicati abbiano richiesto lo svolgimento del *referendum*, il Presidente della Repubblica promulga la legge. Qualora invece sia stato richiesto, è necessario che il Presidente della Repubblica indica il *referendum* ed il Presidente potrà promulgare la legge di revisione costituzionale (o legge costituzionale) solo se la stessa abbia ottenuto il voto favorevole della maggioranza dei votanti (per la validità di tale *referendum* – come detto – non è richiesto alcun *quorum* di partecipazione).

In merito alle *modalità di successione delle due deliberazioni* (in ciascuna Camera) si sono registrati nella prassi sia il c.d. *metodo consecutivo* (che si concretizza con lo svolgimento delle due deliberazioni dapprima in una camera e poi delle ulteriori due deliberazioni nell'altra camera), sia il c.d. *metodo alternativo*, secondo il quale fra le due deliberazioni di una camera (comunque intervallate dal periodo costituzionalmente previsto) interviene la prima deliberazione dell'altra camera (la cui seconda deliberazione interviene sempre trascorso il termine di almeno tre mesi da tale prima deliberazione).

Entrambi i procedimenti appaiono rispettosi del dettato costituzionale e se inizialmente era stato seguito il «metodo consecutivo», dal 1958 è stato adottato, soprattutto per ragioni di decorrenza dei tempi e di celerità, il «metodo alternativo» che consente inoltre di passare alla seconda deliberazione di ciascuna camera (deliberazione nella quale è richiesta quanto meno la maggioranza assoluta) quando entrambe le camere abbiano approvato il testo almeno una prima volta (nel metodo consecutivo invece, dopo che la prima camera ha già approvato il testo anche nella seconda deliberazione – e dunque con la prescritta maggioranza qualificata – anche un solo emendamento introdotto dall'altra camera impone che la prima camera debba ricominciare da capo il relativo *iter*!).

Con riguardo al ***referendum costituzionale***, previsto come *referendum* eventuale dall'art. 138 Cost. (e che si svolge secondo la disciplina di cui alla legge n. 352 del 1970, v. *infra*, cap. III, par. 5), va evidenziato innanzitutto che è ovvio ritenere che saranno le forze politiche contrarie alla revisione costituzionale a chiederne lo svolgimento, giacché per le forze politiche a favore è sufficiente, e preferibile, aspettare il decorso dei tre mesi anziché impegnarsi in una competizione referendaria. Il *referendum ex* art. 138 Cost. infatti si presenta formalmente come un *referendum* «approvativo» (giacché il corpo elettorale è chiamato ad approvare o meno quanto deliberato dalle Camere), ma è di fatto un *referendum* «oppositivo» giacché è lo strumento concesso a chi sia contrario alla revisione costituzionale per tentare di «bloccare» quanto deciso dal Parlamento. L'eccezione a questa lettura dello strumento referendario è rappresentata dall'uso plebiscitario del *referendum*, cioè da un utilizzo del *referendum* non come strumento "oppositivo" (e quindi utilizzato da chi intenda opporsi alla revisione costituzionale) ma come strumento di conferma ("plebiscitaria", appunto) ad opera del *leader* politico di turno (anche se l'esperienza più recente dimostra i rischi che possono nascondersi dietro un utilizzo in tal senso di tale strumento).

Per la validità del *referendum ex* art. 138 Cost. – a differenza di quanto previsto dall'art. 75 Cost. per il *referendum* abrogativo (v. *infra*, cap. III, par. 5) – non è previsto alcun *quorum* di partecipazione giacché in questo caso il corpo elettorale non è chiamato ad abrogare una legge già esistente, ma è chiamato a partecipare al procedimento di formazione dell'atto stesso e pertanto l'elettore che non intenda partecipare si "estranea" completamente dal procedimento medesimo (mentre la previsione di un *quorum* di validità comunque assegna un "peso" anche all'astensione dell'elettore).

Finora si è fatto ricorso al *referendum* costituzionale quattro volte (2001, 2006, 2016, 2020 *in itinere*), giacché tutte le leggi costituzionali e di revisione costituzionale adottate fino al 2001 erano sempre state adottate in accordo fra maggioranza e opposizione in base al principio del "compromesso costituzionale", secondo cui la Costituzione si modifica solo con l'accordo fra le maggiori parti politiche e non a "colpi di maggioranza". Nel 2001, per la prima volta, si registra l'approvazione di una revisione costituzionale (legge cost. n. 3 del 2001) con una risicata maggioranza assoluta: nel *referendum* dell'ottobre 2001 si ebbe una bassa partecipazione (circa 34%) dell'elettorato, anche in ragione degli eventi di politica internazionale registratisi in quelle settimane (11 settembre 2001). Nel 2006 (circa 53%) ed ancor più nel 2016 (circa il 65%) si registra invece un'alta partecipazione al *referendum* costituzionale forse anche conseguenza dell'acceso dibattito che ha caratterizzato quelle campagne referendarie (entrambe conclusesi con la bocciatura da parte dell'elettorato delle due proposte di revisione costituzionale).

Con riguardo al *referendum* costituzionale, uno degli argomenti affrontati dalla dottrina è quello relativo alla ammissibilità di revisioni costituzionali caratterizzate da una "eterogeneità" di contenuti che imporrebbero all'elettore (in sede di *referendum*) una "coartazione" a fronte della possibilità di dare più risposte qualora non chiamato a votare su un'unica revisione costituzionale. A questo proposito, nel 2013, quale membro del «Gruppo di lavoro sulle riforme istituzionali» nominato dal Presidente della Repubblica Napolitano) Valerio Onida ha affermato che «*Si dovrebbero ... approvare con il procedimento di cui all'art. 138 distinte leggi costituzionali per ognuno degli argomenti affrontati, in modo da consentire che su ciascuna di esse si esprimano prima le Camere e poi gli elettori con il referendum*». E questa indicazione è stata seguita nella XVIII legislatura nella quale sono stati presentati progetti di legge di revisione costituzionale vertenti su differenti oggetti della Costituzione (anziché, come avvenuto in passato, un unico ampio ed eterogeno progetto).

Successivamente al 1948 si registra l'adozione di diverse leggi di revisione della Costituzione che hanno modificato vari articoli della Costituzione:

– legge cost. n. 2 del 1963 (che, modificando gli artt. 56, 57 e 60 Cost., ha fissato il numero dei deputati e senatori – in precedenza variabile in base alla popolazione – ed ha uniformato la durata delle Camere – in precedenza differente fra Camera e Senato);

– legge cost. n. 3 del 1963 (di modifica dell'art. 131 Cost.);

– legge cost. n. 2 del 1967 (di modifica dell'art. 135 Cost.);

– legge cost. n. 1 del 1989 (di modifica degli artt. 96, 134, 135 Cost.);

– legge cost. n. 1 del 1991 (di modifica dell'art. 88 Cost.);

– legge cost. n. 1 del 1992 (di modifica dell'art. 79 Cost.);

– legge cost. n. 2 del 1992 (di modifica dell'art. 111 Cost.);

– legge cost. n. 3 del 1993 (di modifica dell'art. 68 Cost.);

– legge cost. n. 1 del 1999 (di modifica degli artt. 121, 122 e 123 Cost.);

– legge cost. n. 1 del 2000 (di modifica dell'art. 48 Cost. con riguardo al voto degli italiani residenti all'estero);

– legge cost. n. 1 del 2001 (relativo al voto degli italiani all'estero);

– leggi cost. nn. 2 e 3 del 2001 (di modifica del Titolo V della Costituzione);

– legge cost. n. 1 del 2003 (di modifica dell'art. 51 Cost., con riguardo alle "pari opportunità tra donne e uomini");

– legge cost. n. 1 del 2007 (di modifica dell'art. 27 Cost., relativo alla pena di morte);

– legge cost. 20 aprile 2012, n. 1 (*"Introduzione del principio del pareggio di bilancio nella Carta costituzionale"*, che ha operato un'importante revisione dell'art. 81 Cost. e degli artt. 97, 117 e 119 Cost.).

A partire dalla fine degli anni Settanta del secolo scorso si apre in dottrina e in vasti settori politici un ampio dibattito concernente l'opportunità di un'ampia revisione della Costituzione con riguardo soprattutto alla forma di governo. Da allora il tema della «riforma istituzionale» diventa una costante che attraversa tutti i decenni successivi.

Con la legge cost. n. 1 del 1993 (che istituisce la c.d. Bicamerale Iotti-De Mita) viene creato *una tantum* un procedimento di revisione della Costituzione in deroga al procedimento *ex* art. 138 Cost. e tale scelta viene ripetuta dalla legge cost. n. 1 del 1997 (che istituisce la c.d. Bicamerale D'Alema). Se i lavori delle due bicamerali sono destinati all'insuccesso, il dibattito ed i lavori svolti all'interno della seconda bicamerale portano comunque all'approvazione della legge cost. n. 1 del 1999 (che modifica il potere statutario delle Regioni) e la legge cost. n. 3 del 2001, relativa all'ordinamento di Regioni, Province e Comuni, e che costituisce la maggiore modifica finora subita dalla Costituzione (essendo stati modificati o abrogati quindici articoli della stessa).

L'esame delle numerose proposte di revisione costituzionale succedutesi in questi decenni conduce ad affermare che se la peculiarità dello spirito costituente del 1946-1947 e stata rappresentata dall'apertura al dialogo e dall'elevato livello, anche culturale, del dibattito e delle scelte operate, oggi purtroppo dobbiamo registrare un indubbio arretramento su entrambi i fronti. Inoltre, se nel confronto fra la Costituzione repubblicana e tutti i progetti di modifica succedutesi nel tempo questi ultimi appaiono sempre approssimativi o contraddittori, la conclusione da trarre è l'indubbio valore della Carta del 1948 che, nonostante le ricorrenti operazioni di delegittimazione, ha sostanzialmente «tenuto» e ha mostrato validità e vitalità anche grazie all'operato della Corte costituzionale. Inoltre è agevole evidenziare che la ricorrente affermazione della necessità della riforma costituzionale ha rappresentato soprattutto un alibi che la classe politica porta avanti da qualche decennio per giustificare le proprie incapacità ad affrontare le sfide del presente (e che cerca di giustificare appunto «scaricando» sulla Costituzione la relativa responsabilità).

4. *I limiti alla revisione della Costituzione. Potere costituente e potere costituito*

La riflessione relativa alla esistenza o meno di "limiti" alla revisione costituzionale (e cioè se ogni parte della Costituzione possa essere oggetto di modifiche o se invece una o più parti della stessa si sottraggano alla possibilità di modifiche) si innesta sulla distinzione fra *"potere costituente"* e *"potere costituito"*. Il primo (in quanto "potere costituente") si muove secondo un'assoluta e piena libertà di scelta e di opzioni, mentre il secondo (in quanto "potere costituito"), pur esplicandosi al livello più alto possibile (quello della revisione costituzionale), deve sempre essere ricompreso all'interno del vigente "quadro costituzionale" e dunque dei principi fondamentali dello stesso, giacché modificando questi ultimi verrebbe ad instaurarsi un altro (diverso) ordine costituzionale (e dunque saremmo di fronte non più ad un "potere costituito" bensì ad un "potere costituente").

Il potere di revisione costituzionale, in quanto potere costituito, trova dunque un limite "naturale" nei principi fondamentali posti da quella stessa Costituzione che disciplina il relativo procedimento di revisione costituzionale.

Molto si è discusso in dottrina circa i **limiti alla revisione della Costituzione repubblicana**.

L'art. 139 Cost. (secondo cui «*La forma repubblicana non può essere oggetto di revisione costituzionale*») prevede un *limite esplicito alla revisione* (la «*forma repubblicana*») ed inoltre la dottrina ha sempre affermato l'esistenza di *limiti taciti* alla revisione della Costituzione (cfr. Corte cost. nn. 1146 del 1988; 366 del 1993; 170 del 1984).

In occasione dell'approvazione, in Assemblea Costituente, dell'art. 139 Cost., di fronte alle proteste dei membri del partito monarchico (secondo i quali la preclusione di una possibile revisione costituzionale volta a reintrodurre la forma monarchica rappresentava un vincolo posto alle generazioni future che ben avrebbero potuto decidere diversamente rispetto a quanto affermato nel *referendum* del 2 giugno 1946), si replicò che tale disposizione da un lato era «necessitata» (giacché l'opzione tra la monarchia e la Repubblica era stata operata direttamente dal corpo elettorale e non poteva ritenersi ammissibile che il Parlamento potesse in futuro rovesciare tale scelta) e, dall'altro lato, che l'art. 139 Cost. non porrebbe un divieto assoluto di reintroduzione della monarchia, ma introdurrebbe solo un «doppio vincolo procedurale» nel senso che un'eventuale proposta di reintroduzione della monarchia mediante lo strumento della revisione costituzionale (*ex* art. 138 Cost.) non sarebbe preclusa *a priori* dalla Costituzione, ma dovrebbe passare dapprima attraverso l'abrogazione dell'art. 139 Cost. (e quindi con l'approvazione di una prima legge di revisione costituzionale volta all'eliminazione di tale limite esplicito) ed indi attraverso l'approvazione di una seconda legge di revisione costituzionale che introduce la monarchia.

Proprio queste considerazioni (così strettamente formalistiche) devono invece condurci a riflettere sul contenuto «sostanziale» dell'art. 139 Cost., quale disposizione volta a ribadire il *valore democratico della Carta Repubblicana*, la quale non può accettare che il procedimento di revisione costituzionale venga utilizzato per giungere ad esiti negativi dal punto di vista della tutela dei valori democratici. Secondo l'insegnamento di Costantino Mortati, l'art. 139 Cost. costituisce diretta espressione dell'art. 1 Cost. (secondo cui «*L'Italia è una Repubblica democratica fondata sul lavoro*»), sicché la «forma repubblicana» che non può essere oggetto di revisione è quella «Repubblica democratica» sancita nel primissimo articolo della Carta. La Costituzione dispone dunque l'intangibilità dell'assetto democratico dello Stato. Deve dunque ritenersi in contrasto con l'impianto repubblicano ogni proposta mirante a restringere gli spazi del pluralismo, della rappresentanza e della partecipazione democratica alla gestione del potere pubblico.

La dottrina e la giurisprudenza costituzionale ritengono che la Costituzione, oltre al limite esplicito formulato dell'art. 139 Cost., contenga anche **limiti impliciti** (non espressi) alla revisione costituzionale, non potendo lo strumento della revisione costituzionale modificare i principi fondamentali della Costituzione (tutela della dignità dell'uomo con conseguente tutela dei diritti e delle libertà fondamentali; principio della sovranità popolare, di eguaglianza, di indefettibilità della tutela giurisdizionale, ecc.) la cui modificazione condurrebbe alla instaurazione di un ordinamento diverso da quello fondato sulla Costituzione del 1948.

Ritornano così le considerazioni sopra esposte relative alla distinzione fra "potere costituente" e "potere costituito". Il potere di revisione costituzionale, in quanto esplicantesi all'interno di un quadro costituzionale già definito, si pone quale "potere costituito", cioè potere che, quantunque deputato alla modifica di parti (più o meno ampie) della Costituzione, non può stravolgere i principi fondamentali (espliciti o impliciti) della Costituzione medesima, giacché in tal caso verrebbe a configurarsi quale "potere costituente", cioè potere che si muove senza alcun vincolo e che istituisce un ordinamento "nuovo" e totalmente differente rispetto a quello preesistente.

Il riconoscimento dell'esistenza di limiti alla revisione costituzionale introduce l'ulteriore argomento relativo alla *determinazione dell'organo competente a giudicare sul superamento di tali limiti*.

La Corte costituzionale, sia pure in un *obiter dictum*, ha dichiarato la propria competenza in merito affermando che «*La Costituzione italiana contiene alcuni principi supremi che non possono essere sovvertiti o modificati nel loro contenuto essenziale neppure da leggi di revisione costituzionale o da altre leggi costituzionali. Tali sono tanto i principi che la stessa Costituzione esplicitamente prevede come limiti assoluti al potere di revisione costituzionale, quale la forma repubblicana (art. 139 Cost.), quanto i principi che, pur non essendo espressamente menzionati fra quelli non assoggettabili al procedimento di revisione costituzionale, appartengono all'essenza dei valori supremi sui quali si fonda la Costituzione italiana*».

La Corte costituzionale ha dunque individuato l'esistenza di "principi supremi", intangibili ed immodificabili anche da parte delle fonti di grado costituzionale e ha ricompreso in tale categoria i c.d. "limiti espliciti" (art. 139 Cost.), sia i c.d. "principi taciti", definendo tali quelli che condividono "l'essenza dei valori supremi" e sui quali è fondata la Carta repubblicana. E la Corte, se lascia aperto il problema della individuazione di siffatti "valori supremi", dall'altro lato afferma nettamente la propria competenza a giudicare sulla conformità ai principi supremi dell'ordinamento costituzionale delle leggi di revisione costituzionale e delle altre leggi costituzionali.

5. *Gli Statuti delle Regioni ad autonomia speciale*

Il Friuli-Venezia Giulia, la Sardegna, la Sicilia, il Trentino-Alto Adige/Südtirol e la Valle D'Aosta/Vallée d'Aoste dispongono di forme e condizioni particolari di autonomia, secondo i rispettivi **statuti speciali** adottati con legge costituzionale (art. 116, primo comma, Cost.). Inoltre il secondo comma dell'art. 116 Cost. specifica che la Regione Trentino-Alto Adige/Südtirol «*è costituita dalle Province autonome di Trento e Bolzano*».

Le predette Regioni e Province autonome godono dunque di un'autonomia speciale (che le differenzia dalle restanti Regioni a statuto «ordinario»), costituzionalmente garantita e che concerne, fra l'altro l'ampiezza della potestà legislativa ed amministrativa loro conferita, ma anche la consistenza dell'autonomia finanziaria loro riconosciuta, nonché riflessi sulla loro organizzazione politica e sulla disciplina degli enti locali presenti in quelle regioni.

L'ordinamento delle Regioni a statuto speciale (e delle Province autonome di Trento e di Bolzano) è disciplinato dai rispettivi statuti – che stabiliscono i confini dell'autonomia di ciascuno dei predetti enti – che sono stati adottati con legge costituzionale. Gli statuti speciali, in quanto leggi costituzionali, possono essere modificati secondo la procedura di cui all'art. 138 Cost., fatta eccezione per il ricorso al *referendum* nazionale (che in questi casi non è applicabile). Con la legge cost. n. 2 del 2001 ("*Disposizioni concernenti l'elezione diretta dei presidenti delle regioni a statuto speciale e delle province autonome di Trento e di Bolzano*") sono state introdotte alcune peculiarità volte a garantire la partecipazione degli organi delle singole regioni autonome nel relativo procedimento.

E così lo Statuto della Regione siciliana (approvato con r.d.lgs. 15 maggio 1946, n. 455, poi convertito dalla legge cost. 26 febbraio 1948, n. 2, e successive modificazioni) prevede che per le modificazioni di tale

Statuto (art. 41-*ter* Statuto reg. sic.) «si applica il procedimento stabilito dalla Costituzione per le leggi costituzionali» (fatta eccezione per l'applicazione del *referendum* nazionale), ma si prevede anche un ruolo dell'Assemblea regionale, che detiene non solo un potere di iniziativa in merito, ma anche un potere consultivo sui "*Progetti di modificazione dello Statuto*" di iniziativa governativa o parlamentare.

Con riguardo alla Sardegna (il cui Statuto speciale è stato approvato con legge cost. 26 febbraio 1948, n. 3, e successive modificazioni), il relativo Statuto assegna il potere di iniziativa anche al Consiglio regionale o ad almeno ventimila elettori.

Con riguardo alla Valle d'Aosta (il cui Statuto speciale è stato approvato con legge cost. 26 febbraio 1948, n. 4, e successive modificazioni), si prevede che i progetti di modifica dello Statuto («di iniziativa governativa o parlamentare») siano comunicati dal Governo al Consiglio regionale, affinché questo possa esprimere il proprio parere entro due mesi.

Con riguardo al Trentino-Alto Adige, il d.p.r. 31 agosto 1972, n. 670 ("*Testo unico delle leggi costituzionali concernenti lo statuto speciale per il Trentino-Alto Adige*"), raccoglie e coordina le disposizioni della legge cost. 26 febbraio 1948, n. 5 (Statuto speciale per il Trentino-Alto Adige), della legge 31 dicembre 1962, n. 1777, della legge cost. 10 novembre 1971, n. 1 ("*Modificazioni e integrazioni dello statuto speciale per il Trentino-Alto Adige*") e della legge cost. 23 febbraio 1972, n. 1. Lo Statuto, all'art. 3, dispone che «*Alle province di Trento e di Bolzano sono attribuite forme e condizioni particolari di autonomia*» (distinguendo poi le funzioni della Regione dalle funzioni delle due Province).

Lo statuto della regione Friuli-Venezia Giulia è stato approvato con legge cost. n. 1 del 1963.

Gli statuti speciali affidano oggi a decreti legislativi del governo (in precedenza a decreti del Presidente della Repubblica) c.d. *decreti di attuazione degli Statuti speciali* (atti formalmente presidenziali ma sostanzialmente governativi) il potere di emanare norme di attuazione degli statuti stessi. La giurisprudenza costituzionale e la dottrina riconoscono a tali decreti legislativi la qualità di fonti di grado primario ed il relativo potere è espressione di una potestà legislativa a carattere permanente. Discusso è il rapporto intercorrente tra tali decreti e la legge ordinaria che sembrerebbe regolato dal principio di competenza (Lavagna). Per ciascuna delle regioni a statuto speciale, infatti le norme di attuazione degli statuti speciali sono emanate dal Governo con decreto legislativo (in precedenza con decreto del Presidente della Repubblica) e secondo una procedura che ne prevede l'istruttoria ed il parere, o l'intesa, da parte di commissioni paritetiche, i cui membri sono designati dal Governo e dalla rispettiva regione.

6. *I diversi regimi costituzionali dello Stato italiano dall'epoca statutaria ad oggi. Il problema della continuità dello Stato*

L'ordinamento giuridico italiano è oggi l'ordinamento repubblicano fondato sulla Costituzione (entrata in vigore il 1° gennaio 1948), ma le fonti del diritto del contemporaneo ordinamento giuridico italiano non si esauriscono negli atti normativi adottati successivamente a tale data, in ragione del *principio di continuità* fra gli ordinamenti che si sono susseguiti.

È infatti fenomeno tutt'altro che infrequente quello della "successione", all'interno del medesimo soggetto statuale, di differenti forme di Stato (si pensi ad esempio allo Stato italiano che nasce nella forma dello Stato monarchico, si tramuta nella dittatura fascista e poi nella forma costituzionale repubblicana) e, a questo proposito, bisogna innanzitutto affermare che è l'ordinamento successivo a dichiarare la *"continuità dello Stato"* riconoscendo la vigenza delle fonti del diritto dell'ordinamento antecedente (a questo proposito si pone, con riguardo all'ordinamento costituzionale repubblicano, la questione della compatibilità con la Costituzione delle normative previgenti; sul punto v. *infra*).

In Italia, a seguito dei plebisciti del 1859 e del 1860, lo Stato unitario nasce come "Regno d'Italia", proclamato con la legge 17 marzo 1861, n. 4761, che si presentava come atto normativo del Regno di Sardegna in cui si afferma che «*Il Re Vittorio Emanuele II assume per sé e per i suoi successori il titolo di Re d'Italia*». È stato più volte evidenziato come Vittorio Emanuele, continuando a mantenere il numerale "II", sottolineasse la "continuità" della dinastia Savoia e del sistema costituzionale sabaudo. Il neonato Stato italiano, facendo proprio l'intero ordinamento del preesistente Stato sardo-piemontese (e costituendone dunque la prosecuzione), viene ad avere come fonte principale lo "Statuto albertino", cioè lo Statuto (redatto e pubblicato in lingua italiana e francese) concesso da Carlo Alberto il 4 marzo 1848 quale «legge fondamentale, perpetua ed irrevocabile della Monarchia».

Lo *Statuto albertino* si presenta formalmente come una Costituzione ottriata, cioè concessa dal monarca, ma in realtà si pone al termine di un processo politico (sviluppatosi all'interno del Regno di Sardegna) quale risultato compromissorio derivante dalla tensione che aveva diviso la monarchia e le forze conservatrici (da un lato) e le correnti innovatrici della borghesia (dall'altro lato). Bisogna inoltre ricordare che lo Statuto si ricollega alle carte costituzionali proprie del costituzionalismo della restaurazione (la Costituzione spagnola del 1812, quella francese del 1830 e quella belga del 1831). Lo Statuto è inoltre una Costituzione «flessibile» in quanto non sono previste procedure aggravate (rispetto al normale procedimento legislativo) per la modifica dello stesso, né è prevista alcuna forma di controllo del rispetto delle norme statutarie da parte della legge. La dottrina ha da sempre collocato lo Statuto albertino fra le costituzioni "flessibili" in quanto "derogabili" da parte della legge ordinaria. Ed infatti lo Statuto fin dalla sua nascita è rimasto inattuato in più parti o derogato da leggi ordinarie o da prassi costituzionali, ma non è mai stato oggetto di modifiche (peraltro lo Statuto non prevedeva un procedimento di revisione ed anzi si autodichiarava «*legge fondamentale perpetua ed irrevocabile della Monarchia sabauda*»).

Di certo lo Statuto non ha costituito un grande ostacolo alle varie evoluzioni registrate nell'epoca monarchica e soprattutto nel passaggio dallo Stato liberale al **regime fascista**, passaggio che avviene in tappe successive. In una prima fase (c.d. pseudo-parlamentare, 1922-1924) le istituzioni liberali vengono progressivamente limitate, ma non del tutto soppresse. Infatti il governo presieduto da Mussolini (ed inizialmente composto da ministri dei partiti fascista, nazionalista, liberale e popolare) ottiene la fiducia dalla Camera (17 novembre 1922) e dal Senato (29 novembre 1922) e negli anni successivi registra la fuoriuscita dal governo dei membri del partito popolare (aprile 1923) e liberale (luglio 1924). Già nei primi anni sono adottati atti normativi di tipo autoritario: dal r.d. 14 gennaio 1923, n. 31 (che trasforma le squadre di azione del partito fascista in «Milizia nazionale per la sicurezza nazionale») al d.l. n. 3288 (restrittivo della libertà di stampa), alla legge 18 novembre 1923, n. 2444 (che introduce una riforma elettorale in senso maggioritario a vantaggio del partito fascista).

Ma è a partire dal 1925 che si registra una definitiva svolta in senso autoritario: la legge 24 dicembre 1925, n. 2263 assegna al «Capo del governo» una supremazia gerarchica nei confronti degli altri ministri (nominati e revocati dal monarca su proposta del Capo del governo), elimina il voto di sfiducia (prevedendo la responsabilità del governo solo nei confronti del Re) ed assegna al Capo del governo l'ordine del giorno (e dunque l'attività) delle Camere; la legge 31 gennaio 1926, n. 100 assegna al governo un'ampia potestà normativa a tutto discapito del Parlamento; la legge 17 maggio 1928, n. 1019 disciplina l'elezione della Camera dei deputati mediante lista nazionale unica approvata dal Gran Consiglio del Fascismo (che, con legge 3 dicembre 1928, n. 2693, era stato istituito quale «organo costituzionale dello Stato»). Infine con la legge 19 gennaio 1939, n. 129, la Camera dei deputati sarà trasformata in Camera dei Fasci e delle Corporazioni (con componenti non più elettivi bensì designati dal governo o da altre istituzioni).

Nella notte tra il 24 e il 25 luglio 1943 il Gran Consiglio del Fascismo vota una mozione (c.d. «ordine del giorno Grandi») che costringe Mussolini alle dimissioni da Capo del Governo. Tale ordine del giorno, richiamando il Risorgimento e lo Statuto albertino, invitava il Re ad assumere «l'effettivo comando delle Forze Armate». Il Re (che subito dopo ordina l'arresto di Mussolini) nomina Capo del Governo il Maresciallo Badoglio. Nei giorni successivi, mediante vari decreti legge, vengono abolite le istituzioni fasciste (la Camera dei Fasci e delle Corporazioni, il Gran Consiglio del Fascismo, il Partito Nazionale Fascista, il Tribunale speciale per la difesa dello Stato). Si apre così il c.d. «**periodo transitorio**» (o «*ordinamento provvisorio*») che copre il periodo che intercorre dal 25 luglio 1943 alla data di entrata in vigore della Costituzione Repubblicana (1° gennaio 1948).

Il periodo transitorio viene suddiviso in varie fasi:

1. *dalla caduta del fascismo (25 luglio 1943) all'armistizio dell'8 settembre 1943* (primo governo Badoglio, che durerà fino ad aprile 1944): in questo arco temporale si instaura una contingente *dittatura monarchico-militare* (Lavagna);
2. *dall'armistizio alla luogotenenza* (periodo della c.d. crisi istituzionale, dal settembre 1943 all'aprile 1944): con la proclamazione (avvenuta l'8 settembre 1943) dell'armistizio con le forze anglo-americane, il Re ed il governo (trasferitisi in Puglia il 9 settembre 1943) danno vita al c.d. «Governo del Sud», mentre il Centro Nord è sotto il controllo delle truppe tedesche contro le quali si sviluppa la guerra partigiana (la Resistenza) organizzata dai Comitati di Liberazione Nazionale (Cln). Nella parte d'Italia soggetta all'occupazione tedesca viene proclamata la «Repubblica sociale italiana», con a capo Mussolini (nel frattempo liberato dai tedeschi). In seguito il d.lgs.lgt. 5 ottobre 1944, n. 249, pur considerando il-

legittimo il governo della Repubblica Sociale, riconoscerà la validità o possibilità di convalida di alcune categorie di atti (specialmente amministrativi o giurisdizionali) della Repubblica Sociale in quanto emessi da un «governo di fatto». Il Governo del Sud, con sede prima a Brindisi e poi a Salerno, composto da pochissimi ministri, non vede la partecipazione di partiti politici antifascisti (presenti nel Cln) che si rifiutano di collaborare con la monarchia;

3. *dalla luogotenenza ai comizi elettorali* (*periodo della c.d. tregua istituzionale*): con il cosiddetto «*Patto di Salerno*», nell'aprile del 1944 i partiti politici del Cln accettano di partecipare al governo ed il Re si impegna a trasferire le attribuzioni regie al figlio Umberto con il conferimento a quest'ultimo della qualifica di «Luogotenente del Regno» (il che avverrà con il r.d. 5 giugno 1944, n. 140). Il 22 aprile 1944 viene così formato il secondo governo Badoglio (che nel giugno 1944 sarà sostituito dal governo Bonomi) con la partecipazione dei leader dei sei partiti del Cln (partito comunista, socialista, democristiano, d'azione, democratico del lavoro e liberale). Con il patto di Salerno i partiti del Cln e la Corona convengono di sospendere la «questione istituzionale» (monarchia o repubblica) la cui soluzione viene rimessa alla decisione del corpo elettorale che sarà chiamato a pronunciarsi una volta cessate le ostilità belliche;

4. *periodo della Costituzione provvisoria repubblicana* (periodo della costituente: dal 2 giugno 1946 alla fine del 1947): l'art. 1 del d.l. 25 giugno 1944, n. 15, stabiliva che «Dopo la liberazione del territorio nazionale, le forme istituzionali saranno scelte dal popolo italiano che a tal fine eleggerà a suffragio universale, diretto e segreto un'Assemblea Costituente, per deliberare la nuova Costituzione dello Stato». Questa disposizione venne in parte modificata dal d.lgs. 16 marzo 1946, n. 98, che rimetteva a specifico *referendum*, da svolgersi unitamente all'elezione dei deputati della Costituente, il compito della scelta sulla questione istituzionale.

Nel *referendum* istituzionale la Repubblica (con 12.717.923 voti) prevale sulla Monarchia (che ebbe 10.719.284 voti) e, con la proclamazione dei risultati (avvenuta il 18 giugno 1946), inizia l'**ordinamento provvisorio repubblicano**.

Il 1° gennaio 1948, con l'entrata in vigore della Costituzione repubblicana (promulgata dal Capo dello Stato il 27 dicembre 1947) inizia **l'ordinamento repubblicano**.

Con l'entrata in vigore della Costituzione repubblicana, uno dei primi problemi posti all'attenzione della dottrina e della giurisprudenza è stato quello relativo all'efficacia da riconoscere alle nuove disposizioni costituzionali soprattutto con riguardo alle norme preesistenti. A questo proposito, nel febbraio del 1948, la Cassazione (Sezioni unite, 7 febbraio 1948) elabora la distinzione fra *norme costituzionali programmatiche* (indirizzate al legislatore e dunque non immediatamente applicabili richiedendo necessariamente un'attuazione legislativa) e *norme costituzionali precettive* (norme immediatamente applicabili, ma, a loro volta, suddivise in norme precettive ad efficacia immediata e a norme precettive ad applicazione differita in quanto comunque richiedenti una legge di attuazione). Questa suddivisione conduceva all'affermazione della non immediata applicabilità delle disposizioni costituzionali programmatiche – in quanto ritenute indirizzate solo al legislatore e pertanto non utilizzabili dal giudice fino all'adozione delle relative norme legislative di attuazione – nonché delle norme precettive ad applicazione differita, con il risultato finale di rimettere al solo legislatore l'attuazione della Costituzione, depotenziandone l'immediata efficacia ed impedendo così non solo un'applicazione diretta delle norme costituzionali da parte dei singoli giudici nei casi concreti loro sottoposti, ma perpetrando anche la vigenza delle norme previgenti spesso ispirate a principi e valori differenti da quelli posti a base della Carta repubblicana e che in alcuni – non pochi – casi ponevano discipline in forte contrasto con la nuova Costituzione.

Altra questione legata all'efficacia da riconoscersi alle norme della Costituzione era quella relativa al rapporto da ritenersi intercorrente fra la Costituzione e le leggi anteriori con essa contrastanti e più esattamente se il relativo rapporto dovesse ritenersi risolto secondo il criterio cronologico (e dunque con un effetto abrogativo da parte della Costituzione in quanto norma successiva, con la conseguenza che ciascun giudice avrebbe potuto applicare direttamente le singole norme costituzionali) o applicando il criterio gerarchico (e dunque con la necessità di una dichiarazione di incostituzionalità della norma anteriore in contrasto con la Costituzione). L'applicazione dell'uno o dell'altro criterio si rivelava dunque tutt'altro che indifferente. L'abrogazione svolge effetti solo *pro futuro*, mentre la dichiarazione di incostituzionalità comporta l'inapplicabilità della norma incostituzionale anche per i rapporti già sorti. Inoltre la scelta in un senso o nell'altro si ripercuote nell'individuazione degli organi giurisdizionali coinvolti nell'applicazione della Costituzione oscillando fra il pieno coinvolgimento dei giudici comuni (nel caso dell'effetto abrogativo) o l'accentramento nelle sole mani della Corte costituzionale del potere di sindacato delle leggi anche anteriori alla Costituzione.

A questo proposito bisogna aggiungere che la Corte costituzionale è entrata in funzione solo nel 1956 e che, in base a quanto disposto dalla VII disp. trans. e fin. Cost. (che, in attesa dell'entrata in funzione della Corte costituzionale, attribuiva ai giudici comuni la competenza a risolvere le controversie indicate nell'art. 134 Cost., «nelle forme e nei limiti delle norme preesistenti all'entrata in vigore della Costituzione»), nel periodo compreso fra il 1948 e il 1956 era dunque toccato ai giudici comuni decidere sulla incostituzionalità della leggi. Quella esperienza aveva però dato risultati insoddisfacenti, giacché poche e marginali furono le leggi ritenute in contrasto con la Costituzione. A questo esito si giunse proprio grazie alla distinzione (delle norme costituzionali) fra norme programmatiche e norme precettive, distinzione che servì appunto ad assegnare a gran parte delle disposizioni costituzionali la qualifica di norme di non immediata applicabilità e a consentire in tal modo la sopravvivenza nel nuovo ordinamento costituzionale di gran parte delle discipline legislative risalenti alle precedenti epoche liberale e fascista.

Ed infatti nel periodo immediatamente successivo alla promulgazione della Costituzione si registrerà il c.d. "ostruzionismo di maggioranza" (Calamandrei, che parlerà anche di «congelamento costituzionale» e, dopo il 1953, di «disgelo costituzionale») per indicare la lenta e difficile attuazione dei principi costituzionali da parte sia del legislatore parlamentare che del potere giudiziario. E così, quando nel 1956 la Corte costituzionale inizia a svolgere le proprie funzioni, si dimostra subito pienamente consapevole di tale situazione di fatto, che inciderà anche su alcune scelte che la Corte andrà a compiere.

Infatti nella sua primissima pronuncia (sent. n. 1 del 1956), in merito alla questione relativa alla vigenza delle norme costituzionali, la Corte costituzionale:

– afferma la prevalenza della Costituzione anche sulle norme ad essa anteriori;

– rigetta la distinzione fra norme precettive e norme programmatiche, dichiarando che tale distinzione «non è decisiva nei giudizi di legittimità costituzionale, potendo l'illegittimità costituzionale di una legge derivare, in determinati casi, anche dalla sua incompatibilità con norme che si dicono programmatiche»;

– precisa che abrogazione e incostituzionalità operano «su piani diversi, con effetti diversi e con competenze diverse».

Un ulteriore aspetto connesso alla questione della normatività della Costituzione è quello legato alla efficacia da riconoscere alla dichiarazione di incostituzionalità. La limitazione temporale solo *pro futuro* della dichiarazione di incostituzionalità implica infatti una consistente limitazione della norma costituzionale violata, la cui efficacia verrebbe ad essere subordinata, fino alla sentenza della Corte, alla vigenza della legge incostituzionale. La Corte costituzionale e la Cassazione fin dal 1957 affermano però che la norma dichiarata incostituzionale non può trovare più applicazione (ai sensi dell'art. 136 Cost.) anche con riguardo ai rapporti sorti anteriormente alla sentenza della Corte purché non ancora esauriti (cioè non chiusi in maniera irretrattabile: sentenza passata in giudicato, prescrizione, decadenza, ecc.).

7. *Interpretazione costituzionale e interpretazione costituzionalmente conforme fra Corte costituzionale e giudice comune*

Il tema dell'interpretazione costituzionale è oggetto di un'imponente riflessione dottrinale e molteplici sono gli angoli prospettici dai quali è possibile affrontare tale tema: da quello di capitolo del più ampio tema della interpretazione degli atti normativi (v. *supra*, cap. I, par. 7) a quello più specifico di interpretazione di quel peculiare atto normativo che è la Costituzione. I maggiori nodi problematici da affrontare sono rappresentati proprio dalle concrete modalità utilizzo di tale strumento interpretativo e dalla individuazione del soggetto titolare – in via esclusiva o meno – dell'interpretazione della Costituzione (e cioè se l'interpretazione costituzionale sia o meno monopolio della sola Corte costituzionale).

A quest'ultimo proposito bisogna segnalare che la giurisprudenza costituzionale ha da tempo affermato la necessità per il giudice comune di compiere, nella interpretazione delle singole disposizioni legislative, operazioni interpretative «*in senso costituzionalmente conforme*». Infatti, partire dalla sent. n. 356 del 1996, la Corte costituzionale afferma la necessarietà che il giudice, nel sollevare la questione di costituzionalità, dimostri l'impossibilità di una interpretazione – della disposizione legislativa impugnata – conforme a Costituzione perché «*le leggi non si dichiarano costituzionalmente illegittime perché è possibile darne interpretazioni incostituzionali ..., ma perché è impossibile darne interpretazioni costituzionali*». La richiesta, da parte della Corte costituzionale, di una interpretazione del dettato normativo in senso conforme alla Costituzione comporta il riconoscimento della natura normativa della Costituzione medesima e l'invito a tutti gli operatori a rendere attuali i valori costituzionali, richiedendo un "ruolo attivo" del giudice (Romboli).

Il tema dell'interpretazione costituzionalmente orientata si pone fin dall'entrata in funzione del giudice costituzionale ed infatti già nella sent. n. 8 del 1956 la Corte adotta una sentenza di rigetto della questione di costituzionalità dell'art. 2 TULPS (relativo ai poteri del prefetto di adottare, in casi di urgenza e di necessità, provvedimenti necessari per la tutela della sicurezza e dell'ordine pubblico), assegnando alla disposizione impugnata un significato non solo differente da quello prospettato dal giudice *a quo* (secondo cui l'art. 2 TULPS assegnava al prefetto un "potere senza limiti"), ma appunto "costituzionalmente orientato". La Corte costituzionale infatti precisa che la disposizione deve essere interpretata «*non nel sistema in cui essa storicamente ebbe nascimento, bensì nell'attuale sistema nel quale vive*» consentendo la "sopravvivenza" della formulazione dell'art. 2 TULPS, ma a condizione di una lettura "conforme a costituzione" di siffatta disposizione.

Il riconoscimento dell'autonomia interpretativa della Corte costituzionale, che porta con sé la conseguente questione del vincolo per i giudici comuni dell'interpretazione prospettata dalla Corte costituzionale, costituisce un aspetto problematico che, fin dal 1956, impegna da subito la migliore dottrina la quale comprende chiaramente come attorno a tale questione finisca per ruotare, oltre al ruolo del giudice costituzionale, il valore da assegnare alla Carta repubblicana. E così Carlo Esposito, pur ritenendo che il giudice comune debba orientarsi verso un'interpretazione conforme a Costituzione, riconosceva che nessuna norma impone al giudice comune di seguire l'interpretazione prospettata dalla Corte costituzionale. Pierandrei metteva l'accento sulla funzione di "magistero costituzionale" svolta dalla Corte costituzionale in ragione dell'esistenza, nel nostro ordinamento, di un principio fondamentale che imporrebbe di "conformarsi" alle pronunce della Corte.

A questo proposito, si deve constatare che il quadro della giurisprudenza comune ha mostrato – e continua a mostrare – rispetto verso le interpretazioni avanzate dalla Corte costituzionale, ma anche, dall'altro lato, episodi di "disobbedienza" o comunque di libertà interpretativa da parte di singoli giudici di merito o da parte della Cassazione. E questo esito conferma la perdurante libertà interpretativa di ogni giudice. Anche per far fronte a questo dato di fatto, nella giurisprudenza costituzionale, a partire dagli anni ottanta del secolo scorso, si afferma la c.d. *"dottrina del diritto vivente"*, indicandosi con tale espressione la norma come "vive" nell'ordinamento, nell'interpretazione maggiormente condivisa dai giudici di merito ed in particolare dalla Cassazione. Tale "dottrina" implica dunque la scelta da parte della Corte costituzionale di non "impegnarsi" in contrasti interpretativi (eventualmente sorti all'interno degli orientamenti dei giudici di merito e/o del giudice di legittimità), ma di rimettersi – in caso di contrasti interpretativi – alle opzioni fatte proprie dall'orientamento prevalente (e in particolare dalla Cassazione).

La "dottrina del diritto vivente" rappresenta dunque la scelta, da parte della Corte costituzionale, di individuazione di un punto di equilibrio nel rapporto fra la Corte medesima ed i giudici comuni, punto di equilibrio rappresentato dall'assegnazione di una preferenza all'interpretazione prevalente affermatesi nella giurisprudenza (in particolare della Cassazione). Ma la "dottrina del diritto vivente" può rappresentare anche un'abdicazione, da parte della Corte costituzionale, dalla pretesa di voler proporre una "propria" interpretazione difforme da quella adottata dal giudice comune.

La "dottrina del diritto vivente", negli anni novanta, è stata chiamata a misurarsi con il principio della necessità dell'*interpretazione costituzionalmente conforme*. Infatti, a partire dalla sentenza n. 356 del 1996, la Corte costituzionale afferma che «*le leggi non si dichiarano costituzionalmente illegittime perché è possibile darne interpretazioni incostituzionali ..., ma perché è impossibile darne interpretazioni costituzionali*». Questo orientamento della giurisprudenza costituzionale, che impone ad ogni giudice (pena la inammissibilità della relativa questione di costituzionalità) di sperimentare preliminarmente la possibilità di una interpretazione costituzionalmente conforme della disposizione legislativa impugnata, pone una lunga serie di questioni, sia di carattere generale che attinenti più specificamente al processo costituzionale. Infatti il tema della interpretazione costituzionalmente conforme tocca il profilo dei rapporti del giudice costituzionale con i giudici comuni ed il profilo del valore normativo della Costituzione.

Con riguardo al profilo dei rapporti con i giudici comuni, bisogna rilevare che la giurisprudenza della Cassazione nella maggior parte dei casi condivide le interpretazioni prospettate dalla Corte costituzionale, pur non mancando casi di "ribellione" o comunque di discostamento dalle indicazioni della Corte costituzionale. A questo proposito viene a riproporsi la questione se la Corte costituzionale detenga o meno il "monopolio" della interpretazione della Costituzione, esito che tende ovviamente a porsi in contrasto con una ricostruzione "aperta" dell'ordinamento giuridico (Häberle), soprattutto a livello costituzionale e che tende ad assegnare a ciascun giudice una – costituzionalmente garantita – autonomia interpretativa.

Se nella dottrina del diritto vivente, la Corte costituzionale accetta l'interpretazione del testo legislativo prevalente nella giurisprudenza (e dunque rinuncia a sovrapporre una propria interpretazione a quella del giudice *a quo*, rimettendosi invece all'orientamento giurisprudenziale prevalente), con l'interpretazione costituzionalmente conforme la Corte costituzionale impone ad ogni operatore giuridico di esperire, nel percorso interpretativo che porta dal testo scritto alla determinazione della norma da applicare al caso specifico, il peculiare adempimento rappresentato appunto da un'operazione interpretativa "costituzionalmente conforme".

La Corte costituzionale specifica l'esistenza, per ogni giudice, di un onere interpretativo consistente in una "interpretazione sistematica dei principi costituzionali" in cui il ricorso ai principi costituzionali (e alle norme costituzionali) deve avvenire innanzitutto per addivenire ad una interpretazione costituzionalmente conforme. E così in alcune occasioni la Corte costituzionale ha "rimproverato" alla Cassazione di non aver svolto adeguatamente la propria funzione nomofilattica, avendo pretermesso la possibilità di una interpretazione costituzionalmente conforme e di essersi invece "bloccata" dinanzi al "diritto vivente", che andava invece superato con un'interpretazione costituzionalmente orientata. Il giudice costituzionale impone dunque al giudice di legittimità di non "adagiarsi" su una interpretazione oramai diffusa ("diritto vivente") giacché, nell'esercizio della funzione nomofilattica, ricade sulla Cassazione l'onere di "correggere" l'interpretazione non costituzionalmente conforme. Ma questa constatazione impone di prendere atto che in tal modo la Corte costituzionale (quando interviene per verificare se la Cassazione, nel sollevare una questione di costituzionalità abbia dapprima verificato la possibilità di una interpretazione costituzionalmente conforme della disposizione impugnata) finisce per svolgere un ruolo (per così dire) di giudice di secondo grado della funzione nomofilattica (sia pure dal solo punto di vista dell'adozione di interpretazioni costituzionalmente conformi).

All'interno delle dinamiche dei rapporti fra Corte costituzionale e Cassazione in merito alla condivisione o meno di determinate opzioni interpretative, si possono citare anche episodi diversi, in cui la Corte costituzionale si è mostrata molto attenta nei confronti degli orientamenti interpretativi fatti propri dalla Cassazione. Il problema di fondo è dunque rappresentato dal rapporto fra Corte costituzionale e giudici comuni, rapporto che è "alla continua ricerca dell'equilibrio", equilibrio che non è mai definitivo perché l'attività interpretativa di per sé crea dialettica e perché, dal punto di vista degli "assetti di potere", l'attività interpretativa genera tensione (oltre che fra potere legislativo e potere giudiziario) anche (all'interno e) fra le diverse giurisdizioni ed in particolare fra la Cassazione e la Corte costituzionale.

Nota bibliografica

AA.VV., *Corte costituzionale, giudici comuni e interpretazioni adeguatrici*, Atti del seminario svoltosi a Roma presso Palazzo della Consulta il 6 novembre 2009, Milano, 2010; AA.VV., *Interpretazione conforme e tecniche argomentative*, Atti del Convegno di Milano, 6-7 giugno 2008, a cura di M. D'AMICO e B. RANDAZZO, Torino, 2009; AA.VV., *Interpretazione costituzionale*, a cura di G. AZZARITI, Torino, 2007, p. 41 ss.; U. ALLEGRETTI, *Profilo di storia costituzionale italiana*, Bologna, 1989; A. ANZON, *Il giudice a quo e la Corte costituzionale tra dottrina dell'interpretazione conforme a Costituzione e dottrina del diritto vivente*, in *Giur. cost.*, 1998, p. 1082 ss.; V. BALDINI (a cura di), *La Costituzione e la sua revisione*, Pisa, 2015; S. BARTOLE, *Interpretazioni e trasformazioni della Costituzione repubblicana*, Bologna, 2004; R. BIN, *L'applicazione diretta della costituzione, le sentenze interpretative, l'interpretazione conforme a costituzione della legge*, in AA.VV., *La circolazione dei modelli e delle tecniche del giudizio di costituzionalità in Europa*, Atti del XX Convegno annuale dell'AIC (Roma 27-28 ottobre 2006), Napoli, 2010, p. 215 ss.; A. CERRI, *Concezioni proceduralistiche e procedura sostanzialistiche della Costituzione nel prisma della giurisprudenza costituzionale*, in *Annuario 2002. Diritto costituzionale e diritto giurisprudenziale*, Milano, 2003; A.A. CERVATI, *Per uno studio comparativo del diritto costituzionale*, Torino 2009; A.A. CERVATI-S.P. PANUNZIO-P. RIDOLA, *Studi sulla riforma costituzionale*, Torino, 2001; E. CHELI, *Costituzione e sviluppo delle istituzioni in Italia*, Bologna, 1978; ID., *La riforma mancata: tradizione e innovazione nella Costituzione italiana*, Bologna, 2000; ID., *Il problema storico della Costituente*, Napoli, 2008; A. CIERVO, *Saggio sull'interpretazione adeguatrice*, Roma, 2011; V. CRISAFULLI, *La Costituzione e le sue disposizioni di principio*, Milano, 1952; ID., *Stato, popolo, governo*, Milano, 1985; M. DOGLIANI, *Interpretazioni della Costituzione*, Milano, 1982; C. ESPOSITO, *Commento all'art. 1 Cost.*, in *La Costituzione italiana. Saggi*, Padova, 1954; ID., *Compatibilità delle disposizioni di legge con la costituzione e interpretazione della legge*, in *Giur. cost.*, 1958, p. 569; M. FIORILLO, *La nascita della*

Repubblica italiana e i problemi giuridici della continuità, Milano, 2000; P. HÄBERLE, *Die offene Gesellschaft der Verfassunginterpreten*, in *Juristenzeitung*, 1975, p. 297 ss.; ID., *Verfassung als öffentlicher prozeß*, Berlin, 1988; ID., *Verfassungslehre als kulturwissenschaft*, Berlin, 1998; C. LAVAGNA, *Considerazioni sulla inesistenza di questioni di legittimità costituzionale e sulla interpretazione adeguatrice* (1959), ora in *Ricerche sul sistema normativo*, Milano, 1984, 604 ss.; M. LUCIANI, *Interpretazione conforme a Costituzione*, in *Enc. dir.*, *Annali*, vol. IX, Milano, 2016, p. 391 ss.; F. MODUGNO, *Scritti sull'interpretazione costituzionale*, Napoli 2008; ID., *In difesa dell'interpretazione conforme a Costituzione*, in *Rivista Aic*, 2014, n. 2; C. MORTATI, *La Costituzione in senso materiale* (1939), Milano, 1998; ID., *Effetti pratici delle sentenze interpretative della corte costituzionale*, in *Giur. cost.*, 1959, p. 552; ID., *Costituzione dello Stato*, in *Enc. dir.*, vol. XI, Milano, 1962; ID., *Art. 1*, in *Comm. cost.*, a cura di G. Branca, vol. I, Bologna, 1975; R. NANIA, *Il valore della Costituzione*, Milano, 1986; L. PALADIN, *Per una storia costituzionale dell'Italia repubblicana*, Bologna, 2004; ID., *Saggi di storia costituzionale*, Bologna, 2008; S.P. PANUNZIO (a cura di), *I costituzionalisti e le riforme*, Milano, 1998; F. PIERANDREI, *Corte costituzionale*, in *Enc. dir.*, vol. X, Milano, 1962, p. 987 ss.; R. PINARDI, *L'interpretazione adeguatrice tra Corte e giudici comuni: le stagioni di un rapporto complesso e tuttora assai problematico*, in G. BRUNELLI-A. PUGIOTTO, P. VERONESI (a cura di), *Il diritto costituzionale come regola e limite al potere. Scritti in onore di Lorenza Carlassare*, vol. IV, Napoli, 2009, p. 1533; A. PIZZORUSSO, *La costituzione ferita*, Roma-Bari, 1999; F. POLITI, *Diritti sociali e dignità umana nella Costituzione repubblicana*, II ed., Torino, 2018; G. REPETTO, *Il canone dell'incidentalità costituzionale. Trasformazioni e continuità nel giudizio sulle leggi*, Napoli, 2017; P. RIDOLA, *Democrazia pluralistica e libertà associativa*, Milano, 1987; ID., *Diritti di libertà e costituzionalismo*, Torino, 1997; ID., *Diritti fondamentali. Un'introduzione*, Torino, 2006; ID., *Esperienza Costituzioni Storia. Pagine di storia costituzionale*, Napoli, 2019; F. RIMOLI, *Pluralismo e valori costituzionali*, Torino, 1999; ID., *L'idea di costituzione. Una storia critica*, Roma, 2011; ID., *L'interpretazione "morale" della Costituzione: brevi considerazioni critiche*, in *Rivista Aic*, 2015, n. 3; R. ROMBOLI, *Qualcosa di nuovo ... anzi d'antico: la contesa sull'interpretazione conforme della legge*, in P. CARNEVALE-C. COLAPIETRO (a cura di), *La giustizia costituzionale tra memoria e prospettive*, Torino, 2008, p. 89 ss.; M. RUOTOLO, *Interpretare. Nel segno della Costituzione*, Napoli, 2014; G. SORRENTI, *L'interpretazione conforme a Costituzione*, Milano, 2006; G. ZAGREBELSKY, *La legge e la sua giustizia*, Bologna, 2008, p. 210 ss.

Capitolo Terzo
Le fonti di grado primario

1. *Le fonti di grado primario e la "funzione legislativa" nell'ordinamento costituzionale italiano. Forza di legge e valore di legge*

Con l'espressione "fonti *di grado primario*" si indicano le fonti del diritto aventi un diretto fondamento in Costituzione (*primarietà come diretto fondamento costituzionale*) anche se tradizionalmente l'espressione "fonte primaria" era assegnata alla legge parlamentare quale atto che rivestiva, nel diciannovesimo secolo, il ruolo maggiore nel sistema delle fonti del diritto. Con l'avvento delle costituzioni rigide e con la progressiva affermazione del concetto di costituzione come norma giuridica (v. *supra*, cap. II, par. 1), la legge ha dovuto cedere alla costituzione (e alle fonti di grado costituzionale) la primazia gerarchica (pur continuando a mantenere la qualifica di "fonte di grado primario").

Tradizionalmente la distinzione fra "fonti di grado primario" e "fonti di grado secondario" corrispondeva alla distinzione fra "legge e atti aventi forza di legge" (da un lato) e "regolamenti" (o atti subordinati alla legge, dall'altro lato). Nell'odierno ordinamento costituzionale italiano la "primarietà" delle fonti del diritto si concretizza (come detto) nel fatto che le fonti interessate trovano direttamente in Costituzione il proprio fondamento, mentre le fonti di grado secondario – come vedremo – trovano il loro fondamento nella legge (v. *infra*, cap. V). Questa constatazione determina che – a differenza di quanto avveniva negli ordinamenti ottocenteschi in cui le espressioni "fonti primarie" e "atti aventi forza di legge" potevano essere utilizzate indifferentemente – oggi nell'ordinamento italiano registriamo una non sempre completa sovrapponibilità fra i due concetti (e così, ad esempio, i regolamenti parlamentari, previsti in Costituzione, la quale riserva agli stessi uno specifico ambito materiale di competenza, non sono ritenuti dalla Corte costituzionale in possesso della qualità di atti aventi forza e valore di legge, v. *infra*, par. 6).

La ***funzione legislativa***, nelle moderne democrazie occidentali, è ritenuta funzione tradizionalmente spettante al Parlamento quale assemblea rappresentativa del popolo detentore della sovranità. Infatti con l'espressione «Parlamento» si indica in genere l'istituzione "rappresentativa" – in quanto fondata sul principio della rappresentanza politica – ed avente funzione legislativa. La Costituzione repubblicana assegna al Parlamento la titolarità (oltre che della revisione della Costituzione, v. *supra*, cap. II, par. 3) della funzione legislativa. Infatti l'art. 70 Cost. dispone che la funzione legislativa «*è esercitata collettivamente dalle due Camere*».

La stessa Costituzione prevede molteplici atti – adottati da soggetti diversi dal Parlamento – che occupano, nel sistema delle fonti del diritto, una posizione pari a quella della legge e che per questa ragione vengono ricompresi nell'ampia categoria degli «*atti aventi forza e valore di legge*» (sul significato specifico di queste espressioni, v. *infra*) e dunque ricompresi nel novero delle "fonti di grado primario". La Costituzione infatti, se assegna al Parlamento la titolarità della funzione legislativa, assegna però potere legislativo anche alle Regioni (v. *infra*, parr. 7 e 8), così come conferisce ad atti governativi (decreto-legge e decreto legislativo) la qualità di atti aventi forza e valore di legge (v. *infra*, parr. 3 e 4).

La dottrina da tempo ha evidenziato che la formulazione dell'art. 70 Cost. (ponendo l'accento sulla "funzione legislativa") assegna alla legge parlamentare la qualità di fonte che pone statuizioni giuridiche generali e astratte (*concetto materiale di legge*). Si pone così la questione se la legge debba porre solo norme generali e astratte di disciplina di una determinata materia (c.d. *legge in senso materiale o sostanziale*) o se invece la "forma" della legge possa contenere anche provvedimenti concreti (c.d. "leggi-provvedimento") o atti comunque privi di contenuto normativo (v. ad esempio la legge di approvazione del rendiconto consuntivo annuale dello Stato). Con l'espressione *"legge in senso formale"* si fa dunque riferimento ad un "atto" approvato con il procedimento legislativo (e dunque avente la "forma" della legge) ma che non pone norme giuridiche generali ed astratte.

A quest'ultimo proposito si è già affermato che la Costituzione si oppone in via di principio alla c.d. «amministrativizzazione della legge», giacché riduce gli àmbiti di tutela dei cittadini nei confronti degli atti espressione della funzione amministrativa e con aggiramento della tutela di cui all'art. 113 Cost. (secondo cui «*Contro gli atti della pubblica amministrazione è sempre ammessa la tutela giurisdizionale dei diritti e degli interessi legittimi dinanzi agli organi di giurisdizione ordinaria o amministrativa*», ed il cui secondo comma aggiunge che «Tale tutela giurisdizionale non può essere esclusa o limitata a particolari mezzi di impugnazione o per determinate categorie di atti»). Infatti, se vengono meno la generalità e l'astrattezza della legge viene meno l'eguaglianza giuridica che esse postulano, con il rischio che i singoli cittadini vengano a trovarsi in balìa degli ordini e delle «ingiunzioni» legislative, invece che sottoposti ad una disciplina «oggettiva ed impersonale» (Carlo Esposito, Crisafulli).

L'espressione «funzione legislativa» (assegnata al Parlamento dall'art. 70 Cost.) indica dunque che il Parlamento non ha solo il "potere legislativo" (cioè il "potere" di approvare le leggi), ma ha anche la "funzione" (legislativa) cioè il "compito" di adottare atti aventi lo scopo di introdurre nell'ordinamento giuridico, per le singole materie, norme generali e astratte.

Inoltre l'art. 70 Cost. postula che l'atto "legge parlamentare" (oltre ad avere una veste "formale", rappresentata dal procedimento di formazione della stessa) debba avere una "funzione legislativa", nel senso appunto di introdurre disposizioni generale e astratte (c.d. necessario contenuto normativo della legge ordinaria) (Cervati). E la formulazione dell'art. 70 Cost. conferma che se altre disposizioni costituzionali assegnano potestà legislativa anche al Governo (artt. 76 e 77 Cost.) o alle Regioni (art. 117 Cost.), la titolarità della "funzione legislativa" è propria del Parlamento, a conferma della centralità del Parlamento nel sistema delle istituzioni politiche e dunque dell'atto "legge parlamentare" nel sistema delle fonti del diritto.

L'art. 70 Cost. evidenzia la problematicità della fenomenologia sia delle "leggi provvedimento" che delle leggi in senso meramente formale, entrambe non escluse dalla Costituzione (anzi, in alcuni casi espressamente previste dalla Costituzione) ma appunto da ritenere circoscritte ai casi strettamente necessari. Infatti la stessa Costituzione prevede ipotesi di ***leggi in senso meramente formale***, di atti cioè che hanno la «forma» della legge (in quanto approvati seguendo il procedimento costituzionalmente prescritto per l'adozione della legge parlamentare), ma non aventi alcun contenuto normativo (es. legge di approvazione del rendiconto consuntivo *ex* art. 81, quarto comma, Cost.). Nella gran parte dei casi previsti in Costituzione, la legge in senso meramente formale costituisce un'ipotesi in cui la legge rappresenta lo strumento mediante il quale il Parlamento esercita il proprio potere di controllo o di indirizzo politico nei confronti del governo.

Con l'espressione «***legge provvedimento***» si fa invece riferimento a quelle leggi che, anziché porre una disciplina generale ed astratta, dispongono concretamente in merito ad una determinata situazione. La dottrina da tempo si è interrogata sulla ammissibilità di leggi con cui il Parlamento riveste con tale «forma» atti non aventi carattere normativo. In particolare, riguardo alle leggi-provvedimento si è sottolineato che esse, derogando al diritto oggettivo per ipotesi concrete puntualmente determinate, possono finire per sottrarre al cittadino la possibilità di utilizzare quegli strumenti di garanzia costituzionalmente previsti che invece il cittadino avrebbe potuto utilizzare nei confronti di un atto amministrativo: «*la* ratio *di garanzia delle libertà individuali che sta a fondamento della riserva di giurisdizione si estende pienamente ai rapporti tra legislazione e amministrazione: vivremmo tutti sotto il segno dell'incertezza e sarebbe aperto l'adito all'arbitrio delle mutevoli maggioranze, se il Parlamento potesse indifferentemente porre norme ed applicarle, regolare in astratto situazioni e rapporti della vita associata ed intervenire concretamente a provvedere nei singoli casi, ogni volta che così gli piaccia*» (Crisafulli).

Questo magistrale insegnamento indica il «cuore» del problema posto dalle leggi-provvedimento e rappresentato appunto dal rischio di soluzioni arbitrarie (quali norme di privilegio o di disfavore) adottate, dalla contingente maggioranza parlamentare, nei confronti di singoli (o determinati gruppi di) individui. Infatti le leggi-provvedimento ben possono venire a rappresentare «privilegi» concessi a (o strappati da) *lobbies* capaci di orientare la maggioranza parlamentare oppure soluzioni peggiorative per singoli individui ai quali viene così ad essere preclusa anche la strada della tutela giudiziale (possibile se il relativo provvedimento è contenuto in un atto amministrativo) e rimanendo aperta solo quella (più lunga e complessa) del giudizio di costituzionalità.

La giurisprudenza costituzionale, al riconoscimento della non contrarietà a Costituzione in via di principio delle leggi-provvedimento (che secondo Paladin vengono a costituire un dato forse insopprimibile dello Stato contemporaneo), aggiunge l'affermazione della necessità di un controllo caso per caso, «di rigoroso scrutinio», di valutazione della ragionevolezza delle disposizioni legislative. Infatti la Corte costituzionale si è mostrata consapevole di tali difficoltà per il singolo laddove, di fronte alla realtà di numerosi casi in cui il Parlamento interviene con le c.d. «leggine», destinate a disciplinare casi concreti e ben individuati, ha riconosciuto che le leggi-provvedimento, pur non precluse in via di principio, costituiscono comunque ipotesi eccezionali la cui giustificazione deve essere sottoposta ad uno scrutinio particolarmente rigoroso sotto il punto di vista del rispetto del principio di eguaglianza, del principio di ragionevolezza delle scelte effettuate dal legislatore e del principio della separazione dei poteri.

La Corte costituzionale ha dunque riconosciuto l'ammissibilità di "leggi provvedimento", in quanto non vietate di per sé dalla Costituzione, ma al tempo stesso ha segnalato al legislatore la necessità che nell'adozione di siffatte leggi non vengano oltrepassati determinati limiti (che costituiscono appunto una limitazione all'adozione di leggi-provvedimento) e che sono rappresentati dalla necessità del rispetto del principio di uguaglianza (sicché la legge provvedimento, riguardando per definizione solo determinate categorie di cittadini o di persone, non può operare differenziazioni che finiscano per violare il principio di eguaglianza posto dall'art. 3 Cost.) e quello della ragionevolezza delle scelte compiute dal legislatore.

Un'altra distinzione spesso citata è quella fra *"forza di legge"* e *"valore di legge"*.

Tradizionalmente in dottrina si differenzia la «***forza di legge***» – espressione con cui si indica la *vis normativa*, cioè la capacità dell'atto di innovare l'ordinamento giuridico, per cui appunto l'atto viene ad avere la stessa «forza» della legge, cioè la stessa capacità della legge di innovare l'ordinamento giuridico – dal «***valore di legge***», espressione mediante la quale si indica invece il "regime giuridico" dell'atto (simile appunto a quello della legge). Bisogna però aggiungere che la Costituzione utilizza indifferentemente le due espressioni, ma la dottrina continua a mantenere ferma la predetta distinzione. Pertanto, dopo aver ricordato – in base a quanto affermato in precedenza circa la "primarietà" delle fonti del diritto come "fondamento costituzionale" – che gli atti legislativi (dotati di forza e valore di legge) nel nostro ordinamento costituiscono una categoria chiusa e costituzionalmente definita, bisogna affermare che nell'ordinamento italiano:

– il «*valore di legge*» (quale regime giuridico dell'atto) si risolve nella sottoposizione dell'atto al controllo di costituzionalità (unico controllo cui è sottoposta la legge formale);

– la «*forza di legge*» (quale *vis normativa* dell'atto) può distinguersi fra «*forza attiva*» (o «*forza dal lato attivo*»), quale capacità dell'atto di innovare l'ordinamento giuridico abrogando norme poste da fonti precedenti di pari grado o di grado inferiore, e «*forza passiva*» (o «*forza dal lato passivo*»), quale capacità della norma posta da tale atto di resistere alle modifiche introdotte da fonti di grado inferiore. E la distinzione fra «lato attivo» e «lato passivo» è operata dalla dottrina perché in Costituzione si riscontrano esempi di leggi rinforzate dal lato attivo o da quello passivo (v. *infra*).

In conclusione bisogna prendere atto che la distinzione fra «**forza di legge**» e «**valore di legge**» finisce per diventare nominalistica.

2. *La legge ordinaria*

Con il sostantivo "legge" si indica la "legge ordinaria" (o legge formale o legge parlamentare) che è l'atto normativo approvato – secondo il procedimento previsto dalla Costituzione – nell'identico testo da entrambe le Camere e promulgato dal Presidente della Repubblica.

Il **procedimento di approvazione della legge** (*iter legis*) si articola in diverse fasi:

– fase dell'iniziativa;
– fase istruttoria;
– fase deliberante o costitutiva;
– fase di integrazione dell'efficacia.

In merito alla ***fase dell'iniziativa*** (cioè il momento di avvìo dell'*iter legis*), la Costituzione assegna ad una pluralità di soggetti il potere di presentare – indifferentemente alla Camera o al Senato, in ragione del principio del bicameralismo perfetto – disegni di legge:

– al *governo* previo decreto di autorizzazione del Presidente della Repubblica (art. 87, quarto comma, Cost.); a questo proposito, si è discusso in merito al ruolo da assegnare al Capo dello Stato nella concessione di tale decreto. La dottrina oscilla fra quanti (Mortati) ritengono che l'autorizzazione (da parte del Presidente della Repubblica) sia un atto dovuto perché l'iniziativa legislativa appartiene al governo, giacché sarebbe difficile immaginare il senso di una opposizione, in questa fase, del Presidente della Repubblica (spettando al Presidente solo la possibilità di invitare il governo a riesaminare il progetto, dovendo però cedere di fronte all'insistenza governativa) e quanti affermano che il decreto di autorizzazione alla presentazione dei disegni di legge è sempre atto del Presidente che dunque può rifiutarsi di emetterlo «in tutti quei casi in cui si ammette che possa non accogliere una proposta ministeriale; e fra questi, oltre che gravissime ragioni di merito, riteniamo compresa l'ipotesi in cui la proposta abbia per oggetto la partecipazione del Presidente a un'iniziativa manifestamente incostituzionale» (Mazziotti). L'esperienza ha dimostrato che nella quasi totalità dei casi il Presidente della Repubblica si limita ad un controllo formale dell'atto (provenienza dal Consiglio dei ministri, sussistenza di deliberazione del Consiglio dei ministri, ecc.) e solo in rarissimi casi, prospettando osservazioni sul contenuto dell'atto, ha invitato il governo a riesaminare l'atto medesimo (ad esempio con riguardo a disegni di legge contenenti discipline in palese contrasto con la normativa europea o con sentenze della Corte costituzionale). A questo proposito va evidenziato che il diniego di autorizzazione alla presentazione alle Camere di un disegno di legge (che resta sempre di "iniziativa governativa") potrebbe essere interpretato come tentativo del Presidente di impedire l'apertura di un dibattito parlamentare su un determinato argomento (peraltro facilmente aggirabile mediante la presentazione di un identico disegno di legge da parte di qualunque deputato o senatore);

– a *ciascun parlamentare*, che può presentare il disegno di legge nella Camera di appartenenza;

– al *corpo elettorale*: il relativo progetto di legge, redatto in articoli, deve essere sottoscritto da almeno 50.000 elettori; il regolamento del Senato prevede che l'esame in commissione dei disegni di legge di iniziativa popolare (per i quali in precedenza era previsto solo un termine per l'inizio dei lavori in commissione, non superiore ad un mese dall'assegnazione) debba essere concluso entro tre mesi dall'assegnazione, decorsi i quali il disegno di legge viene iscritto d'ufficio nel calendario dei lavori dell'assemblea;

– ai *consigli regionali*: l'art. 121, secondo comma, Cost. assegna ad ogni consiglio regionale il potere di presentare proposte di legge alle Camere;

– al *Cnel (Consiglio nazionale dell'economia e del lavoro)*, cui l'art. 99 Cost. assegna il potere di iniziativa legislativa e di «contribuire alla elaborazione della legislazione economica e sociale secondo i princìpi ed i limiti stabiliti dalla legge»;

– ai *comuni*: per il mutamento delle circoscrizioni provinciali e l'istituzione di nuove province (art. 133 Cost.).

L'art. 71 Cost. prevede inoltre la possibilità di un ampliamento del numero dei soggetti titolari di potestà di iniziativa legislativa, prevedendo che con legge costituzionale è possibile assegnare tale potere anche ad ulteriori organi o enti.

Le diverse possibilità di iniziativa legislativa si presentano formalmente tutte di pari valore, ma di fatto è l'iniziativa governativa quella destinata ad avere le maggiori possibilità di successo giacché il governo presenta i propri disegni di legge alla maggioranza che lo sostiene. In epoca statutaria la bocciatura, da parte della Camera, di una proposta del governo era ritenuta una "implicita" forma di sfiducia sicché al verificarsi di tale evento il governo presentava le proprie dimissioni. La Costituzione repubblicana, nella direzione di una "razionalizzazione" della forma di governo parlamentare, ha posto il principio per cui "Il voto contrario di una o d'entrambe le Camere su una proposta del Governo non importa obbligo di dimissioni" (art. 94, quarto comma, Cost.).

Inoltre bisogna ricordare che per alcune leggi l'iniziativa è riservata al governo (*leggi ad iniziativa riservata*: legge di bilancio, legge europea, legge di ratifica dei trattati internazionali, legge di conversione di decreto-legge).

L'iniziativa legislativa non obbliga la Camera (o il Senato) a prendere in esame il disegno di legge, né a deliberare in merito. Il disegno di legge viene presentato al Presidente della Camera (o del Senato) che lo assegna alla commissione competente per materia, stabilendo anche in quale «sede» – referente, deliberante o redigente (v. *infra*) – la commissione è chiamata ad esaminare il disegno di legge. Ovviamente il disegno di legge privo di una maggioranza che lo sostenga in Parlamento è destinato a rimanere fermo presso la commissione cui è assegnato e decade con la fine della legislatura.

La fase successiva a quella della iniziativa è la **fase istruttoria**, che si svolge presso la commissione competente per materia. È la Costituzione (art. 72, primo comma) a prevedere la necessità di un esame in commissione di ogni disegno di legge (a conferma della necessità di un adeguato esame parlamentare di ogni disegno di legge, non potendo l'approvazione parlamentare ridursi ad una mera approvazione che potrebbe avere il significato o di una deliberazione non adeguatamente ponderata o di una mera ratifica di decisioni assunte altrove).

Lo svolgimento dell'*iter legis* in commissione (e dunque l'attività delle commissioni) è costituzionalmente necessario, in quanto momento di effettivo esame da parte del Parlamento del contenuto del disegno di legge e dunque espressione di piena consapevolezza da parte dei parlamentari di quanto vanno ad approvare. Tale attività si conclude con una relazione in cui la commissione propone di accettare o respingere il disegno di legge. La commissione, nell'esame del disegno di legge, dispone di un ampio potere emendativo, potendo rielaborare il testo, abbinare più disegni di legge vertenti sulla stessa materia o redigere, fra i diversi disegni di legge presentati, un testo unificato.

Alcune commissioni svolgono inoltre, nel procedimento legislativo, una *funzione consultiva*, dovendo esprimere a determinati fini – ad esempio, la verifica della copertura dei costi – il proprio parere su disegni di legge esaminati nel merito da altra commissione competente per materia. Tale funzione consultiva può essere *obbligatoria* – quando i regolamenti parlamentari ritengono necessario il relativo parere: ad es. il parere della commissione bilancio per i disegni di legge che introducono nuove o maggiori spese – o *eventuale* (quando è la commissione competente per materia a richiedere un determinato parere ad altra commissione).

Se la commissione, nell'*iter legis*, svolge solo funzioni istruttorie, si dice che la stessa agisce *in sede referente*. In questa sede la commissione provvede ad acquisire gli elementi di conoscenza necessari per verificare la qualità ed efficacia delle disposizioni contenute nel disegno di legge (dall'esame sulla necessità dell'intervento legislativo al giudizio sulla conformità a Costituzione della disciplina proposta; dall'esame dei costi derivanti dall'introduzione della nuova normativa all'esame degli oneri conseguenti per la pubblica amministrazione, per i cittadini e le imprese, ecc.).

La discussione in sede referente è introdotta dal presidente della commissione o da un relatore da lui incaricato. La commissione può nominare un *"comitato ristretto"*, composto in modo da garantire la partecipazione proporzionale delle minoranze, al quale il presidente della commissione affida l'ulteriore svolgimento dell'istruttoria e la formulazione delle proposte relative al testo degli articoli. Al termine dei propri lavori la commissione nomina un relatore, al quale conferisce il mandato di riferire in assemblea sul tema da essa predisposto; nomina inoltre un "comitato" (di nove membri alla Camera e di sette al Senato), composto in modo da garantire la partecipazione proporzionale delle minoranze, per la discussione davanti all'assemblea e per esprimere il parere della commissione sugli emendamenti presentati in assemblea; i gruppi di opposizione possono presentare relazioni di minoranza, dotate di un proprio testo, anche alternativo a quello della commissione, nonché designare, anche congiuntamente, relatori di minoranza.

Conclusa la fase istruttoria si passa alla **fase deliberante** del procedimento legislativo, che può svolgersi in assemblea (procedimento ordinario) o in commissione (procedimento decentrato: in questo caso la commissione agisce in "sede deliberante", ma questa opzione non è utilizzabile per le leggi per le quali la Costituzione – o i regolamenti parlamentari – prevedano una "riserva di assemblea", cioè la necessaria approvazione in assemblea, v. *infra*).

La fase deliberante si articola nelle c.d. *"tre letture"*:

1) la c.d. *"prima lettura"* consiste nella discussione e votazione generale sul progetto: in questa fase, in cui possono essere proposte questioni pregiudiziali o sospensive o la richiesta di non passaggio agli articoli, il disegno di legge è oggetto di una discussione generale sul contenuto dello stesso e la votazione concerne la decisione di prenderlo in esame (e dunque di passare all'approvazione del testo); l'approvazione "in prima lettura" (che, come detto, riguarda il disegno di legge nella sua generalità) comporta solo la manifestazione di volontà della camera di passare all'esame del disegno di legge (che avverrà nelle successive "letture" relative appunto all'approvazione del disegno di legge articolo per articolo e nella sua interezza definitiva);

2) la c.d. *"seconda lettura"*, rappresentata dalla discussione e votazione articolo per articolo del disegno di legge. In questa fase ciascun deputato o senatore, il governo o la commissione possono presentare emendamenti ad ogni singolo articolo o comma del testo proposto; questo passaggio rappresenta il "cuore" della approvazione della legge giacché è in questa fase che avviene la discussione approfondita su ciascuno dei contenuti della legge;

3) la c.d. *"terza lettura"*, che consiste nella discussione e votazione finale sull'intero testo del disegno di legge come risultante dopo le votazioni articolo per articolo.

L'approvazione del disegno di legge articolo per articolo (c.d. "seconda lettura") e nella sua interezza (c.d. "terza lettura") è richiesta dalla Costituzione (art. 72 Cost.) quale indice di piena consapevolezza, da parte di ciascun deputato, di quanto deliberato.

Per le deliberazioni dell'Assemblea è la stessa Costituzione a richiedere (c.d. *quorum strutturale* o *numero legale*) la necessaria presenza della metà più uno dei membri (i regolamenti parlamentari prevedono che il numero legale si presume, sicché è necessario che vi sia un'esplicita richiesta di verifica del numero legale da parte di un numero minimo di deputati o senatori, v. *infra*) e che le decisioni sono adottate a maggioranza dei presenti. Infatti l'art. 64 Cost. prescrive che le Camere deliberano a maggioranza dei presenti (metà più uno dei votanti, c.d. **maggioranza relativa o semplice**, *majority system, maior pars totius collegi*), salvo che non sia diversamente disposto. Con l'espressione «**maggioranza qualificata**» si indicano, infine, tutte quelle ipotesi in cui è richiesto un *quorum* superiore rispetto alla maggioranza semplice: dalla *maggioranza assoluta* (metà più uno dei membri di un organo) alla maggioranza dei due terzi o dei tre quarti (dei componenti o dei votanti, a seconda delle diverse ipotesi). La previsione di maggioranze qualificate risponde all'esigenza di tutela delle minoranze che sono chiamate in varia misura a condividere la specifica decisione.

In merito al **numero legale** (necessario per il corretto funzionamento di ciascuna Camera, c.d. *quorum strutturale*), le decisioni di ciascuna Camera non sono valide se non è presente la maggioranza (cioè la metà più uno) dei componenti (vanno esclusi dal computo i parlamentari assenti per ufficio o per incarico ricevuto o in congedo ed i membri del governo). Il numero legale si presume e la verifica dello stesso deve essere richiesta da almeno 20 deputati (o 12 senatori). Le deliberazioni devono essere adottate dalla maggioranza dei presenti, salvo che la Costituzione prescriva una maggioranza speciale. Con riguardo all'approvazione di leggi, la Costituzione (oltre che per l'approvazione di leggi costituzionali e di revisione della Costituzione *ex* art. 138 Cost., v. *supra*, cap. II) richiede maggioranze speciali per l'approvazione di leggi di amnistia e di indulto (art. 79 Cost.) e per la legge chiamata a disciplinare «il contenuto della legge di bilancio» (*ex* art. 81 Cost., v. *infra*, par. 2.2) Una maggioranza speciale è richiesta anche per l'approvazione dei regolamenti parlamentari (art. 64, primo comma, Cost., v. *infra*, par. 6).

In merito alle modalità di **computo degli astenuti**, sia alla Camera che al Senato sono considerati presenti coloro che esprimono voto favorevole o contrario e dunque gli astenuti non vengono computati ai fini della determinazione del *quorum* deliberativo (al Senato fino alla XVII legislatura compresa gli astenuti erano ritenuti comunque partecipi della votazione). Infatti il terzo comma dell'art. 64 Cost. prevede che «le deliberazioni di ciascuna Camera e del Parlamento in seduta comune non sono valide se non è presente la maggioranza dei loro componenti», precisando altresì che esse «sono adottate a maggioranza dei presenti».

Con riferimento agli astenuti, i regolamenti dei due rami del Parlamento hanno optato per lungo tempo per una diversa interpretazione in ordine al concetto di «presenti» di cui all'art. 64 Cost.

Il Regolamento della Camera (art. 46, terzo comma) computa gli astenuti come presenti al fine della determinazione del numero legale ma non li considera presenti nella determinazione della maggioranza deliberativa; il primo comma dell'art. 107 Reg. Sen. disponeva invece che «ogni deliberazione del Senato è presa a maggioranza dei senatori che partecipano alla votazione», considerando gli astenuti presenti sia nel computo del numero legale, sia nella deliberazione in quanto partecipanti al voto (e la Corte costituzionale, con la sent. n. 78 del 1984 ha ritenuto ammissibili le diverse interpretazioni sul computo della maggioranza in virtù dell'autonomia regolamentare di ciascuna Camera garantita dall'art. 64 Cost.).

Allo scopo di rendere omogenee le due discipline, l'attuale formulazione dell'art. 107 Reg. Sen. stabilisce che ogni deliberazione è presa a maggioranza dei senatori presenti, salvi i casi per i quali sia richiesta una maggioranza speciale. Sono considerati presenti coloro che esprimono voto favorevole o contrario. Ed il nuovo secondo-*bis* comma dispone che ai fini della verifica del numero legale sono considerati presenti anche i senatori che esprimono un voto di astensione, nonché i richiedenti una votazione qualificata ovvero la verifica del numero legale.

Per le deliberazioni dell'assemblea è la stessa Costituzione a richiedere la necessaria presenza della metà più uno dei membri, ma i regolamenti parlamentari prevedono che il numero legale si presume, sicché è necessario che vi sia un'esplicita richiesta di verifica del numero legale. Per l'attività delle commissioni in sede diversa da quella deliberante (nel qual caso si applica la regola sopra citata) è sufficiente la presenza di un quarto (alla Camera) o di un terzo (al Senato) dei componenti e le deliberazioni sono adottate a maggioranza dei presenti.

Con l'espressione «*procedimento abbreviato*» si fa riferimento o a procedimenti particolari (ad es. esame ed approvazione di testi già approvati nella precedente legislatura; o già approvati e parzialmente modificati dall'altra camera) o all'abbreviazione dei termini normali previsti dai regolamenti parlamentari per lo svolgimento delle singole fasi dell'*iter legis* (es. dichiarazione di urgenza che comporta la riduzione dei termini alla metà).

Diverso è il "*procedimento decentrato*", che è quello che si svolge interamente in commissione (c.d. ***commissione in sede deliberante***) ed in cui la commissione è chiamata ad approvare il disegno di legge dopo averlo esaminato in via istruttoria. In questo caso la commissione esamina il disegno di legge in via istruttoria e poi, anziché rimettere il disegno di legge per l'approvazione all'assemblea, procede essa stessa alle «tre letture» (approvazione in via generale, articolo per articolo e della legge nella sua interezza), con il risultato che l'assemblea è completamente esclusa dal procedimento di approvazione.

È il presidente (della Camera o del Senato) che, nel momento dell'assegnazione del disegno di legge alla commissione competente per materia, stabilisce in quale sede (referente, deliberante o redigente) la commissione è chiamata a svolgere il proprio operato. Il regolamento del Senato ha introdotto il principio della assegnazione preferenziale dei disegni di legge in sede deliberante e redigente: il presidente del Senato, già in sede di assegnazione dei disegni di legge, deve preferire, «di norma», le sedi deliberante o redigente (esclusi ovviamente i disegni di legge per i quali la Costituzione o lo stesso regolamento del Senato prevedano una "riserva di assemblea", v. *infra*). Il ruolo centrale dell'assemblea continua ad essere tutelato dalla garanzia costituzionale dell'istituto della rimessione in aula (richiesta da parte del governo, di un decimo dei componenti del Senato o di un quinto dei componenti della commissione, *ex* art. 72, terzo comma, Cost.), ma indubbiamente lo scopo della riforma è quello di riservare la discussione in aula ai soli casi delle leggi "riservate all'assemblea" o ai disegni di legge aventi maggiore significato "politico".

La Costituzione infatti pone una tendenziale parità fra il procedimento ordinario e quello decentrato (in quanto perfettamente interscambiabili), prevedendo la necessità dell'approvazione in assemblea solo per alcune tipologie di leggi la cui approvazione viene appunto ad essere "riservata" all'assemblea. L'art. 72, quarto comma, Cost. elenca le leggi che devono essere approvate in assemblea (sulle quali è dunque prevista una *riserva d'assemblea*) e per le quali pertanto non può essere utilizzato il procedimento decentrato. Esse sono:

– le leggi in materia costituzionale; molto si è discusso in dottrina circa la nozione di *"materia costituzionale"* e cioè se all'interno di tale definizione debbano ricomprendersi le sole leggi costituzionali o anche le leggi ordinarie vertenti su "materie" oggetto di disciplina da parte della Costituzione (dalla disciplina delle libertà ai rapporti con le confessioni religiose, dalla disciplina del potere giudiziario ai rapporti fra organi costituzionali, ecc.); la Corte costituzionale fin dalla sent. n. 168 del 1963 ha affermato che l'espressione «disegni di legge in materia costituzionale» di cui al quarto comma dell'art. 72 Cost. debba intendersi riferito ai disegni di legge di cui all'art. 138 Cost. (e cioè ai disegni di legge costituzionali o di revisione della Costituzione);

– le leggi in materia elettorale;

– le leggi di delegazione legislativa;
– le leggi di autorizzazione a ratificare i trattati internazionali;
– le leggi di approvazione di bilanci e consuntivi.

I regolamenti parlamentari prevedono inoltre la "riserva di assemblea" – e dunque il procedimento decentrato e cioè l'inutilizzabilità della commissione in sede deliberante – per ulteriori tipologie di leggi (leggi tributarie, leggi oggetto di rinvio presidenziale).

La Costituzione prevede anche l'istituto della «*rimessione in aula*»: fino al momento dell'approvazione del progetto, il disegno di legge già assegnato alla commissione in sede deliberante può essere rimesso all'attenzione dell'assemblea – e dunque la commissione da deliberante diventa referente – qualora lo richieda un decimo dei membri dell'assemblea oppure un quinto dei membri della commissione o il governo. La Costituzione prevede dunque uno strumento di garanzia posto nelle mani delle minoranze che possono sempre ottenere la rimessione in assemblea della discussione ed approvazione della legge (sicché si deve dedurre che l'utilizzo del procedimento decentrato può avvenire solo con l'accordo fra maggioranza e opposizione).

I regolamenti parlamentari prevedono (oltre al procedimento ordinario – ove la commissione opera in sede referente – e al procedimento decentrato – ove la commissione opera in sede deliberante –) una terza possibilità, rappresentata dal c.d. «***procedimento misto***», che è quello che vede la ***commissione in sede redigente***.

Questo procedimento – in origine differente fra Camera e Senato – è una creazione dei regolamenti parlamentari del 1971 e consiste nella ripartizione della fase di approvazione della legge fra commissione e assemblea, alla quale resta comunque il compito dell'approvazione definitiva. L'assegnazione in sede redigente comporta per la commissione la «formulazione, entro un termine determinato, degli articoli di un progetto di legge» mentre spetta all'assemblea «l'approvazione senza dichiarazioni di voto dei singoli articoli nonché l'approvazione finale del progetto di legge con dichiarazioni di voto», rimanendo alla commissione il compito di esaminare gli emendamenti e di redigere il testo dell'articolato (pertanto non modificabile dall'assemblea). Per tale procedimento, in ragione di quanto previsto dall'ultimo comma dell'art. 72 Cost. (che prescrive il procedimento ordinario per le tipologie di leggi ivi elencate) si applicano dunque le stesse garanzie previste per la commissione in sede deliberante (rimessione in aula e riserva d'assemblea).

Procedimento ordinario, procedimento decentrato e procedimento misto sono dunque le tre opzioni all'interno delle quali ciascuna camera può decidere (indipendentemente dalla decisione assunta dall'altra camera) la strada da percorrere per l'esame e l'approvazione di una legge, anche se attualmente il regolamento del Senato dispone che, in sede di assegnazione dei disegni di legge, il presidente deve preferire, «di norma», le sedi deliberante o redigente (esclusi ovviamente i disegni di legge per i quali la Costituzione o lo stesso regolamento del Senato prevedano una «riserva di assemblea»).

Una volta che una Camera abbia approvato un disegno di legge, il presidente di questa lo trasmette, con un proprio messaggio, al presidente dell'altra camera, la quale (oltre a non avere alcun obbligo di esaminarlo) può esaminarlo utilizzando – secondo la propria discrezionalità – il procedimento ordinario, decentrato o misto, giacché il procedimento seguito in una camera non influenza affatto la decisione dell'altra camera sul procedimento da seguire all'interno della stessa. Qualora la Camera che approva per seconda il disegno di legge introduca emendamenti al disegno di legge, il testo (emendato) viene ritrasmesso alla prima camera, la quale però esamina solo la parte fatta oggetto di emendamenti (c.d. *navette*). Quando finalmente entrambe le camere hanno approvato l'identico testo, il presidente della camera che approva per ultima invia la delibera legislativa al Presidente della Repubblica per la ***promulgazione***.

In merito ai poteri del Presidente della Repubblica in sede di promulgazione della legge, bisogna collocare tale potere all'interno dei molteplici poteri che la Costituzione assegna al Presidente della Repubblica e, più in generale, al ruolo del Capo dello Stato nel nostro ordinamento costituzionale. A questo proposito sono state proposte ricostruzioni anche molto distanti. Infatti, se alcuni orientamenti dottrinali assegnano un ruolo «attivo» al Presidente della Repubblica nella attuazione della Costituzione, altri preferiscono riconoscere al Presidente della Repubblica una funzione peculiare: di "influenza indiretta" o "di garanzia"; altri orientamenti, ponendo l'accento sulla posizione di imparzialità del Presidente, ritengono invece limitata la sfera di intervento presidenziale ad oggetti e casi specifici giacché la funzione propria del Presidente sarebbe quella di controllo *super partes*. Prevalente è comunque in dottrina l'opinione che vede nel Presidente una funzione di garanzia costituzionale ed è alla luce di tale funzione che è necessario ricostruire l'intero quadro dei poteri presidenziali e dunque anche il ruolo del Presidente della Repubblica nell'*iter legis* ed in particolare nel momento di promulgazione della legge.

A questo proposito deve ribadirsi che il ruolo di garanzia svolto dal Presidente della Repubblica non rende questi «il» custode della Costituzione, bensì «uno» dei vari istituti previsti dalla Costituzione a tutela della stessa. La Costituzione infatti, in ragione dell'ispirazione pluralistica che la caratterizza, ha instaurato un ampio e complesso reticolo di garanzie costituzionali fra cui va collocato, con le sue specifiche competenze e prerogative, anche il Presidente della Repubblica. Bisogna pertanto distinguere la promulgazione della legge (che è atto dovuto e riguardo al compimento del quale la Costituzione pone un termine – trenta giorni – entro il quale il Presidente deve adempiere) dal rinvio della stessa alle Camere, che invece costituisce atto *formalmente e sostanzialmente presidenziale* (dunque rientrante nel novero dei c.d. *atti presidenziali in senso stretto* o *atti «propri» del Presidente della Repubblica*). L'assegnazione al Presidente della Repubblica del potere di determinazione del contenuto di tali atti discende dalla stretta correlazione esistente tra il contenuto dei medesimi e la funzione di garanzia assegnata al Presidente della Repubblica.

Con riguardo specifico al *rinvio della* legge *alle Camere*, il Presidente della Repubblica, prima di promulgare la legge, può, con messaggio motivato, chiedere alle Camere una nuova deliberazione. E «il messaggio motivato» – necessariamente richiesto nel caso di rinvio presidenziale della legge al Parlamento – costituisce l'onere che il Presidente della Repubblica deve assolvere non potendosi limitare a rinviare *sic et sempliciter* la legge alle Camere con un mero ed apodittico rifiuto di promulgazione.

La Costituzione non indica per quali motivi il Presidente possa esercitare il potere di rinvio, ma naturalmente anche questo potere deve essere inquadrato nel più ampio ruolo svolto dal Presidente della Repubblica. La dottrina è divisa fra quanti ritengono che il potere di rinvio non possa essere esercitato per motivi attinenti al «merito» della legge (giacché in tale caso il Presidente farebbe prevalere la propria volontà su quella del Parlamento, detentore della funzione legislativa) (Lavagna) e quanti invece sostengono che la Costituzione consente il rinvio presidenziale per motivi sia di legittimità che di merito e dunque per contrasto della legge sia con una norma costituzionale che per motivi di «opportunità» (Mortati, Sandulli).

Con riguardo al contrasto della legge con norma costituzionale, bisogna evidenziare che il Presidente, pur nella sua funzione di garanzia costituzionale, non viene perciò a sostituirsi alla Corte costituzionale (unico organo dell'ordinamento competente a giudicare della costituzionalità delle leggi e degli atti aventi forza di legge). Presidente della Repubblica e Corte costituzionale operano infatti su piani diversi, nell'esercizio di funzioni e poteri fra loro profondamente differenti. A questo proposito è stato evidenziato che, mentre la Corte costituzionale svolge un ruolo di garante «giudiziario» della costituzionalità delle leggi, il Presidente della Repubblica riveste invece il ruolo di «garante politico» della Costituzione, dal momento che il Capo dello Stato deve tener conto non solo dell'esigenza di rispetto della Costituzione, ma «anche e soprattutto dei riflessi che il fatto di esercitare o non esercitare il potere in questione potrebbe produrre sul complessivo funzionamento delle istituzioni», giacché è proprio questo il «vero oggetto» della garanzia affidata al Presidente (Paladin).

Nella prassi i Presidenti hanno spesso rinviato alle Camere leggi per violazione dell'art. 81, terzo comma, Cost. (secondo cui ogni legge che importi nuove maggiori spese deve indicare i mezzi per farvi fronte) per mancata copertura finanziaria della (nuova o maggiore) spesa introdotta dalla legge (per questo rinviata al Parlamento) o perché rintroducevano norme già dichiarate incostituzionali dalla Corte costituzionale. A partire dalla presidenza Ciampi, il Presidente della Repubblica, di fronte a leggi che presentano aspetti problematici (di varia natura) ma riguardo alle quali il rinvio alle Camere sembrava, al Presidente medesimo, una misura eccessiva, ha dato vita ad una prassi consistente nel far «accompagnare» la promulgazione della legge in questione con l'adozione di una «Nota» (indirizzata al governo, ma anche al Parlamento) nella quale il Capo dello Stato evidenzia gli aspetti ritenuti problematici della legge (dalla tecnica legislativa adottata a singoli specifici contenuti) i quali, pur non giungendo alla palese incostituzionalità della legge – che avrebbe comportato la necessità del rinvio della legge medesima al Parlamento – inducono il Capo dello Stato a sollecitare Governo e Parlamento, ciascuno per quanto di competenza, a prendere in considerazione i profili e le questioni evidenziate. In questi casi il Presidente della Repubblica indica al Parlamento e al Governo esigenze di livello costituzionale da tenere in considerazione nel loro successivo operato.

A questo proposito da ultimo può citarsi il messaggio inviato, in occasione della promulgazione della legge n. 77 del 2019 (legge di conversione del d.l. n. 53 del 2019, c.d. decreto sicurezza bis), dal Presidente della Repubblica ai Presidenti delle Camere e al Presidente del Consiglio, nel quale il Capo dello Stato ha manifestato alcune riflessioni sulla nuova normativa (e, in senso simile può citarsi anche il messaggio adottato in occasione della promulgazione della legge n. 36 del 2019 recante le nuove disposizioni in materia di legittima difesa). Questo genere di "messaggi", tramite i quali il Presidente indica punti critici della nuova normativa, si segnalano per i rispettivi contenuti, soprattutto quando il Presidente indica anche le opzioni interpretative da seguire per superare dubbi di legittimità costituzionale, prospettando dunque una interpretazione costituzionalmente orientata delle nuove disposizioni, indirizzata, oltre che a Governo e Camere, destinatari formali del messaggio, soprattutto alla magistratura.

Le osservazioni del Presidente riguardano, in genere, sia peculiarità del procedimento (ad esempio norme inserite nel testo di un decreto-legge ad opera di un emendamento approvato nel corso dell'iter parlamentare di conversione) sia lo specifico contenuto delle nuove norme (esaminate alla luce della Costituzione e della giurisprudenza della Corte costituzionale), a volte ancora sollecitano un intervento ulteriore di Parlamento e del Governo. Attraverso tale forma di messaggio il Presidente della Repubblica tende a riaffermare la propria funzione di custode della Costituzione, anche se ci si può interrogare sulla effettiva capacità di tale strumento di raggiungere l'obiettivo prefissato (giacché spesso i moniti del Presidente sono rimasti inascoltati), oltre che sul rischio di una possibile critica al Capo dello Stato di espressione di valutazioni di natura politica (con il conseguente rischio per il Presidente della Repubblica di venire coinvolto nell'agone politico del momento).

Con riguardo alle indicazioni rimaste inascoltate, va citata la lettera indirizzata (il 30 dicembre 2010) dal Presidente della Repubblica Napolitano al Presidente del Consiglio contestualmente alla promulgazione della legge di riforma del sistema universitario (legge n. 240 del 2010, "*Norme in materia di organizzazione delle università, di personale accademico e reclutamento, nonché delega al Governo per incentivare la qualità e l'efficienza del sistema universitario*") in cui il Capo dello Stato dichiarava di promulgare tale legge «non avendo ravvisato nel testo motivi evidenti e gravi per chiedere una nuova deliberazione alle Camere», ma al tempo stesso evidenziava che «L'attuazione della legge è ... demandata a un elevato numero di provvedimenti, a mezzo di delega legislativa, di regolamenti governativi e di decreti ministeriali». E dopo avere indicato singolarmente le criticità delle singole disposizioni (invitando a riformularne alcune «in termini non equivoci e corrispondenti al consolidato indirizzo giurisprudenziale della Corte costituzionale») aggiungeva che «resta importante l'iniziativa che spetta al governo in esecuzione degli ordini del giorno ... contenenti precise indicazioni anche integrative – sul piano dei contenuti e delle risorse – delle scelte compiute con la legge ... Auspico infine che su tutti gli impegni assunti con l'accoglimento degli ordini del giorno e sugli sviluppi della complessa fase attuativa del provvedimento, il governo ricerchi un costruttivo confronto con tutte le parti interessate». Purtroppo nessuno degli indicati impegni, né l'invito del Presidente sono stati rispettati nell'attuazione della legge n. 240 del 2010.

Parimenti può citarsi la Nota (del 25 luglio 2018) inviata dal Presidente della Repubblica Mattarella al Presidente del Consiglio in occasione della promulgazione della legge di conversione del decreto-legge n. 55 del 2018 (c.d. decreto terremoto) in cui il Presidente Mattarella segnala "aspetti di criticità" di alcune disposizioni legislative (introdotte in sede di conversione e relative a "inedita sospensione della punibilità" o alla "inefficacia" di provvedimenti dell'autorità giudiziaria) «che, pur non costituendo una palese violazione della legittimità costituzionale, suscitano forti perplessità», sì da condurre il Presidente della Repubblica (in sede di promulgazione della legge) ad invitare il governo alla «individuazione dei modi e delle forme di un intervento normativo idoneo a ricondurre a maggiore efficacia, in tempi necessariamente brevi, la disciplina in questione». In questo caso il Presidente della Repubblica svolge di fatto un controllo anche sulla "razionalità" del testo normativo.

In caso di rinvio della legge alle Camere da parte del Capo dello Stato la riapprovazione, da parte di ciascuna Camera, è riservata all'assemblea (*riserva d'assemblea sulle leggi rinviate dal Presidente della Repubblica*) e le Camere discutono solo delle parti della legge oggetto del messaggio presidenziale, salva la votazione articolo per articolo e la votazione finale. Se le Camere riapprovano il testo nella identica formulazione, il Presidente della Repubblica è tenuto a promulgare la legge. A questo proposito Carlo Esposito affermava che il Presidente della Repubblica possa sottrarsi alla promulgazione della legge riapprovata dalle Camere solo qualora ritenga che mediante tale atto possa venire a commettere un'ipotesi di reato presidenziale (alto tradimento o attentato alla Costituzione), ma in questo caso il Presidente dovrebbe, insieme al rifiuto di promulgazione, presentare le proprie dimissioni.

Con riguardo alla **sindacabilità della legge per mancato rispetto di norme attinenti il procedimento legislativo**, già nella sent. n. 9 del 1959 la Corte costituzionale affermava che «*La posizione costituzionale di indipendenza delle Camere non implica ... l'assoluta insindacabilità, da parte* *di qualsiasi altro organo dello Stato, del procedimento con cui gli atti delle Camere vengono deliberati, ed in particolare l'insindacabilità da parte della Corte costituzionale del procedimento di formazione di una legge*».

In successive pronunce la Corte costituzionale ha specificato che l'interpretazione delle norme dei regolamenti parlamentari è prerogativa della Camera medesima. E nella ord. n. 149 del 2016 (adottata in un giudizio per conflitto di attribuzione tra poteri dello Stato sollevato da alcuni senatori che lamentavano la violazione di norme regolamentari relative all'*iter* di formazione della legge, con conseguente menomazione dell'esercizio delle prerogative spettanti a ciascun parlamentare), la Corte costituzionale (ribadendo quanto già dichiarato nelle sentt. n. 78 del 1984, n. 120 del 2014 e n. 379 del 1996) ha affermato che per le lamentele inerenti le modalità di svolgimento dei lavori parlamentari («come disciplinati da norme e prassi regolamentari, che scandiscono e regolano i "momenti" del procedimento di formazione delle leggi»), «con riguardo agli aspetti non direttamente disciplinati dalla Costituzione, vige il principio per cui la disciplina dell'*iter legis* è riservata a ciascuna Camera tramite il proprio Regolamento». Entro tali limiti pertanto, le vicende e i rapporti attinenti alla disciplina del procedimento legislativo «ineriscono alle funzioni primarie delle Camere» e quindi rientrano nell'autonomia che a queste compete. E «*le eventuali violazioni di mere norme regolamentari e della prassi parlamentare lamentate dai ricorrenti debbono trovare all'interno delle stesse Camere gli strumenti intesi a garantire il corretto svolgimento dei lavori, nonché il rispetto del diritto parlamentare, dei diritti delle minoranze e dei singoli componenti*».

Nella ord. n. 17 del 2019 la Corte costituzionale ha riconosciuto che la presentazione di iniziative legislative e di emendamenti da parte di ogni singolo parlamentare, sulla base di una disciplina procedurale rimessa ai regolamenti parlamentari, «concretizza l'attribuzione costituzionale alle Camere della funzione legislativa (art. 70 Cost.), che altrimenti risulterebbe ridotta a una mera funzione di ratifica di scelte maturate altrove». Nel caso di specie (approvazione della legge di bilancio per 2019 da parte del Parlamento senza nemmeno un minimo intervallo temporale sufficiente per esaminare il maxi-emendamento proposto e con l'apposizione della questione di fiducia) la Corte ravvisa l'esistenza di "forzature procedurali" che inducono a richiamare «l'attenzione sulla necessità che il ruolo riservato dalla Costituzione al Parlamento nel procedimento di formazione delle leggi sia non solo osservato nominalmente, ma rispettato nel suo significato sostanziale», e cioè quale concreta possibilità che consenta a tutte le forze politiche ed ai singoli parlamentari «di collaborare *cognita causa* alla formazione del testo, specie nella fase in commissione, attraverso la discussione, la proposta di testi alternativi e di emendamenti».

A questo proposito la Corte ricorda che «Gli snodi procedimentali tracciati dall'art. 72 Cost. scandiscono alcuni momenti essenziali dell'*iter legis* che la Costituzione stessa esige che siano sempre rispettati a tutela del Parlamento inteso come luogo di confronto e di discussione tra le diverse forze politiche, oltre che di votazione dei singoli atti legislativi, e a garanzia dell'ordinamento nel suo insieme, che si regge sul presupposto che vi sia un'ampia possibilità di contribuire, per tutti i rappresentanti, alla formazione della volontà legislativa». E la Corte aggiunge che «Ciò vale in particolare in riferimento all'approvazione della legge di bilancio annuale, in cui si concentrano le fondamentali scelte di indirizzo politico».

La Corte riconosce dunque che nel caso di specie vi è stata «una compressione dell'esame parlamentare» e rileva che la denunciate «forzature procedimentali» discendono «dalla estremizzazione della prassi dei maxi-emendamenti approvati attraverso il voto della questione di fiducia», con conseguente limitazione dei tempi a disposizione per la discussione, vanificazione dell'esame in commissione e pregiudizio della possibilità per il singolo parlamentare «di conoscere il testo ed esprimere un voto consapevole».

La Corte costituzionale rileva però di avere da tempo segnalato "gli effetti problematici" discendenti dalla approvazione di leggi attraverso il voto di fiducia apposto su un maxi-emendamento governativo, e sottolinea come tale prassi sia frequente sin dalla metà degli anni Novanta «per l'approvazione delle manovre di bilancio da parte dei governi di ogni composizione politica». La Corte sottolinea dunque che «Una perdurante usanza costituisce un fattore non privo di significato all'interno del diritto parlamentare, contrassegnato da un elevato tasso di flessibilità e di consensualità». Al tempo stesso tale prassi «non può giustificare ... qualunque prassi si affermi nelle aule parlamentari, anche *contra Constitutionem*. Anzi, occorre arginare gli usi che conducono a un progressivo scostamento dai principi costituzionali, per prevenire una graduale ma inesorabile violazione delle forme dell'esercizio del potere legislativo, il cui rispetto appare essenziale affinché la legge parlamentare non smarrisca il ruolo di momento di conciliazione, in forma pubblica e democratica, dei diversi principi e interessi in gioco».

E, con riguardo al caso concreto (approvazione del testo finale della legge di bilancio per il 2019 contenuto in un maxi-emendamento che modificava ampiamente il disegno di legge su cui le Camere avevano lavorato fino a quel momento, senza che su tale contenuto la Commissione Bilancio avesse avuto modo di svolgere alcun esame di merito, in sede referente), la Corte rileva che tale esito è dipeso dalla «lunga interlocuzione con le istituzioni dell'Unione europea» che ha condotto ad una «rideterminazione dei saldi complessivi della manovra economica in un momento avanzato del procedimento parlamentare e ha comportato un'ampia modificazione del disegno di legge iniziale». Pertanto «non emerge un abuso del procedimento legislativo ... Nondimeno, in altre situazioni una simile compressione della funzione costituzionale dei parlamentari potrebbe portare a esiti differenti».

Questa conclusione, così problematica, è già di per sé indice della indubbia compressione registrata dai lavori parlamentari, ma anche della difficoltà di intervento della Corte costituzionale soprattutto con riguardo alla legge di bilancio.

2.1. *Leggi atipiche e leggi rinforzate*

Appare innanzitutto importante ricordare l'insegnamento di Crisafulli secondo cui «*la distinzione tra fonti atipiche e fonti rinforzate è semplicemente convenzionale, per non dire nominalistica: anche le fonti rinforzate sono atipiche, rispetto ai tipi più generali in cui rientrano; ma lo sono formalmente, oltre che per la maggiore o minore efficacia ad esse propria*».

Le **leggi atipiche** sono quelle leggi che, pur avendo la stessa «forma» della legge ordinaria, cioè approvate secondo il procedimento legislativo ordinario, tendono a "distinguersi" (e per questo sono definite "atipiche") perché dotate di una peculiare «forza» (dal lato attivo o dal lato passivo) che le distingue da una legge ordinaria. E così, ad esempio, hanno una forza passiva potenziata le leggi non sottoponibili a *referendum* abrogativo; ed ancora sono «atipiche» le c.d. **leggi meramente formali** (ad es. la legge di approvazione del bilancio e del rendiconto consuntivo), cioè quegli atti aventi la forma della legge, ma che non introducono norme capaci di produrre effetti giuridici generali nell'ordinamento.

Con l'espressione **leggi «rinforzate»** si fa tradizionalmente riferimento a leggi il cui procedimento di formazione è reso più complesso (ad es. attraverso la previsione di una "intesa" fra governo e confessioni religiose o fra governo e regioni, oppure la necessaria consultazione di enti, ecc.) in ragione della necessità dell'intervento di ulteriori adempimenti (anteriori al momento dell'approvazione della legge) che ne aggravano l'*iter* di formazione. Tali modalità influenzano il procedimento parlamentare giacché la fase dell'approvazione della legge non può compiersi senza il rispetto degli accordi e delle intese che rappresentano il presupposto dell'iniziativa. E così, ad esempio, con riguardo alle leggi adottate per disciplinare i rapporti fra lo Stato e le confessioni religiose (leggi che, ai sensi dell'art. 8 Cost., devono essere adottate "previa intesa" con la confessione religiosa interessata), il Parlamento si trova vincolato dal testo adottato dal governo in attuazione della "intesa" raggiunta con la singola confessione religiosa, sicché il Parlamento può approvare o respingere il relativo testo, ma non può procedere unilateralmente ad emendare il testo proposto dal governo, ma solo invitarlo a «rinegoziare» le norme che si vogliono emendare ed eventualmente procedere all'approvazione dell'emendamento solo successivamente alla nuova intesa con la confessione religiosa (e così anche con riguardo ai rapporti tra Stato e Chiesa cattolica che, ai sensi dell'art. 7 Cost., possono essere modificati solo previo accordo tra le due parti).

Sotto il profilo della loro posizione nel sistema delle fonti, le leggi rinforzate si distinguono dalle leggi comuni sia per *forza attiva* (possono abrogare solo le leggi che hanno quello specifico contenuto) che per *forza passiva* (possono essere abrogate soltanto da leggi formate con quello specifico procedimento). Le *leggi rinforzate* sono pertanto una forma di *fonti atipiche*.

Oggi sotto l'espressione «**legge rinforzata**» bisogna ricomprendere anche alcune categorie di leggi per l'approvazione delle quali la Costituzione richiede una maggioranza più ampia di quella richiesta dagli artt. 64 e 72 Cost. per l'approvazione delle leggi ordinarie. A questo proposito bisogna ricordare che inizialmente la Costituzione non prevedeva distinzioni (con riguardo alle maggioranze richieste) fra le varie leggi, giacché per qualunque tipo di legge era necessaria e sufficiente la maggioranza relativa. Questo modello unitario è venuto meno con l'approvazione della legge costituzionale n. 1 del 1992 che, modificando l'art. 79 Cost., ha previsto che per l'approvazione delle leggi di amnistia e di indulto sia necessaria la maggioranza dei due terzi dei membri di ciascuna Camera «in ogni suo articolo e nella votazione finale».

L'art. 116, ultimo comma, Cost. (come modificato dalla legge cost. n. 3 del 2001) prevede la possibilità di attribuzione ad ogni singola Regione di "*ulteriori forme e condizioni particolari di autonomia*" (su determinate materie) mediante legge dello Stato adottata su iniziativa della Regione interessata e sulla base di intesa fra Stato e Regione ed approvata a maggioranza assoluta dei componenti di ciascuna Camera.

Successivamente, con la legge cost. n. 1 del 2012 (di modifica dell'art. 81 Cost.) è stata introdotta nel nostro ordinamento un'ulteriore fattispecie di legge rinforzata: il sesto comma dell'art. 81 Cost. prevede infatti che «Il contenuto della legge di bilancio, le norme fondamentali e i criteri ... sono stabiliti con legge approvata a maggioranza assoluta dei componenti di ciascuna Camera». In attuazione di tale disposizione costituzionale è stata approvata (con la richiesta maggioranza) la legge n. 243 del 2012 (*"Disposizioni per l'attuazione del principio del pareggio di bilancio ai sensi dell'art. 81, comma 6, Cost."*). Tale legge prevede inoltre (art. 1, comma 2) che la stessa «può essere abrogata, modificata o derogata solo in modo espresso da una legge successiva» (anch'essa approvata ai sensi dell'art. 81, sesto comma, Cost.). Inoltre bisogna ricordare che il comma secondo dell'art. 81 Cost. (come modificato dalla legge cost. n. 1 del 2012) dispone che «Il ricorso all'indebitamento è consentito solo al fine di considerare gli effetti del ciclo economico e previa autorizzazione delle Camere adottata a maggioranza assoluta dei rispettivi componenti, al verificarsi di eventi eccezionali».

Bisogna inoltre ricordare la «*legge di proroga della legislatura*», riguardo alla quale la Costituzione stabilisce il divieto di proroga della durata della legislatura se non per legge e soltanto dopo che sia stato deliberato – dalle Camere – e dichiarato – dal Presidente della Repubblica – lo «stato di guerra» ai sensi degli artt. 78 e 87 Cost.

Si deve dunque constatare che nel nostro ordinamento l'atto «legge parlamentare» si presenta oggi articolato al proprio interno in una molteplicità di procedimenti che si differenziano per la necessità o di maggioranze più ampie o dell'adozione di atti presupposti.

2.2. *La legge di bilancio e la "manovra di bilancio"*

Nella funzione legislativa parlamentare si colloca anche la funzione di indirizzo politico-economico che si svolge mediante l'approvazione della c.d. «**manovra finanziaria**».

La disciplina costituzionale della "manovra di bilancio" è posta dall'art 81 Cost., profondamente modificato dalla legge cost. n. 1 del 2012 la quale (art. 1), recependo i vincoli del c.d. *Fiscal Compact* (*"Trattato sulla stabilità, coordinamento e governance nell'unione economica e monetaria"*, firmato nel marzo 2012) ha introdotto il ***principio di equilibrio del bilancio***.

Il primo comma dell'art. 81 Cost. dispone infatti che «*Lo Stato assicura l'equilibrio tra le entrate e le spese del proprio bilancio, tenendo conto delle fasi avverse e delle fasi favorevoli del ciclo economico*» ed il successivo comma prevede che il «*ricorso all'indebitamento è consentito solo al fine di considerare gli effetti del ciclo economico e, previa autorizzazione delle Camere adottata a maggioranza assoluta dei rispettivi componenti, al verificarsi di eventi eccezionali*».

L'introduzione della necessità di una maggioranza qualificata a tutela del principio di equilibrio del bilancio è confermata dall'ultimo comma dell'art. 81 Cost. (anch'esso introdotto con la legge cost. n. 1 del 2012) che dispone che «*Il contenuto della legge di bilancio, le norme fondamentali e i criteri volti ad assicurare l'equilibrio tra le entrate e le spese dei bilanci e la sostenibilità del debito del complesso delle pubbliche amministrazioni sono stabiliti con legge approvata a maggioranza assoluta dei componenti di ciascuna Camera, nel rispetto dei principi definiti con legge costituzionale*».

I restanti commi dell'art. 81 Cost., salvo qualche lieve modifica, confermano la disciplina previgente:

– il terzo comma (prevedendo che «*Ogni legge che importi nuovi o maggiori oneri provvede ai mezzi per farvi fronte*») pone il principio della necessaria copertura finanziaria delle leggi;

– il quarto comma («*Le Camere approvano ogni anno con legge il bilancio e il rendiconto consuntivo presentati dal Governo*») dispone l'obbligo per il Parlamento di approvare «*ogni anno*» i bilanci ed il rendiconto consuntivo presentati dal governo;

– il quinto comma (relativo all'esercizio provvisorio) dispone che «*L'esercizio provvisorio del bilancio non può essere concesso se non per legge e per periodi non superiori complessivamente a quattro mesi*».

L'art. 5 della legge cost. n. 1 del 2012 precisa inoltre che la legge «rinforzata» prevista dall'ultimo comma dell'art. 81 Cost. disciplina («per il complesso delle pubbliche amministrazioni»):

a) le verifiche, preventive e consuntive, sugli andamenti di finanza pubblica; l'accertamento delle cause degli scostamenti; il limite massimo degli scostamenti negativi; la definizione delle gravi recessioni economiche, delle crisi finanziarie e delle gravi calamità naturali quali eventi eccezionali al verificarsi dei quali è consentito il ricorso all'indebitamento; l'introduzione di regole sulla spesa finalizzate a salvaguardare gli equilibri di bilancio; l'istituzione presso le Camere di un organismo indipendente al quale attribuire compiti di verifica degli andamenti di finanza pubblica; le modalità attraverso le quali lo Stato concorre ad assicurare il finanziamento dei livelli essenziali delle prestazioni inerenti ai diritti civili e sociali;

b) il contenuto della legge di bilancio dello Stato;

c) le modalità con cui regioni ed enti locali concorrono alla sostenibilità del debito del complesso delle pubbliche amministrazioni e la facoltà dei medesimi di ricorrere all'indebitamento (nel rispetto della disciplina posta dall'art. 119 Cost.).

In attuazione di tale disposizione costituzionale è stata approvata (rispettando il requisito della maggioranza assoluta dei componenti di ciascuna Camera) la legge 24 dicembre 2012, n. 243 (*"Disposizioni per l'attuazione del principio del pareggio di bilancio ai sensi dell'articolo 81, comma 6, della Costituzione"*), la quale detta le norme fondamentali volte ad assicurare l'equilibrio dei bilanci (dello Stato, delle regioni e degli enti locali), la sostenibilità del debito delle pubbliche amministrazioni, il funzionamento del c.d. «meccanismo di correzione» (da porre in essere in caso di scostamenti negativi).

Con riguardo al bilancio dello Stato, la legge n. 243 del 2012 (art. 15) prevede che il disegno di **legge di bilancio** sia articolato in due sezioni: la prima contenente il saldo netto da finanziare, il livello massimo del ricorso al mercato finanziario nonché le disposizioni in materia di entrata e di spesa aventi effetti finanziari nel triennio considerato dal bilancio; la seconda sezione contiene le previsioni di entrata e di spesa (espresse in termini di cassa e di competenza) formate sulla base della legislazione vigente (distinte anche per ministeri oltre al quadro generale riassuntivo con riferimento al triennio).

L'ulteriore disciplina del settore (nel rispetto dei principi posti dall'art. 81 Cost. e dalla legge n. 243 del 2012) è posta dalla legge n. 196 del 2009 («*Legge di contabilità e finanza pubblica*» a sua volta oggetto già di diverse modifiche, in particolare ad opera della legge n. 39 del 2011), le cui disposizioni costituiscono princìpi fondamentali del coordinamento della finanza pubblica e che pone come base dell'impostazione delle previsioni di entrata e di spesa dei bilanci delle amministrazioni pubbliche il ***metodo della programmazione***.

Ai nostri fini, fra gli strumenti della programmazione vanno ricordati:

a) il *Documento di economia e finanza* (DEF), che il governo deve presentare alle Camere entro il 10 aprile di ogni anno, per le conseguenti deliberazioni parlamentari;

b) la *Nota di aggiornamento* del *Documento di economia e finanza* (NADEF), che il governo deve presentare alle Camere entro il 20 settembre di ogni anno, per le conseguenti deliberazioni parlamentari;

c) la *legge di bilancio dello Stato*, che il governo presenta alle Camere entro il 15 ottobre di ogni anno;

d) la *legge di assestamento* (legge eventuale che il governo presenta alle Camere entro il 30 giugno);

e) i *disegni di legge collegati alla manovra di finanza pubblica* (da presentare alle Camere entro il mese di gennaio, i quali non costituiscono strumenti di programmazione pur facendo parte del relativo ciclo).

La ***legge di bilancio*** dispone annualmente il quadro di riferimento finanziario per il periodo compreso nel bilancio pluriennale e provvede, per il medesimo periodo, alla regolazione annuale delle grandezze previste dalla legislazione vigente al fine di adeguarne gli effetti finanziari agli obiettivi. La legge di bilancio può contenere esclusivamente norme tese a realizzare effetti finanziari con decorrenza nel triennio considerato dal bilancio pluriennale e non può contenere norme di delega o di carattere ordinamentale ovvero organizzatorio, né interventi di natura localistica o microsettoriale.

In merito al **bilancio dello Stato** la legge n. 196 del 2009 specifica che la gestione finanziaria dello Stato si svolge in base al bilancio annuale di previsione redatto in termini di competenza e cassa e che l'unità temporale della gestione è l'anno finanziario che comincia il 1° gennaio e termina il 31 dicembre dello stesso anno. Il *disegno di legge del bilancio annuale di previsione* è formato sulla base della legislazione vigente, tenuto conto dei parametri indicati nel DEF.

In merito al *procedimento di formazione del bilancio*, la legge n. 196 del 2009 prescrive che i ministri indichino al ministro dell'economia e delle finanze gli obiettivi di ciascun dicastero quantificando le risorse necessarie per il raggiungimento degli stessi e le proposte devono essere formulate sulla base della legislazione vigente, con divieto di previsioni basate sul mero calcolo della spesa storica incrementale. Al ministro dell'economia e delle finanze spetta valutare la congruità e la coerenza tra gli obiettivi perseguiti da ciascun ministero e le risorse richieste per la realizzazione degli stessi, tenendo anche conto dello stato di attuazione dei programmi in corso e dei risultati conseguiti negli anni precedenti in termini di efficacia e di efficienza della spesa. Gli schemi degli stati di previsione di entrata e di spesa formano dunque il disegno di legge del bilancio a legislazione vigente predisposto dal ministro dell'economia e delle finanze e la legge di bilancio è formata apportando a tale disegno di legge le variazioni determinate dalla legge di stabilità.

L'**esercizio provvisorio del bilancio** non può essere concesso se non per legge e per periodi non superiori complessivamente a quattro mesi. Durante l'esercizio provvisorio, la gestione del bilancio è consentita per tanti dodicesimi della spesa prevista da ciascun capitolo quanti sono i mesi dell'esercizio provvisorio, ovvero nei limiti della maggiore spesa necessaria, qualora si tratti di spesa obbligatoria e non suscettibile di impegni o di pagamenti frazionati in dodicesimi.

Il ministro dell'economia presenta alle Camere, entro il mese di giugno, il ***rendiconto generale*** dell'esercizio scaduto il 31 dicembre dell'anno precedente, articolato per missioni e programmi. Il relativo disegno di legge è corredato di apposita nota preliminare e ad esso è allegata per ciascuna amministrazione una nota integrativa, articolata per missioni e programmi.

La ***Nota integrativa al rendiconto*** si compone di due sezioni: a) la prima sezione contiene il rapporto sui risultati ed espone l'analisi e la valutazione del grado di realizzazione degli obiettivi indicati nella nota integrativa al bilancio di previsione; b) la seconda sezione illustra, con riferimento ai programmi, i risultati finanziari ed espone i principali fatti della gestione, motivando gli eventuali scostamenti tra le previsioni iniziali di spesa e quelle finali indicate nel rendiconto generale. I risultati della gestione dell'anno finanziario sono riassunti e dimostrati nel rendiconto generale dello Stato costituito da due distinte parti: a) conto del bilancio; b) conto generale del patrimonio.

Al termine dell'anno finanziario ciascun ministero compila il conto del bilancio ed il conto del patrimonio relativi alla propria amministrazione e tali conti sono trasmessi al ministero dell'economia (Dipartimento della Ragioneria generale dello Stato) e, entro il 30 aprile successivo al termine dell'anno finanziario, il ministro dell'economia (per cura del Ragioniere generale dello Stato) trasmette alla Corte dei conti il rendiconto generale dell'esercizio scaduto. La Corte dei conti, parificato il rendiconto generale, lo trasmette al ministro dell'economia per la successiva presentazione alle Camere.

3. *La delega legislativa. Legge di delegazione e decreto legislativo delegato*

L'istituto della *"delega"*, quale strumento mediante il quale il titolare di un potere conferisce ad altro soggetto la possibilità di utilizzare il predetto potere, trova numerose declinazioni in ambito giuridico.

La *delega legislativa* è lo strumento mediante il quale il Parlamento, quale titolare del potere legislativo, assegna (non la titolarità ma solo) l'esercizio di tale potere al governo (art. 76 Cost.). Tradizionalmente l'istituto della delega legislativa è lo strumento mediante il quale il Parlamento conferisce potere legislativo al governo ed è proprio intorno ai limiti di ammissibilità di tale trasferimento di potere legislativo ed ai limiti di utilizzabilità (da parte del governo) del potere legislativo così conferito e alle forme di controllo esercitabili nei confronti degli atti espressione di tale potere delegato che da lungo tempo la dottrina si interroga con risposte diverse nei vari decenni.

La Costituzione repubblicana dimostra che i costituenti avevano ben presenti tutti i problemi e le questioni che fin dal secolo diciannovesimo ruotavano attorno all'istituto della delega legislativa ed infatti la pur stringatissima formulazione dell'art. 76 Cost. (secondo cui «*L'esercizio della funzione legislativa non può essere delegato al governo se non con determinazione di principi e criteri direttivi e soltanto per tempo limitato e per oggetti definiti*») conferma la scelta dei costituenti di prevedere tale istituto ma al tempo stesso di circoscriverlo con chiari e significativi limiti.

L'atto con il quale il Parlamento delega al governo l'esercizio della funzione legislativa è una legge (c.d. legge-delega o legge di delegazione legislativa; in tal senso v. l'ultimo comma dell'art. 72 Cost. che riserva all'assemblea l'approvazione di tale tipologia di legge), la quale legge (sempre ai sensi dell'art. 76 Cost.) deve prevedere (c.d. *contenuto necessario della legge delega*):

– l'*oggetto* su cui il governo può adottare decreti legislativi (e che deve essere *"definito"*);
– il *termine* temporale, al di là del quale tale potere svanisce (e che deve essere *"limitato"*);
– i *principi e criteri direttivi* cui il governo deve adeguarsi nella formulazione del decreto legislativo delegato.

Al problema se la legge di delegazione sia o meno legge in senso meramente formale, deve darsi risposta negativa perché l'intero suo contenuto (ed in particolare i «principi» che contengono norme giuridiche già applicabili, anche se ad efficacia differita) entra a far parte integrante della disciplina dell'oggetto delegato (ed è agevole segnalare che, in caso di mancato rispetto da parte del decreto legislativo delegato di quanto disposto dalla legge delega, il contenuto di quest'ultima va ad integrare il parametro del giudizio di costituzionalità; al riguardo v. dettagliatamente *infra*).

Un'attenta lettura dell'art. 76 Cost. mostra inoltre che delegato è solo «*l'esercizio*» della funzione legislativa, permanendo dunque la titolarità della funzione legislativa al Parlamento che può riappropriarsene in ogni momento (principio della revocabilità esplicita, ma anche implicita della delega da parte del Parlamento).

L'espressione «**oggetti definiti**» mira chiaramente a restringere l'ambito della delega legislativa, escludendo che possa essere delegata una intera «materia» (rispetto alla quale il sostantivo «oggetto» indica senz'altro un àmbito più ristretto rispetto a quello di "materia"). L'estensione materiale su cui può intervenire il potere legislativo delegato del Governo deve dunque essere esattamente "definito" dalla legge di delegazione.

Riguardo al **termine temporale** per l'esercizio della delega, che deve essere certo nell'*an* e nel *quando* (riguardo a quest'ultimo profilo la Corte costituzionale ha ritenuto ammissibile l'incertezza discendente dalla non precisa determinazione del *dies a* quo conseguente alla incertezza della data di pubblicazione della legge-delega), esso si calcola secondo i consueti criteri indicati nel codice civile. Per motivi di correttezza costituzionale, il termine non supera in genere la durata della legislatura.

Riguardo al limite dei **principi e criteri direttivi**, alla tesi secondo cui tale espressione rappresenterebbe un'endiadi (figura retorica che consiste nell'utilizzo di due o più parole coordinate per esprimere un unico concetto), si è contrapposto un orientamento volto ad individuare un concetto proprio di ciascuno dei due termini: il «principio» si porrebbe come norma già capace di regolare la materia; il «criterio direttivo» si porrebbe invece come vincolo al legislatore delegato. I criteri possono assumere le forme più diverse: dalla indicazione di scopi ed obiettivi da raggiungere alla posizione di norme procedurali, dalla introduzione di norme direttive alla indicazione di condizioni, ecc. La giurisprudenza costituzionale ha affermato che i principi non debbono essere necessariamente precisati, giacché nel caso in cui la legge delega non ponga espressamente alcun principio deve farsi ricorso ai principi desumibili dalla legislazione esistente.

Il Parlamento può inserire nella legge di delegazione (oltre a quelli espressamente richiesti dall'art. 76 Cost.) contenuti o **limiti «ulteriori»**.

Fra questi quello più utilizzato è la previsione dell'obbligo per il governo di acquisire, sul progetto di decreto legislativo (prima dell'adozione definitiva), il parere di una commissione parlamentare. Riguardo a questo vincolo (spesso utilizzato dal legislatore delegante), l'art 14, ultimo comma, della legge n. 400 del 1988 dispone che, qualora il termine previsto per l'esercizio della delega ecceda i due anni, il governo è tenuto a richiedere, sugli schemi di decreti delegati, il parere delle commissioni parlamentari competenti per materia.

La previsione di un obbligatorio parere di una commissione parlamentare sullo schema di decreto legislativo costituisce lo strumento mediante il quale il Parlamento interviene nella fase di redazione del decreto legislativo delegato, cercando di indirizzare (mediante il previsto parere) le scelte del governo. Se alcuni vedono con favore tale intervento del Parlamento (che è il soggetto delegante e che resta sempre titolare della funzione legislativa), altri ritengono che questa opzione finisca per determinare una commistione fra Parlamento e governo, con opacità anche dal punto di vista delle rispettive responsabilità.

Bisogna peraltro aggiungere che, nelle concrete dinamiche politiche, il parere della commissione parlamentare di fatto svolge la funzione di occasione per la instaurazione di un'ulteriore sede di «contrattazione» fra le varie istanze (politiche, economiche, professionali, territoriali, ecc.) interessate dalla disciplina in questione per far giungere al governo determinate sollecitazioni; ma al tempo stesso tale parere si è anche rivelato uno strumento in sé «debole» per il Parlamento in quanto all'obbligo del governo di acquisirlo non corrisponde anche il dovere di adeguarsi allo stesso (ed infatti i contenuti dei vari pareri non sempre sono seguiti dal governo giacché il mancato adeguamento al parere non è motivo di incostituzionalità del decreto legislativo delegato).

Infatti il vincolo che la legge delega pone al governo è quello di acquisire il parere della competente commissione parlamentare (e non di adeguarsi a tale parere) sicché la Corte costituzionale ha ritenuto non sussistente il vizio di incostituzionalità nel caso di mancato adeguamento del decreto legislativo ai rilievi formulati dalla commissione parlamentare. Il parere emesso dalla commissione parlamentare si inserisce dunque nel procedimento di formazione del decreto delegato operando innanzitutto al livello di dinamica politica nel rapporto Parlamento-governo, ma si pone anche come elemento di interpretazione autentica della legge delega da parte del Parlamento in caso di giudizio di costituzionalità sul decreto legislativo delegato. Questo esito è possibile anche perché la Corte costituzionale ha ritenuto che il mancato adeguamento da parte del governo alle osservazioni della commissione parlamentare non configuri un vizio del decreto legislativo sindacabile in sede di controllo di costituzionalità in quanto parere obbligatorio e non vincolante. Questa situazione ha determinato nella prassi che il governo, non sentendosi affatto vincolato dalle osservazioni della commissione parlamentare, spesso comunica a quest'ultima uno schema di decreto legislativo non definitivo.

È agevole evidenziare che i *limiti alla delegazione legislativa* espressamente previsti dall'art. 76 Cost. (oggetto definito, termine temporale, principi e criteri direttivi) sono chiaramente indirizzati ad evitare innanzitutto che il Parlamento ceda *in toto* al governo la funzione legislativa. Il primo destinatario di tali vincoli è dunque il legislatore parlamentare che deve adeguarsi ad essi nella formulazione della legge delega. Naturalmente poi anche il governo deve rispettare quanto posto dalla legge delega in conformità a quanto disposto dall'art. 76 Cost.

Bisogna inoltre aggiungere che, sempre in base alla Costituzione, sono da ritenere non delegabili tutte quelle materie sulle quali la Costituzione pone una «*riserva di legge parlamentare*» quale «atto proprio del Parlamento», inteso quale organo distinto dal (se non contrapposto al) governo. In tali casi il Parlamento si presenta quale organo che svolge una funzione di controllo e di indirizzo nei confronti dell'esecutivo: ad es., legge di bilancio, legge di autorizzazione a ratificare trattati internazionali, legge di conversione del decreto-legge, legge di conferimento di delega legislativa, ecc., o comunque casi in cui la Costituzione pone un "dualismo necessario" fra Parlamento e governo ed in cui il primo svolge una funzione di controllo o di indirizzo sul secondo.

Fin dagli anni Cinquanta si è discusso in merito alla possibilità di un **uso frazionato della delega** e cioè se il governo debba esercitare la delega adottando un unico decreto legislativo (adottato il quale il potere conferitogli con la delega debba ritenersi definitivamente esaurito) o se invece il governo possa – sempre nel limite temporale fissato dalla delega – adottare più decreti legislativi sullo stesso oggetto. In questo secondo caso bisogna ulteriormente distinguere fra il caso in cui la pluralità di decreti legislativi si ponga in rapporto di complementarietà ed il caso in cui invece quelli successivi possano modificare i precedenti.

La formulazione dell'art. 76 Cost. sembra lasciare la strada aperta ad entrambe le opzioni e la Corte costituzionale ha ritenuto ammissibile l'esercizio frazionato della delega attraverso una serie di decreti fra loro complementari anche in mancanza di una – esplicita o implicita – autorizzazione della legge-delegante. L'art. 14, terzo comma, legge n. 400 del 1988, con riferimento alle deleghe relative ad una pluralità di oggetti, prevede la possibilità per il governo di esercitarle «mediante più atti successivi per uno o più degli oggetti» qualora «suscettibili di separata disciplina». Bisogna parimenti rilevare che l'assegnazione al governo di un – più o meno ampio – potere correttivo sui decreti già emanati – ed anche nei soli casi in cui tale potere sia espressamente previsto nella legge delega – finisce per conferire all'esecutivo un potere normativo di grado primario mediante il quale il governo viene a disporre del potere di costante aggiornamento di una determinata disciplina. Questa possibilità, che purtroppo si è realizzata spesso negli ultimi anni, elude l'impianto costituzionale che vede nella delega legislativa un'eccezione – temporalmente delimitata – all'attribuzione costituzionale delle competenze e la titolarità della funzione legislativa nelle mani del solo Parlamento.

Pertanto viene a configurarsi come un deciso stravolgimento del modello costituzionale la previsione – contenuta in numerose leggi di delegazione degli ultimi decenni – dei cc.dd. *decreti legislativi "correttivi"* o *"integrativi"*. Con questa denominazione vengono indicati quei decreti legislativi che il governo può adottare – in ragione di esplicita assegnazione di tale potere da parte della legge delega – trascorso un predeterminato periodo (in genere uno o due anni) dalla entrata in vigore dei primi decreti legislativi adottati in adempimento della medesima delega. La relativa legge delega conferisce dunque al governo non solo il potere di adottare, su un oggetto definito, uno o più decreti legislativi entro un tempo determinato, ma conferisce anche il potere di adottare ulteriori decreti legislativi ("correttivi" o "integrativi" dei primi) entro un ulteriore periodo decorrente dalla entrata in vigore dei primi decreti legislativi. Si determina così un meccanismo di "duplice esercizio" di potestà legislativa delegata da parte del governo che determina una dilatazione temporale (ma a volte anche contenutistica) del potere legislativo conferito all'esecutivo.

Con riguardo al rapporto intercorrente fra la legge delega ed il corrispondente decreto legislativo delegato, va ribadito che il decreto legislativo – quale atto che il governo adotta in attuazione della delega conferita dal Parlamento con la legge delega – è un atto governativo avente forza e valore di legge che si colloca dunque nel novero delle fonti di grado primario. Pertanto il rapporto fra la legge delega – che è fonte di grado primario, che conferisce al governo il potere di adottare un decreto legislativo su un determinato oggetto – ed il corrispondente decreto legislativo – anch'esso fonte di grado primario, che il governo adotta in attuazione della delega – ruota attorno alla assegnazione o meno di una "primazia" (ed in quali termini e con quali modalità) della legge delega rispetto al decreto legislativo. Entrambi tali atti (legge delega e decreto legislativo) sono atti normativi di grado primario, ma se il rapporto fra tali atti si esaurisse nel criterio cronologico, dovrebbe riconoscersi al decreto legislativo il potere anche di derogare o di modificare la legge delega, i cui vincoli – di oggetto, tempo e principi e criteri direttivi – potrebbero dunque essere facilmente disattesi dallo stesso decreto legislativo.

Ovviamente la risposta a tale problematica va cercata nell'art. 76 Cost. e nell'intero impianto costituzionale, ma, prima ancora, va rilevato che la struttura stessa dell'istituto della delega legislativa porta a dover riconoscere che il decreto legislativo, in quanto espressione di potere delegato, debba conformarsi alle disposizioni contenute nella legge delega, in quanto atto che conferisce il predetto potere. Ma questa constatazione lascia aperte ulteriori questioni relative al tipo di rapporto che debba ritenersi sussistente tra legge delega e decreto legislativo e cioè se il vincolo possa ritenersi meramente politico (risolvendosi dunque nel rapporto politico-istituzionale fra Parlamento e governo) oppure se debba riconoscersi un vincolo giuridico e, in questo secondo caso, con l'individuazione del tipo di vincolo e delle relative conseguenze, nonché del soggetto giuridico ritenuto competente ad accertare il mancato rispetto da parte del decreto legislativo di quanto disposto dalla legge delega.

A partire dalla sent. n. 3 del 1957, la Corte costituzionale ha affermato che «*l'art. 76 non rimane estraneo alla disciplina del rapporto tra organo delegante e organo delegato, ma è un elemento del rapporto di delegazione in quanto, sia il precetto costituzionale dell'art. 76, sia la norma delegante costituiscono la fonte da cui trae legittimazione costituzionale la legge delegata*».

Con riguardo dunque al vizio dell'eccesso di delega – cioè ad un utilizzo del potere delegato in misura eccedente rispetto ai limiti fissati dalla relativa legge delega – la Corte afferma che in tale caso vi è violazione dell'art. 76 Cost., giacché tale disposizione costituzionale, «fissando i limiti del potere normativo delegato, contiene una preclusione di attività legislativa, e la legge delegata, ove incorra in un eccesso di delega, costituisce il mezzo con cui il precetto dell'art. 76 rimane violato». L'eccesso di delega costituisce una violazione della Costituzione perché si traduce «in una usurpazione del potere legislativo da parte del Governo».

E la Corte precisa che «*Il giudizio sulla conformità o divergenza porta a considerare l'eccesso di delega, come figura comprensiva della mancanza, anche parziale, di delegazione, nonché l'uso del potere normativo da parte del Governo oltre il termine fissato, ovvero in contrasto con i predeterminati criteri direttivi o per uno scopo estraneo a quello per cui la funzione legislativa fu delegata*».

La giurisprudenza costituzionale ha sempre affermato che:

– il decreto legislativo deve rispettare la legge delega (artt. 76 e 77 Cost.);

– la competenza a verificare il rispetto della legge delega da parte del decreto legislativo spetta alla Corte costituzionale in ragione del controllo accentrato delle fonti di grado primario (artt. 134 e 136 Cost.);

– il giudice comune, nel caso di dubbio circa la conformità del decreto legislativo alla legge delega, deve sollevare questione di costituzionalità, giacché il mancato rispetto della legge delega, da parte del decreto legislativo, si configura quale vizio di incostituzionalità (e la legge delega, quale "*norma interposta*", va ad integrare il parametro di costituzionalità).

Inoltre la Corte costituzionale ha affermato la necessità che la legge delega, pur potendo già contenere norme di dettaglio, non possa esaurire l'intera disciplina, in ragione del principio della fisiologica «attività di riempimento» che lega i due livelli normativi della delega e del successivo decreto legislativo delegato. Infatti, secondo la Corte, «*la determinazione dei "principi e criteri direttivi" richiesti dall'art. 76 Cost. per una valida delegazione legislativa non può eliminare ogni margine di scelta nell'esercizio della delega. I principi ed i criteri direttivi servono, infatti, da un lato a circoscrivere il campo della delega sì da evitare che essa venga esercitata in modo divergente dalle finalità che l'hanno determinata ma, dall'altro, devono consentire al potere delegato la possibilità di valutare le particolari situazioni giuridiche da regolamentare nella fisiologica attività di "riempimento" che lega i due livelli normativi*» (sent. n. 198 del 1998).

Va evidenziato che oramai da qualche decennio si registra un utilizzo molto ampio della delega legislativa. Questo esito è stato possibile in ragione innanzitutto della attuale debolezza del Parlamento la cui agenda è dettata dall'esecutivo e per il quale è molto più comodo proporre alle Camere disegni di legge delega mediante le quali il Parlamento trasferisce all'esecutivo le decisioni concrete in merito alla disciplina di svariate materie. E così si registrano non solo numerose leggi delega, ma anche leggi contenenti numerose deleghe e spesso prive di una precisa definizione dei principi e criteri direttivi o addirittura dello stesso oggetto della delega.

Si assiste pertanto non solo ad un ininterrotto ricorso alla delega legislativa per ampie e svariate «materie», ma soprattutto al conferimento al governo, spesso con una sola identica legge, di numerose deleghe legislative su molteplici, e fra loro eterogenei, oggetti, e con una definizione del tutto generica dei principi e criteri direttivi spesso anche in non totale coincidenza fra loro, sì da ampliare a dismisura la discrezionalità del legislatore delegato.

Tale prassi determina un aggiramento dell'impianto costituzionale, dal momento che viola sia l'art. 76 Cost. (che richiede un'apposita legge di delegazione, oggetto di specifico approfondimento nel dibattito parlamentare) sia la *ratio* stessa del quadro costituzionale perché è attribuito al governo un indelimitato potere normativo di grado primario che si pone in forte contrasto con l'impianto costituzionale. Nella prassi attuale la legislazione delegata, insieme alla decretazione d'urgenza, costituisce lo strumento «quotidiano» dell'esecutivo, e con il quale il governo disciplina sia questioni contingenti che materie fondamentali della vita democratica, sottraendole al dibattito parlamentare e alla connessa «visibilità».

Bisogna dunque riconoscere che nelle ultime legislature la delega legislativa è stata utilizzata in forme distanti da quelle delineate dal Costituente. Si assiste infatti non solo ad un sempre maggiore ricorso allo strumento della delega legislativa, ma anche ad una progressiva erosione di tutti i limiti costituzionalmente imposti per l'utilizzo della medesima (con riguardo cioè alla indeterminatezza sia dell'oggetto della delega, sia dei principi e criteri direttivi, sia del limite temporale di durata della delega). Questo esito può ritenersi conseguenza ed espressione dell'attuale assetto politico-istituzionale caratterizzato da una situazione di sofferenza dell'istituto parlamentare.

La crescita dei poteri normativi del governo si registra a partire già dagli anni ottanta: in tal senso depongono il frequente ricorso al decreto-legge (v. *infra*, par. 4), la disciplina legislativa della delegificazione (v. *infra*, cap. V, par. 2) e le prime manifestazioni di un utilizzo «ampio» della delega legislativa. Il ricorso massiccio all'istituto della delega legislativa (avviatosi con le "deleghe Amato" del 1992 e poi cresciuto con le c.d. "leggi Bassanini" del 1997-1998, ma già previsto anche nella "legge comunitaria" di cui alla "legge La Pergola" n. 86 del 1989, e che ha trovato ulteriore attuazione anche nei "collegati" alle varie leggi finanziarie) determina dunque l'instaurazione di uno stabile "passaggio di potere legislativo" dal Parlamento al governo. Questo «utilizzo» della delega legislativa si inquadra nel più ampio fenomeno dello spostamento di potere legislativo dal Parlamento verso l'esecutivo e dunque, da un lato, nelle dinamiche della forma di governo e, dall'altro lato, nell'inevitabilmente connesso processo di mutamento del sistema delle fonti.

Di fronte a questo fenomeno la dottrina si è divisa fra chi ne ha evidenziato il carattere «emergenziale», chi lo ha apprezzato ritenendolo conforme alle evoluzioni della forma di governo e dispiegante le molteplici potenzialità della delega legislativa e chi ha invece fortemente criticato lo spostamento di potere legislativo a vantaggio dell'esecutivo. Ad avviso di chi scrive bisogna ricordare che nell'impianto della Costituzione repubblicana l'istituto della delega legislativa è ammesso all'interno di rigidi vincoli, relativi alla temporaneità del conferimento del potere legislativo, all'oggetto («definito») e alla qualità del conferimento medesimo (vincolato dalla necessaria previsione di «principi e criteri direttivi», che vieta la possibilità di deleghe «in bianco»). Però, nelle ultime legislature, ciascuno di questi limiti ha subìto un netto e sostanziale indebolimento.

Infatti si è registrata innanzitutto una fortissima dilatazione (quasi una «rarefazione») dell'*oggetto* della delega, che spesso supera anche i confini della "materia" (concetto già più ampio di quello di "oggetto" prescritto dall'art. 76 Cost.) e invece che oramai concerne amplissimi e indeterminati settori. E questo orientamento del legislatore delegante non è censurato dalla Corte costituzionale che, nella sent. n. 125 del 2003 (ma v. già sent. n. 408 del 1998), avente ad oggetto gli artt. 1, 2 e 3 della legge n. 59 del 1997 ritenuti in contrasto con l'art. 76 Cost. per il «troppo ampio, indifferenziato e generico» oggetto della delega, specifica che nella legge n. 59 del 1997 il legislatore delegante ha seguìto, nella individuazione delle funzioni da delegare, un criterio innovativo, in quanto «anziché individuare *nominatim* gli ambiti materiali cui attengono le funzioni da conferire, si procede ... alla elencazione delle materie e dei compiti esclusi» (sent. n. 408 del 1998).

Secondo la Corte non si può dire che in questo modo l'oggetto della delega resti indeterminato, poiché esso viene delimitato «sia in negativo, attraverso la identificazione delle materie escluse e dei compiti da eccettuare dal decentramento, sia in positivo, attraverso i criteri del riferimento agli interessi e alla promozione dello sviluppo delle comunità regionali e locali». Con questa argomentazione la Corte, pur dichiarando di trovarsi di fronte ad una modalità assolutamente nuova di delimitazione dell'oggetto della delega, giustifica l'operato del legislatore delegante. Ma soprattutto appare evidente come la definizione "in negativo" e "per obiettivi" in realtà costituisce un indebolimento fortissimo, se non un vero e proprio aggiramento, del limite posto dall'art. 76 Cost. (che parla infatti di "oggetti definiti"). Quello della Corte costituzionale appare dunque come un elegante *escamotage* linguistico volto a giustificare una tecnica legislativa che (non solo indebolisce, ma) di fatto non rispetta il criterio degli "oggetti definiti" di cui all'art. 76 Cost.

In merito al ***requisito della «delimitazione temporale»***, è da rilevare che negli ultimi decenni quasi tutte le deleghe legislative contengono l'ulteriore previsione che consente al governo l'emanazione di (ulteriori) decreti legislativi correttivi e integrativi da adottare entro un certo termine successivo all'entrata in vigore dei primi decreti legislativi. A questo proposito, dopo aver ricordato quanto affermato in precedenza in merito al fenomeno dei decreti correttivi e integrativi (v. *supra*), bisogna aggiungere che in questo modo si assegna allo stesso governo il potere di fissare il *dies ad quem* di scadenza definitiva della delega, giacché l'entrata in vigore dei primi decreti legislativi è fissata dai decreti medesimi (e non dalla legge di delega). Ma soprattutto deve sottolinearsi come si finisca in tal modo per assegnare all'esecutivo la possibilità di «tornare a disciplinare» materie anche in situazioni oramai mutate e la prassi dimostra che il governo utilizza in maniera ampia tale potere.

Secondo la giurisprudenza costituzionale (v. già sentt. nn. 172 e 422 del 1994) la previsione dei decreti correttivi è pienamente «concepibile nell'ambito della delegazione legislativa», anzi opportuno per le deleghe relative ad ambiti complessi senza dover «far ricorso ad un nuovo procedimento legislativo parlamentare, quale si renderebbe necessario se la delega fosse ormai completamente esaurita e il relativo termine scaduto» (sent. n. 206 del 2001). In merito a queste considerazioni della Corte costituzionale, è agevole evidenziare che l'indeterminatezza dell'oggetto finisce per diventare criterio di giustificazione anche della dilatazione temporale del conferimento di potestà legislativa delegata. Ed infatti la previsione di decreti correttivi e integrativi su indefiniti ambiti materiali comporta una permanente assegnazione al governo di un indeterminato potere legislativo.

Infine, anche in merito al **limite dei «*principi e criteri direttivi*»** (limite già in passato inteso in maniera elastica dal Parlamento secondo una prassi accettata dalla Corte costituzionale) si registra l'utilizzazione di espressioni generiche e vaghe. Ma se la fissazione di più o meno stringenti principi e criteri direttivi si pone in stretta correlazione con il «patto» concluso in Parlamento dalle diverse forze politiche, bisogna concludere che, nell'attuale utilizzo della delega, tale «patto» non esiste affatto dovendo rinvenirsi solo un conferimento in bianco di potere legislativo. E nella giurisprudenza costituzionale non si rinvengono sforzi argomentativi volti a definire i «requisiti minimi» del limite dei principi e criteri direttivi, ma solo affermazioni apodittiche nel senso della sufficienza (o meno) delle leggi impugnate.

Molto lontane dai problemi contemporanei appaiono dunque le «classiche» riflessioni elaborate dalla dottrina nei primi decenni di vita repubblicana in merito ai limiti imposti alla delega legislativa dall'art. 76 Cost. Non può infatti non registrarsi la distanza che intercorre fra le modalità di utilizzazione della delega legislativa nei primi decenni dell'epoca repubblicana ed i fenomeni più recenti. E non appare condivisibile l'orientamento che apprezza tale "elasticità" della delega, quale potenzialità di tale istituto: la potestà normativa del governo (soprattutto quella di grado primario) in Costituzione non è affatto «elastica» essendo invece circondata da una serie molto rigida di limiti.

E non appare convincente neppure la tesi secondo cui il ricorso alla delega legislativa andrebbe ricompreso nel più generale orientamento in base al quale la legge parlamentare sarebbe divenuta prevalentemente una "legislazione per principi", che affida ad altri centri (governo, autonomie regionali e locali, autorità indipendenti) l'ulteriore disciplina degli interventi. Questa ricostruzione appare smentita dall'analisi del contenuto sia delle leggi parlamentari approvate in questi anni che degli atti legislativi adottati dal governo. Alla riduzione del numero di leggi approvate dal Parlamento non corrisponde affatto un miglioramento della "qualità" delle medesime sia dal punto di vista della tecnica legislativa che da quello della legislazione per principi. Il Parlamento si limita sempre più a recepire le decisioni governative contenute o in decreti legge (quale forma di iniziativa legislativa governativa privilegiata) o in disegni di legge che conferiscono allo stesso governo ampie deleghe.

Appare invece più conforme all'attuale quadro politico-istituzionale ricostruire l'utilizzo della delega legislativa come un elemento di riscontro e sintomo della condizione di subordinazione e di sofferenza del Parlamento rispetto all'esecutivo ed in cui si registra la scomparsa della centralità dell'istituto parlamentare che si spoglia *ex ante* della potestà legislativa a vantaggio del governo e con poche possibilità di controllo in ragione anche della debolezza (se non della sostanziale inefficacia) dei pareri resi dalle commissioni parlamentari.

In Costituzione palese è l'attenzione ad evitare il conferimento di eccessivi poteri normativi nelle mani del governo. Nell'impianto costituzionale il potere legislativo del governo è *extra ordinem* ed è sempre temporaneo: il ricorso massiccio e sistematico alla delega legislativa non solo determina un netto spostamento di potere legislativo dal Parlamento al governo, ma mette in crisi l'equilibrio istituzionale della forma di governo parlamentare come delineata in Costituzione.

Anche in passato la delega è stata utilizzata per introdurre norme di alto significato politico (riforma fondiaria, riforma tributaria), ma ciò che caratterizza oggi l'uso della delega è l'aspetto quantitativo unito alla indefinita ampiezza dell'oggetto e dei principi e criteri direttivi e dove l'ulteriore estensione temporale, conferita con il ricorso ai decreti legislativi correttivi e integrativi, non solo sposta in avanti (con incertezza sul *quando*) la data di cessazione della delega medesima, ma – sommandosi alla indeterminatezza dell'oggetto e dei principi e criteri direttivi – amplia ulteriormente il potere legislativo assegnato al governo. L'accentramento di potere legislativo (e, più in generale, normativo) nelle mani dell'esecutivo impedisce che possa parlarsi di «legislazione contrattata» o di Parlamento che legifera per principi, ma bisogna invece riconoscere che ci si trova di fronte ad una pesante riduzione del ruolo legislativo del Parlamento. Ed anche negli ultimi anni la delega costituisce lo strumento utilizzato dall'esecutivo per introdurre le riforme anche politicamente più significative (Jobs Act, Buona Scuola, riforma P.A., reddito di cittadinanza, "quota cento", riforma del Coni, ecc.). Né può dirsi che l'utilizzo della delega abbia assicurato la realizzazione di riforme organiche con tempi predefiniti di attuazione: si è invece registrato un susseguirsi di decreti legislativi, spesso di non felice redazione, con incertezze anche sul versante dell'applicazione giudiziaria.

Il nostro ordinamento vive dunque in una fase di «centralità normativa» dell'esecutivo che però, anche dal punto di vista del criterio dell'efficienza, ha aumentato (e non risolto) il problema della inflazione legislativa che si somma alla «oscurità» o «opacità» dei reali processi decisionali e degli attori dei medesimi. Alla inflazione di decreti legislativi di scarsa qualità, adottati con procedimenti poco trasparenti, corrisponde infine una «irresponsabilità» governativa la cui «disinvoltura» difficilmente trova sanzione sul piano politico.

E questa "centralità" del potere normativo dell'esecutivo ha trovato ulteriore conferma nella vicenda delle c.d. "***norme ghigliottina***".

Infatti, proprio per far fronte alla esigenza di una (auspicata) "*semplificazione normativa*", si è fatto ricorso (anche in questo caso!) all'istituto della delega legislativa. E così l'art. 14 (commi 14 ss.) della legge n. 246

del 2005 (*"Semplificazione della legislazione"*) disponeva l'assegnazione al governo di una delega legislativa per l'adozione di decreti legislativi «che individuano le disposizioni legislative statali, pubblicate anteriormente al 1° gennaio 1970, anche se modificate con provvedimenti successivi, delle quali si ritiene indispensabile la permanenza in vigore, nel rispetto ... dei seguenti princìpi e criteri direttivi: a) esclusione delle disposizioni oggetto di abrogazione tacita o implicita; b) esclusione delle disposizioni che abbiano esaurito o siano prive di effettivo contenuto normativo o siano comunque obsolete; c) identificazione delle disposizioni la cui abrogazione comporterebbe lesione dei diritti costituzionali dei cittadini; d) identificazione delle disposizioni indispensabili per la regolamentazione di ciascun settore, anche utilizzando a tal fine le procedure di analisi e verifica dell'impatto della regolazione; e) organizzazione delle disposizioni da mantenere in vigore per settori omogenei o per materie, secondo il contenuto precettivo di ciascuna di esse; f) garanzia della coerenza giuridica, logica e sistematica della normativa; g) identificazione delle disposizioni la cui abrogazione comporterebbe effetti anche indiretti sulla finanza pubblica».

Tale disposizione prevedeva inoltre (sedicesimo comma) che, decorso il termine della delega, «tutte le disposizioni legislative statali pubblicate anteriormente al 1° gennaio 1970, anche se modificate con provvedimenti successivi, sono abrogate» rimanendo in vigore: a) le disposizioni contenute nel codice civile, nel codice penale, nel codice di procedura civile, nel codice di procedura penale, nel codice della navigazione, comprese le disposizioni preliminari e di attuazione, e in ogni altro testo normativo che rechi nell'epigrafe l'indicazione codice ovvero testo unico; b) le disposizioni che disciplinano l'ordinamento degli organi costituzionali e degli organi aventi rilevanza costituzionale, nonché le disposizioni relative all'ordinamento delle magistrature e dell'avvocatura dello Stato e al riparto della giurisdizione; c) le disposizioni contenute nei decreti ricognitivi aventi per oggetto i princìpi fondamentali della legislazione dello Stato nelle materie di competenza della potestà legislativa regionale ripartita o concorrente; d) le disposizioni che costituiscono adempimento di obblighi imposti dalla normativa comunitaria e le leggi di autorizzazione a ratificare trattati internazionali; e) le disposizioni tributarie e di bilancio e quelle concernenti le reti di acquisizione del gettito, anche derivante dal gioco; f) le disposizioni in materia previdenziale e assistenziale».

In seguito, l'art. 24 del d.l. n. 112 del 2008, conv. in legge n. 133 del 2008 (rubricato *"Taglia-leggi"*) ha disposto («salva l'applicazione dei commi 14 e 15 dell'art. 14 della legge 28 novembre 2005, n. 246») che dal centottantesimo giorno successivo alla data di entrata in vigore del decreto medesimo «sono o restano abrogate le disposizioni elencate nell'Allegato A». Tale allegato conteneva un nutrito elenco di atti legislativi (di cui alcuni anche molto importanti) tant'è che con il d.l. n. 200 del 2008 (conv. in legge n. 9 del 2009) da tale elenco sono state eliminate numerose disposizioni (che dunque, abrogate dal d.l. n. 112 del 2008, sono state reinserite nell'ordinamento dal d.l. n. 200 del 2008!).

Anche l'art. 14 della legge n. 246 del 2005 è stato fatto oggetto di modifiche (in particolare dalla legge n. 69 del 2009) che hanno rinnovato (per un ulteriore biennio) la delega al governo ad adottare «decreti legislativi che individuano le disposizioni legislative statali, pubblicate anteriormente al 1° gennaio 1970, anche se modificate con provvedimenti successivi, delle quali si ritiene indispensabile la permanenza in vigore», nel rispetto dei seguenti principi e criteri direttivi: a) esclusione delle disposizioni oggetto di abrogazione tacita o implicita; b) esclusione delle disposizioni che abbiano esaurito o siano prive di effettivo contenuto normativo o siano comunque obsolete; c) identificazione delle disposizioni la cui abrogazione comporterebbe lesione dei diritti costituzionali; d) identificazione delle disposizioni indispensabili per la regolamentazione di ciascun settore; e) organizzazione delle disposizioni da mantenere in vigore per settori omogenei o per materie; f) garanzia della coerenza giuridica, logica e sistematica della normativa; g) identificazione delle disposizioni la cui abrogazione comporterebbe effetti anche indiretti sulla finanza pubblica; h) identificazione delle disposizioni contenute nei decreti ricognitivi aventi per oggetto i princìpi fondamentali della legislazione dello Stato nelle materie rientranti nella potestà legislativa regionale ripartita o concorrente. Decorso un anno dalla scadenza della delega, tutte le disposizioni legislative statali non comprese nei predetti decreti legislativi sono abrogate.

In attuazione di tale disposizione è stato adottato il d.lgs. n. 179 del 2009 (*"Disposizioni legislative statali anteriori al 1° gennaio 1970, di cui si ritiene indispensabile la permanenza in vigore, a norma dell'art. 14 della legge 28 novembre 2005, n. 246"* c.d. decreto salva-leggi), che ha individuato le disposizioni legislative statali, pubblicate anteriormente al 1° gennaio 1970, anche se modificate con provvedimenti successivi, «delle quali è indispensabile la permanenza in vigore».

La legge n. 9 del 2009 (di conversione del d.l. n. 200 del 2008) prevede l'abrogazione «a *decorrere dal 16 dicembre 2009*» delle disposizioni elencate nell'Allegato 1. Ed in attuazione dell'art. 14 legge n. 246 del 2005 (come modif. dalla legge n. 69 del 2009) il governo ha adottato il d.lgs. n. 179 del 2009 («Disposizioni legislative statali anteriori al 1° gennaio 1970, di cui si ritiene indispensabile la permanenza in vigore» c.d. Salva-leggi), che ha individuato le disposizioni legislative statali, pubblicate anteriormente al 1970, «delle quali è indispensabile la permanenza in vigore». La semplificazione normativa disponeva l'abrogazione dal 16 dicembre 2010 di tutte le leggi anteriori al 1970, non considerate indispensabili a fini dell'ordinamento e non espressamente salvate, con appositi decreti legislativi. L'ultimo dei decreti salva-leggi è del dicembre 2010 (mediante il quale il Consiglio dei ministri ha «salvato» circa 10 mila provvedimenti). Il 16 dicembre 2010 la «ghigliottina» è scattata per 168.505 atti normativi di grado primario e secondario che sono andati ad aggiungersi ad altre 35 mila leggi soppresse nel 2008 (con i dd.ll. n. 112 e n. 200).

Il governo ha così comunicato di avere «cancellato dall'ordinamento» oltre 411 mila atti (ritenuti "obsoleti e inutili"). Ma, al termine di questa vicenda, rimane da interrogarsi se sia stata "vera gloria" (e cioè se effettivamente siano stati conseguiti risultati concreti in termini di efficienza) o se invece non sia stata dimostrata una "retorica" delle "troppe leggi" quale motivo di inefficienza.

4. *Il decreto-legge*

Il decreto-legge – atto avente forza e valore di legge adottato dal Governo nei casi cui lo stesso lo ritenga necessario – costituisce uno strumento forse inevitabile – giacché di fronte alle emergenze, delle più diverse forme, non può negarsi il dovere del Governo di dare risposte immediate – ma anche estremamente delicato, sia perché il Governo finisce per "invadere" il campo proprio del Parlamento, sia perché è accaduto spesso, nelle diverse esperienze storiche, che tramite l'adozione di un decreto-legge gli esecutivi abbiano "forzato" il quadro costituzionale, arrogandosi poteri e funzioni introducendo (a volte anche rilevanti) modifiche all'ordinamento costituzionale (fino ad arrivare al "colpo di Stato"!).

La consapevolezza di queste problematiche appare facilmente riscontrabile nella disciplina dell'art. 77 Cost. in cui è evidente l'impegno del costituente di cercare di delimitare entro spazi ristretti e ben delineati quel potere di decretazione d'urgenza che si andava ad assegnare al Governo. Ed infatti è indicativo che la stessa formulazione letterale dell'art. 77 Cost. muova dalla negazione, in via di principio, del potere del governo di adottare (in assenza di delega del Parlamento) atti aventi forza di legge. Il primo comma dell'art. 77 Cost. pone infatti il divieto per il governo di adozione, senza previa delegazione delle Camere, di decreti aventi «forza di legge» ed il successivo secondo comma riconosce al governo il potere di decretazione solo in «*casi straordinari di necessità e d'urgenza*», in presenza dei quali il governo può adottare «*provvedimenti provvisori con forza di legge*» (e va sottolineato l'utilizzo del sostantivo "provvedimenti") ed ha il dovere di presentarli («*il giorno stesso*») alle Camere per la conversione in legge. L'ultimo comma dell'art. 77 Cost. puntualizza che tali decreti «*perdono di efficacia sin dall'inizio se non sono convertiti in legge entro sessanta giorni dalla loro pubblicazione*», rimanendo alle Camere il compito di regolare con legge i rapporti giuridici sorti sulla base dei decreti non convertiti.

Proprio la formulazione dell'art. 77 Cost. conduceva Carlo Esposito a sostenere che il decreto legge nasce in sé illegittimo e legittimabile solo mediante la legge di conversione. Ma, aldilà di tale ordine di considerazioni, non si può non prendere atto che la Costituzione ha posto entro ambiti strettissimi il potere di decretazione d'urgenza del governo. Il decreto-legge infatti:

a) può essere adottato dal governo solo in presenza di casi straordinari di necessità e urgenza;

b) deve essere presentato immediatamente alle Camere per la conversione in legge;

c) ha un'efficacia temporale limitata di 60 giorni;

d) trascorso il termine di 60 giorni, qualora non sia intervenuta la conversione in legge, perde efficacia dal momento dell'adozione (*ex tunc*).

L'assegnazione al governo del potere di decretazione d'urgenza è dunque in Costituzione accompagnata da una stringente serie di limiti che confermano la straordinarietà di tale potere e la preminenza del Parlamento nella titolarità e nell'esercizio della funzione legislativa.

Con riguardo al ***procedimento di adozione del decreto-legge***, tale atto è adottato dal Consiglio dei ministri, emanato dal Presidente della Repubblica e pubblicato sulla *Gazzetta Ufficiale* (e poi inserito nella *Raccolta Ufficiale degli atti normativi della Repubblica*). Bisogna purtroppo dar conto della prassi (tutt'altro che conforme all'ordinamento costituzionale) in base alla quale il Governo dichiara di avere adottato un decreto-legge il cui testo in realtà è ancora oggetto di definizione sicché fra la data del Consiglio dei ministri di approvazione del decreto-legge e la trasmissione dello stesso al Presidente della Repubblica trascorrono svariati giorni in cui la disciplina da introdurre mediante il decreto-legge continua ad essere oggetto di trattative fra le forze politiche di governo.

Ci si è interrogati sul ***ruolo del Presidente della Repubblica nella emanazione del decreto-legge***. Infatti, se è indubbio che il Presidente della Repubblica, nella emanazione del decreto-legge, non possa sostituire le decisioni (o la volontà) del Governo con la propria, al tempo stesso non può assegnarsi al Presidente della Repubblica un ruolo meramente "notarile" (per cui il Capo dello Stato sarebbe chiamato semplicemente a registrare la volontà dell'esecutivo).

A questo proposito, richiamate le considerazioni già esposte con riguardo ai poteri del Presidente della Repubblica nella fase di promulgazione della legge (v. *supra*, par. 2), e dunque con riguardo al ruolo di garanzia costituzionale del Presidente, bisogna aggiungere, con riguardo al potere di decretazione d'urgenza, che l'art. 77 Cost. espressamente afferma che il decreto-legge è atto adottato dal governo "che ne assume la responsabilità", sicché deve ritenersi che il potere di "veto" del Presidente della Repubblica possa svilupparsi solo in spazi molto ristretti di grave violazione della Costituzione, anche perché il decreto-legge, oltre al fatto di essere adottato in condizioni di necessità ed urgenza ed al fatto di avere durata di soli sessanta giorni, è rimesso alla votazione – e valutazione – delle Camere per poi "ritornare" ancora al Presidente per la promulgazione della legge di conversione. Pertanto, pur non potendosi escludere che il Presidente della Repubblica, nell'esercizio della funzione costituzionalmente assegnatagli di garante della Costituzione, svolge (anche nella emanazione del decreto-legge) una fase di controllo dell'operato dell'esecutivo, deve ribadirsi che tale controllo deve svolgersi in spazi ristretti.

Discussa in dottrina è l'ampiezza del potere del Presidente della Repubblica nel sindacare, prima ancora che il contenuto del decreto-legge, la sussistenza dei requisiti della necessità e urgenza del provvedere, e cioè la sussistenza dei presupposti costituzionalmente previsti e che giustificano il potere di decretazione d'urgenza del governo. A questo proposito, va rilevato che il dettato costituzionale incentra nel rapporto Parlamento-governo la soluzione di tale questione: è il governo (sotto la sua responsabilità) che viene incaricato dalla Costituzione di valutare la sussistenza della necessità e urgenza del provvedere e spetta al Parlamento (in sede di conversione del decreto-legge) condividere o bocciare le valutazioni (e le decisioni) del governo.

Appare pertanto preferibile restringere in spazi estremamente ristretti l'esistenza di un potere del Presidente della Repubblica di diretto ed immediato controllo del decreto-legge in merito alla sussistenza dei requisiti di necessità ed urgenza. Infatti, oltre all'esplicito disposto della Costituzione (che dichiara che il governo adotta il decreto-legge «sotto la sua responsabilità»), bisogna evidenziare che la valutazione sulla ricorrenza della necessità e urgenza del provvedere contiene una valutazione di merito in cui il Presidente della Repubblica sarebbe chiamato a sovrapporre il proprio giudizio a quello del governo, con una conseguenziale ingerenza del Presidente su determinazioni di carattere politico, rispetto alle quali la Costituzione preferisce che il Capo dello Stato si mantenga estraneo ed anche perché spetterà poi al Parlamento pronunciarsi in merito (sicché l'intervento del Presidente della Repubblica verrebbe a costituire un limite, oltre che nei confronti del Governo, anche del Parlamento). Pertanto deve ritenersi che un eventuale diniego di emanazione del decreto-legge da parte del Presidente della Repubblica possa avvenire solo quando il Presidente ravvisi nel decreto-legge norme palesemente incostituzionali (ad es. reiterazione di norme già dichiarate incostituzionali) o perché il decreto contenga norma che incidano gravemente sul riparto di competenze fissato dalla Costituzione.

La prassi ha mostrato pochi (ma significativi) casi in cui il Presidente della Repubblica si è rifiutato di emanare un decreto-legge. Il Presidente Pertini, nel 1980, non ha emanato un decreto-legge di modifica del sistema di raccolta (e di verifica) delle firme per la richiesta di *referendum* abrogativo, mentre nel 1981, invitava il Governo a riconsiderare la congruità dell'emanazione per decreto-legge di norme volte a disciplinare prestazioni erogate dal Servizio Sanitario Nazionale in contraddizione con "un indirizzo giurisprudenziale in via di definizione". Il Presidente Cossiga, nel 1989, non firmava un decreto-legge (volto a disciplinare i profili professionali del personale dell'Anas) ritenendo non sussistenti i presupposti costituzionali di necessità e urgenza ritenendo invece opportuno attendere la conclusione del dibattito parlamentare su analogo decreto relativo ad altra categoria di personale; e nel 1990, sempre il Presidente Cossiga ribadiva la necessità dell'osservanza da parte del Governo, nel ricorso alla decretazione di urgenza, delle condizioni di urgenza e necessità che lo giustificano ritenendo pertanto legittimo da parte del Capo dello Stato – in caso di non soddisfacente e convincente motivazione del provvedimento – il puro e semplice rifiuto di emanazione del decreto-legge. Il Presidente Scalfaro, nel 1993, con riguardo all'emanazione di un decreto-legge in materia di finanziamento dei partiti politici invitava il Governo a presentare alle Camere «un provvedimento in forma diversa da quella del decreto-legge».

L'esempio più significativo è forse quello registrato nel 2009 quando il Presidente Napolitano ha anticipatamente manifestato al governo la propria contrarietà all'emanazione di un decreto-legge contenente norme sul c.d. testamento biologico dirette ad impedire l'efficacia di una sentenza passata in giudicato. In quella occasione, nella lettera (del 6 febbraio 2009) inviata al Presidente del Consiglio, il Presidente della Repubblica evidenziava che il ricorso al decreto-legge «*appare soluzione inappropriata*» e rilevava inoltre che «*non è intervenuto nessun fatto nuovo che possa configurarsi come caso straordinario di necessità ed urgenza ai sensi dell'art. 77 della Costituzione se non l'impulso pur comprensibilmente suscitato dalla pubblicità e drammaticità di un singolo caso*». Ed il Capo dello Stato sottolineava che «*il potere del Presidente della Repubblica di rifiutare la sottoscrizione di provvedimenti di urgenza manifestamente privi dei requisiti di straordinaria necessità e urgenza previsti dall'art. 77 della Costituzione o per altro verso manifestamente lesivi di norme e principi costituzionali discende dalla natura della funzione di garanzia istituzionale che la Costituzione assegna al Capo dello Stato ed è confermata da più precedenti consistenti sia in formali dinieghi di emanazione di decreti legge sia in espresse dichiarazioni di principio di miei predecessori*».

In quell'occasione, oltre a rilevare la discutibilità dell'esistenza delle ragioni di necessità ed urgenza (sole che giustificano e fondano il potere del Governo di adozione di un decreto-legge), il Presidente della Repubblica evidenziava che il "caso" cui si faceva riferimento era stato oggetto di decisione giudiziaria oramai definitiva e riguardo alla quale dunque operava anche il principio della separazione dei poteri. Infatti, affermava il Presidente della Repubblica, «*il fondamentale principio della distinzione e del reciproco rispetto tra poteri e organi dello Stato non consente di disattendere la soluzione che per esso è stata individuata da una decisione giudiziaria definitiva sulla base dei principi, anche costituzionali, desumibili dall'ordinamento giuridico vigente*». E, con riguardo allo specifico contenuto del decreto-legge, il Presidente della Repubblica aggiungeva che «*Desta inoltre gravi perplessità l'adozione di una disciplina dichiaratamente provvisoria e a tempo indeterminato, delle modalità di tutela di diritti della persona costituzionalmente garantiti dal combinato disposto degli artt. 3, 13 e 32 Cost.: disciplina altresì circoscritta alle persone che non siano più in grado di manifestare la propria volontà in ordine ad atti costrittivi di disposizione del loro corpo*».

Il Governo non ritenne però di seguire l'invito del Capo dello Stato ed approvava comunque il relativo decreto-legge dichiarando la sussistenza dei presupposti di necessità e urgenza e ribadendo che fosse compito del solo Parlamento giudicare sulla sussistenza degli stessi. Il Presidente Napolitano, in coerenza con quanto dichiarato, non firmava il decreto-legge ed emetteva un comunicato nel quale, prendendo atto «con rammarico», della deliberazione da parte del Consiglio dei ministri del decreto-legge, dichiarava di non poter procedere alla emanazione del decreto «avendo verificato che il testo approvato non supera le obiezioni di incostituzionalità tempestivamente rappresentate e motivate».

Questa vicenda conferma l'esistenza del potere del Presidente della Repubblica di non emanare il decreto-legge, ma anche la ristrettezza degli spazi di utilizzo di tale potere e la problematicità che tale scelta finisce sempre per comportare.

Sempre con riguardo alla sussistenza dei presupposti di necessità ed urgenza che giustificano il potere del governo di adottare decreti-legge, diversi possono essere (e sono) i momenti di controllo, oltre a quello appena esaminato e concernente il ruolo del Presidente della Repubblica. Infatti la sussistenza dei presupposti di necessità ed urgenza è verificata dal Parlamento (in sede di conversione del decreto-legge in legge) ma è anche oggetto di giudizio da parte della Corte costituzionale (in sede di controllo di costituzionalità del decreto-legge e della legge di conversione).

In merito alla costituzionalità di un **decreto-legge adottato in assenza dei requisiti di necessità ed urgenza**, la giurisprudenza costituzionale aveva sempre affermato la propria competenza a pronunciarsi nei confronti dei decreti non ancora convertiti (sentt. nn. 29 e 161 del 1995), ma aveva parimenti affermato che la legge di conversione "sana" tale vizio. A partire dal 2007 la Corte costituzionale (sent. n. 171 del 2007) ha mutato orientamento ed ha dichiarato incostituzionale non solo il decreto-legge adottato in assenza dei requisiti di necessità e urgenza, ma anche la successiva legge di conversione, affermando che la mancanza dei requisiti di necessità ed urgenza costituisce un vizio del decreto-legge che non solo non è sanato dalla legge di conversione, ma che finisce per inficiare la validità anche della legge di conversione.

Nella sent. n. 171 del 2007 la Corte costituzionale – dopo aver precisato che lo scrutinio di costituzionalità ha «la funzione di preservare l'assetto delle fonti normative e, con esso, il rispetto dei valori a tutela dei quali tale compito è predisposto» – afferma che «il difetto dei presupposti di legittimità della decretazione d'urgenza, in sede di scrutinio di costituzionalità» deve «risultare evidente», e tale difetto di presupposti, «una volta intervenuta la conversione, si traduce in un vizio *in procedendo* della relativa legge». La Corte esclude pertanto la possibilità di riconoscere una "efficacia sanante" alla legge di conversione, giacché «*affermare che tale legge di conversione sana in ogni caso i vizi del decreto, significherebbe attribuire in concreto al legislatore ordinario il potere di alterare il riparto costituzionale delle competenze del Parlamento e del Governo quanto alla produzione delle fonti primarie*».

Bisogna evidenziare che la Corte costituzionale sottolinea che il proprio controllo, in sede di giudizio di costituzionalità, concerne la verifica («*alla stregua degli indici intrinseci ed estrinseci delle norme censurate*») «*se risulti evidente o meno la carenza del requisito della straordinarietà del caso di necessità e d'urgenza di provvedere*». Il controllo della Corte costituzionale dunque deve svolgersi con riguardo ad una "evidente carenza" dei requisiti di necessità ed urgenza. Nel caso di specie la Corte ravvisa una "evidente estraneità" della norma censurata (introdotta dal Parlamento in sede di conversione del decreto-legge) rispetto alla materia disciplinata dalle altre disposizioni del decreto-legge e dunque conseguenzialmente l'assenza della necessità ed urgenza di intervenire sulla norma. Per la Corte «*L'utilizzazione del decreto-legge – e l'assunzione di responsabilità che ne consegue per il Governo secondo l'art. 77 Cost. – non può essere sostenuta dall'apodittica enunciazione dell'esistenza delle ragioni di necessità e di urgenza*».

Nella successiva sent. n. 128 del 2008 la Corte costituzionale aggiunge che la preesistenza di una situazione di fatto comportante la necessità e l'urgenza di provvedere tramite l'utilizzazione di uno strumento eccezionale, quale il decreto-legge, costituisce un requisito di validità costituzionale del decreto-legge e pertanto l'eventuale mancanza di quel presupposto configura un vizio di illegittimità costituzionale del decreto-legge adottato al di fuori dell'àmbito applicativo costituzionalmente previsto.

Nel caso della sent. n. 128 del 2008 la Corte costituzionale era chiamata a pronunciarsi sulla costituzionalità della norma che prevedeva l'esproprio del teatro Petruzzelli di Bari. Esaminando il contenuto del relativo decreto-legge, la Corte afferma che «nessun collegamento è ravvisabile» tra le premesse poste nel preambolo del decreto-legge (l'epigrafe del decreto reca l'intestazione «Disposizioni urgenti in materia tributaria e finanziaria» ed il preambolo è così testualmente formulato: «Ritenuta la straordinaria necessità ed urgenza di interventi di carattere finanziario per il riequilibrio dei conti pubblici, nonché di misure per il riordino di settori della pubblica amministrazione») e la norma oggetto del giudizio. Inoltre, la disposizione oggetto del giudizio di costituzionalità (che, come detto, prevedeva l'esproprio del Teatro Petruzzelli di Bari e l'applicazione al medesimo delle norme generali sulle fondazioni lirico-sinfoniche "per consentire alla Fondazione stessa di organizzare la produzione in maniera più efficiente", e l'attribuzione di un contributo straordinario per il completamento dei lavori di restauro) è per la Corte costituzionale estranea alle tematiche della finanza pubblica (oggetto del decreto-legge) ed un eventuale collegamento «non solo non è individuabile, ma neppure è, in un modo o nell'altro, indicato». Inoltre la Corte precisa che «la riorganizzazione dell'attività di una fondazione lirica, che intervenga anche sul regime della titolarità degli immobili adibiti a teatro, non presenta di per sé il carattere della straordinaria necessità ed urgenza, risolvendosi invece in una ordinaria modificazione degli assetti stabiliti per la gestione delle attività culturali in ambito locale».

La Corte costituzionale dunque entra nel merito del contenuto del decreto-legge contestando la eterogeneità della disposizione oggetto del giudizio di costituzionalità rispetto al restante contenuto del decreto-legge medesimo. La Corte dunque controlla la sussistenza dei requisiti di necessità ed urgenza con riguardo all'intero decreto-legge o a singole disposizioni del decreto-legge ed anche in merito alla eterogeneità di una disposizione con riguardo all'intero decreto-legge.

Come detto, l'art. 77 Cost. impone al Governo di presentare (nel giorno stesso della emanazione) il decreto-legge al Parlamento per la conversione in legge (che deve avvenire entro 60 giorni). La ***conversione in legge del decreto-legge*** ha il significato di condivisione da parte del Parlamento delle scelte effettuate dal Governo. Concretamente il Governo presenta al Parlamento un disegno di legge composto di un solo articolo (avente in genere questa formulazione «*Il decreto-legge n. ..., è convertito in legge con le modificazioni riportate in allegato alla presente legge*») ed avente come allegato il decreto-legge.

Nell'approvazione di siffatto disegno di legge si segue l'ordinario *iter legis* che però subisce alcune modifiche legate appunto alle peculiarità del decreto-legge. E la prima peculiarità è data proprio da un controllo, da parte di ciascuna Camera, sulla sussistenza dei requisiti di necessità e urgenza. I regolamenti di Camera e Senato prevedevano una preliminare verifica dei presupposti di necessità ed urgenza per i decreti-legge. Con le riforme del 1997 (alla Camera dei deputati) e del 2017 (al Senato) tale controllo è diventato eventuale, giacché:

– Alla Camera dei deputati (art. 96-*bis* reg. Cam. dep.) si prevede che «*Nella relazione del Governo, che accompagna il disegno di legge di conversione, è dato conto dei presupposti di necessità e urgenza per l'adozione del decreto-legge*» e che il disegno di legge di conversione è assegnato, in sede referente, alla commissione permanente competente per materia, la quale può chiedere al Governo di integrare gli elementi forniti nella relazione («anche con riferimento a singole disposizioni del decreto-legge»); tale commissione è inoltre destinataria di un parere adottato ("nel termine di cinque giorni») dal Comitato per la legislazione («anche proponendo la soppressione delle disposizioni del decreto-legge che contrastino con le regole sulla specificità e omogeneità e sui limiti di contenuto dei decreti-legge»); è inoltre prevista la possibilità per un presidente di gruppo parlamentare o per almeno venti deputati di presentare (entro cinque giorni dall'annuncio in Assemblea) una questione pregiudiziale sui contenuti e sui presupposti sul decreto-legge e su tale questione si pronuncia l'assemblea;
– al Senato il disegno di legge di conversione del decreto-legge è assegnato alla commissione competente per materia, ma la valutazione sulla sussistenza o meno dei requisiti di necessità ed urgenza è attribuita all'assemblea, presso la quale, entro cinque giorni dall'annuncio di presentazione o di trasmissione al Senato del disegno di legge di conversione, un presidente di gruppo o dieci senatori possono presentare una proposta di questione pregiudiziale nonché una questione sospensiva.

Emerge così chiaramente che il controllo svolto da ciascuna Camera sulla sussistenza dei requisiti di necessità ed urgenza è eminentemente di tipo politico, ma tale strumento va comunque visto con favore sia perché occasione di controllo (o di possibile controllo) dell'operato dell'esecutivo da parte delle Camere, sia perché strumento a disposizione dell'opposizione da far valere nei confronti della maggioranza di turno.

Nel procedimento di conversione del decreto-legge in legge, è ricorrente il tema della ammissibilità o meno della ***introduzione di emendamenti al testo del decreto-legge*** da parte del Parlamento in sede di conversione.

Periodicamente riemerge la tesi che vorrebbe negare al Parlamento la possibilità di emendare il decreto-legge, costringendo le Camere ad una votazione «secca» di approvazione o di rigetto del decreto-legge nella sua interezza, negando la possibilità che le Camere introducano emendamenti (soppressivi, aggiuntivi o modificativi) al testo del decreto-legge. Questa tesi si fonda sull'assunto che l'introduzione di emendamenti, mutando il contenuto del decreto-legge, darebbe vita ad un atto normativo «nuovo» e diverso rispetto a quello approvato dal governo con conseguenziale commistione delle responsabilità tra Parlamento e governo.

A questa tesi è agevole replicare che la responsabilità del governo (dettata dall'art. 77 Cost.) è riferibile all'atto «decreto-legge» (e dunque all'adozione dello stesso e al contenuto del medesimo), mentre con la conversione in legge il Parlamento fa proprio (e «legittima» per usare l'espressione di Carlo Esposito) il contenuto del decreto-legge. Inoltre, precludere al Parlamento la possibilità di emendare il decreto-legge significherebbe «ingabbiare» il Parlamento in una alternativa "secca" con una lesione fortissima dell'autonomia di ciascuna Camera, ma anche prevedere un divieto (per le Camere) in una determinata fase (approvazione della legge di conversione del decreto-legge) facilmente superabile con un disegno di legge immediatamente successivo (o addirittura contemporaneo) che introduca quegli emendamenti che non è stato possibile presentare in sede di conversione del decreto-legge.

Appare dunque evidente come la tesi dell'inemendabilità del decreto-legge da parte del Parlamento si riveli, in via di principio, gravemente lesiva dell'autonomia e indipendenza del Parlamento e, da un punto di vista concreto, facilmente aggirabile, con il solo prezzo di un aggravio procedurale. In realtà bisogna evidenziare come alla base di tale proposta vi sia chiaramente una visione del ruolo del Parlamento subordinato al governo competente a dettare alle Camere l'atto normativo nei confronti del quale a queste ultime resta solo l'estrema *ratio* della bocciatura *in toto*.

L'introduzione di emendamenti in sede di conversione può invece essere un utile strumento per migliorare la qualità del decreto-legge o comunque per correggerne mancanze o contraddittorietà, oltre che occasione per le forze politiche di condivisione di determinate scelte. A questo proposito bisogna aggiungere che spesso è lo stesso Governo a presentare in sede parlamentare emendamenti al proprio decreto-legge in ragione (oltre che della correzione di proprie precedenti scelte) di nuove ulteriori decisioni raggiunte fra le varie forze politiche. E la prassi ha mostrato l'esperienza di decreti-legge interamente "riscritti" dal Parlamento, in sede di conversione in legge, ma in ragione proprio di maxi-emendamenti presentati dallo stesso esecutivo a ridosso della votazione finale e spesso anche facendo ricorso alla questione di fiducia. Questa prassi, a sua volta, ha dato vita al fenomeno per cui il decreto-legge veniva (e viene) ad arricchirsi di contenuti ulteriori, a volte estremamente eterogenei rispetto al contenuto originario del decreto-legge. E la Corte costituzionale ha dato una risposta a questo fenomeno limitando la possibilità di introduzione di emendamenti eterogenei rispetto al contenuto originario del decreto-legge.

Infatti la Corte costituzionale, con sent. n. 22 del 2012, ha ritenuto in contrasto con l'art. 77, secondo comma, Cost. l'introduzione nel decreto-legge, in sede di conversione, di emendamenti estranei rispetto all'oggetto e alle finalità del decreto-legge. La Corte non esclude in assoluto la possibilità per il Parlamento di introduzione di emendamenti al decreto-legge, ma ritiene inammissibili quelli "del tutto estranei" all'oggetto e alle finalità del testo originario, in ragione del "nesso di interrelazione funzionale" esistente fra decreto-legge e relativa legge di conversione.

Questo esito della giurisprudenza costituzionale si è prodotto a valle della discutibile prassi seguita dalle forze politiche (soprattutto di maggioranza) in base alla quale il governo adotta un decreto-legge che poi in sede di conversione viene profondamente modificato su proposta dello stesso esecutivo (o comunque delle forze politiche di maggioranza) impedendo così peraltro su determinati argomenti lo svolgersi dell'ordinario *iter legis* con lesione dei diritti delle minoranze e più in generale svuotamento di significato del lavoro delle Camere.

La negatività di questa prassi era già stata segnalata dal Presidente della Repubblica Napolitano con lettera del 22 febbraio 2011 (inviata ai Presidenti delle Camere ed al Presidente del Consiglio e concernente la conversione del decreto-legge poi oggetto della sent. n. 22 del 2012 della Corte costituzionale). E, in precedenza, vanno ricordati il messaggio del 29 marzo 2002 con il quale il Presidente della Repubblica rinviava alle Camere – non promulgandola – la legge di conversione del decreto-legge 25 gennaio 2002, n. 4, e la lettera inviata il 7 marzo 2011 dal Presidente del Senato ai Presidenti delle Commissioni parlamentari, in cui si esprime l'indirizzo «di interpretare in modo particolarmente rigoroso, in sede di conversione di un decreto-legge, la norma dell'art. 97, comma 1, del regolamento, sulla improponibilità di emendamenti estranei all'oggetto della discussione».

Nella sent. n. 22 del 2012 la Corte costituzionale richiama le proprie precedenti pronunce (sentt. n. 171 del 2007 e 128 del 2008) e sottolinea che i «presupposti fattuali, di cui all'art. 77, comma 2, Cost.» devono essere collegati – o dal punto di vista «oggettivo e materiale», o dal punto di vista «funzionale e finalistico» – «ad una intrinseca coerenza delle norme contenute in un decreto-legge». Per la Corte i presupposti per l'adozione del decreto-legge riguardano l'intero decreto-legge («inteso come insieme di disposizioni omogenee per la materia o per lo scopo») e pertanto il successivo inserimento nel decreto-legge di norme eterogenee rispetto all'oggetto o alla finalità del decreto «spezza il legame logico-giuridico tra la valutazione fatta dal Governo dell'urgenza del provvedere ed "i provvedimenti provvisori con forza di legge"» previsti dall'art. 77 Cost. Il decreto-legge – la cui adozione si fonda sul presupposto del "caso" straordinario di necessità e urgenza – è un provvedimento che pertanto deve essere inteso «come un tutto unitario», in quanto «atto normativo fornito di intrinseca coerenza, anche se articolato e differenziato al suo interno». E la necessaria omogeneità del decreto-legge («la cui interna coerenza va valutata in relazione all'apprezzamento politico, operato dal Governo e controllato dal Parlamento, del singolo caso di necessità e urgenza») deve essere osservata anche dalla legge di conversione.

Nella sent. n. 22 del 2012 (che – come detto – giunge a valle di un dibattito sorto già da alcuni anni in conseguenza di un utilizzo patologico del potere di emendamento del decreto-legge da parte delle forze politiche di maggioranza) la Corte precisa che l'esclusione del potere di inserimento nella legge di conversione di un decreto-legge di emendamenti del tutto estranei all'oggetto e alle finalità del testo originario, non solo risponde «ad esigenze di buona tecnica normativa», ma discende direttamente dall'art. 77, secondo comma, Cost., «che istituisce un nesso di interrelazione funzionale tra decreto-legge ... e legge di conversione, caratterizzata da un procedimento di approvazione peculiare rispetto a quello ordinario». La Corte non esclude che le Camere possano apportare emendamenti al testo del decreto-legge, ma «esorbita ... dalla sequenza tipica profilata dall'art. 77, comma 2, Cost., ... l'alterazione dell'omogeneità di fondo della normativa urgente, quale risulta dal testo originario». Se può dunque riconoscersi «l'innesto» nell'*iter* di conversione dell'ordinaria funzione legislativa, non può spezzarsi «il legame essenziale tra decretazione d'urgenza e potere di conversione». L'interruzione di tale legame determina la violazione dell'art. 77, secondo comma, Cost., in ragione di un utilizzo «improprio, da parte del Parlamento, di un potere che la Costituzione gli attribuisce, con speciali modalità di procedura, allo scopo tipico di convertire, o non, in legge un decreto-legge». La Corte configura dunque l'esistenza di uno spazio non illimitato del potere di emendamento del decreto-legge da parte del Parlamento.

Con la sent. n. 237 del 2013 (relativa a delega conferita mediante emendamento aggiunto in sede di conversione di un decreto-legge), la Corte costituzionale – pur ribadendo i principi posti nella sua precedente giurisprudenza – ha di fatto compiuto un passo indietro rispetto a quanto affermato nelle precedenti pronunce in materia in cui la Corte aveva precisato la propria competenza a «controllare se il processo formativo di una legge si è compiuto in conformità alle norme con le quali la Costituzione direttamente regola tale procedimento» (v. già sent. n. 9 del 1959).

La Corte costituzionale infatti, se da un lato, nella più recente giurisprudenza, richiama al rispetto dei diversi procedimenti legislativi costituzionalmente previsti, nella vicenda di cui alla sent. n. 237 del 2013, in cui si registra un indubbio intreccio fra procedimenti differenti (conferimento di delega legislativa mediante disposizione inserita con emendamento in una legge di conversione di un decreto-legge), non appare coerente con la proprio giurisprudenza. Infatti la Corte (nella sent. n. 237 del 2013) richiama la più risalente giurisprudenza (sent. n. 63 del 1998) in cui, di fronte a disposizioni di delega inserite nella legge di conversione di un decreto-legge, la Corte riteneva che gli articoli contenenti la delega legislativa «sono disposizioni del tutto autonome rispetto al decreto-legge e alla sua conversione, essendo stati introdotti, come norma aggiuntiva, alla legge di conversione nel corso dell'esame dello stesso disegno di legge; né poteva essere altrimenti, posto che l'atto di conferimento al Governo di delega legislativa può avvenire solo con legge» la quale «in realtà, ... ha un duplice contenuto con diversa natura ed autonomia: l'uno ... di conversione del decreto-legge "con le modificazioni riportate in allegato alla legge", adottato in base alla previsione dell'art. 77, comma 3, Cost.; l'altro ..., di legge di delega ai sensi dell'art. 76 Cost.».

Ma appare evidente come in questa maniera la Corte (nella sent. n. 237 del 2013) finisca per sconfessare – o quanto meno per discostarsi da – quanto affermato nella sent. n. 22 del 2012. Ed infatti la Corte avverte l'esigenza (*excusatio non petita ...*) di aggiungere che «il Parlamento, nell'approvare la legge di conversione di un decreto-legge, può esercitare la propria potestà legislativa anche introducendo, con disposizioni aggiuntive, contenuti normativi ulteriori, peraltro con il limite – precisato dalla giurisprudenza successiva – dell'omogeneità complessiva dell'atto normativo rispetto all'oggetto o allo scopo».

Per la Corte dunque, la delega introdotta con la legge di conversione, costituendo una statuizione distinta dal decreto-legge, deve essere ricondotta direttamente alla potestà legislativa del Parlamento e la norma delegante (in quanto aggiunta al decreto-legge in sede di conversione) non deve rispondere ai requisiti della necessità e urgenza. Invece, con riguardo alla omogeneità del decreto-legge con la norma delegante, la Corte afferma (con opinabile argomentazione) che la delega «non altera l'omogeneità del decreto-legge oggetto di conversione», giacché, essendo la delega diretta a realizzare risparmi di spesa e incremento di efficienza, non può ritenersi disomogenea rispetto al contenuto del decreto-legge. Ma appare evidente come il "risparmio di spesa" possa costituire un obiettivo capace di giustificare qualunque contenuto!

L'introduzione di emendamenti al decreto-legge pone il problema della ***data di entrata in vigore*** *degli stessi*.

L'art. 15, quinto comma, legge n. 400 del 1988 dispone che *gli emendamenti entrano in vigore dal giorno successivo all'entrata in vigore della legge di conversione, salvo che quest'ultima non disponga diversamente*. A stretto rigore bisogna però distinguere fra le varie tipologie di emendamenti:

– *emendamento soppressivo* (che elimina una parte – articolo o comma – del decreto-legge): in questo caso la parte eliminata (in quanto parte del decreto-legge non convertito) perde la sua efficacia *ex tunc* (come se non fosse mai stata adottata) a meno che la stessa legge di conversione non faccia salvi gli effetti fino alla data di entrata in vigore della legge di conversione medesima;

– *emendamento aggiuntivo* (che introduce ulteriori articoli o commi non presenti nel decreto-legge): in questo caso è ovvio che l'emendamento entri in vigore con la legge di conversione (e dunque con efficacia *ex nunc*, a meno che quest'ultima non assegni efficacia retroattiva all'emendamento medesimo);

– *emendamento modificativo o sostitutivo* (che modifica uno o più articoli del decreto-legge): premesso che ogni emendamento modificativo è parzialmente soppressivo e parzialmente aggiuntivo (e, viceversa, che ogni emendamento soppressivo o aggiuntivo è anche modificativo), deve riconoscersi che la norma «nuova» entra in vigore con la legge di conversione mentre la parte del decreto-legge oggetto di modifica decade *ex tunc* (in quanto non convertita).

L'art. 15 della legge n. 400 del 1988 ha posto una regola generale assegnando a tutti gli emendamenti efficacia *ex nunc*, anche se tale disposizione deve correlarsi con la disciplina costituzionale (art. 77, ultimo comma, Cost.) che prevede la cessazione di efficacia *ex tunc* del decreto-legge non convertito (e dunque le parti del decreto-legge oggetto di emendamenti meramente soppressivi perdono comunque efficacia *ex tunc*).

La legge n. 400 del 1988, introducendo apposita disciplina per tutti gli atti normativi del governo, ha integrato la disciplina posta dall'art. 77 Cost. ponendo ulteriori limiti per l'adozione del decreto-legge. Ed infatti:

– ha imposto l'indicazione, nel preambolo del decreto-legge, delle circostanze straordinarie di necessità e di urgenza che ne giustificano l'adozione;

– ha specificato che il decreto-legge deve contenere «misure di immediata applicazione» e che il contenuto dello stesso deve essere «specifico, omogeneo e corrispondente al titolo»;

– ha specificato che non si può, mediante decreto-legge:

a) conferire deleghe legislative ai sensi dell'art. 76 Cost.;

b) provvedere nelle materie indicate nell'art. 72, quarto comma, Cost.;

c) rinnovare le disposizioni di decreti-legge dei quali sia stata negata la conversione in legge con il voto anche di una sola delle due Camere;

d) regolare i rapporti giuridici sorti sulla base dei decreti non convertiti;

e) ripristinare l'efficacia di disposizioni dichiarate illegittime dalla Corte costituzionale per vizi non attinenti al procedimento.

Parte della dottrina da tempo ha evidenziato che i limiti contenuti nella legge n. 400 del 1988 costituiscono esplicitazione di limiti costituzionali con la conseguenza che il mancato rispetto degli stessi determinerebbe una conseguente incostituzionalità. Per altri invece quelli posti dalla legge n. 400 del 1988 sono solo limiti posti da norma di grado primario e quindi superabili da parte di ogni decreto-legge successivo in ragione del principio cronologico.

Bisogna prendere atto che tutti i limiti posti alla decretazione d'urgenza dalla legge n. 400 del 1988 sono stati sistematicamente oltrepassati, giacché nei decenni scorsi si sono registrati svariati decreti-legge che hanno inciso su deleghe legislative, su materia elettorale e referendaria, hanno rinnovato disposizioni di decreti-legge espressamente respinti da una delle due camere, hanno regolato i rapporti sorti sulla base di decreti-legge non convertiti ed hanno aggirato il divieto di reintrodurre norme dichiarate incostituzionali.

La prassi ha dunque confermato l'oggettiva difficoltà (da subito segnalata dalla dottrina) per un atto di grado primario (la legge n. 400 del 1988) di operare da limite e da vincolo per una fonte di pari grado (il decreto-legge) che, in ragione del principio cronologico, ben può operare in senso completamente diverso da quanto disposto dalla legge n. 400 del 1988. Proprio per assicurare a questa legge una capacità di cogenza nei confronti del governo (e dei decreti-legge da questi adottati), in dottrina è stato evidenziato che solo assegnando alla legge n. 400 del 1988 la qualità di fonte integrativa della disciplina costituzionale, si potrebbe giungere al riconoscimento di una vincolatività delle norme dalla stessa poste. Infatti, effettuato tale riconoscimento, il decreto-legge in contrasto con quanto dettato dalla legge n. 400 del 1988 dovrebbe essere dichiarato incostituzionale per violazione del parametro costituzionale integrato da tale legge. Questa tesi però non è stata accolta dalla giurisprudenza costituzionale.

Nel caso di mancata conversione del decreto-legge, l'ultimo periodo del terzo comma dell'art. 77 assegna al Parlamento il potere di «*regolare con legge i rapporti giuridici sorti sulla base dei decreti non convertiti*». La Costituzione rimette dunque alle Camere il compito di disciplinare la sorte dei rapporti instauratisi sulla base di un decreto-legge decaduto. In caso di assenza di ogni intervento da parte del legislatore, trova applicazione la disciplina costituzionale che pone la decadenza *ex tunc* della disciplina posta dal decreto-legge. Il sesto comma dell'art. 15 della legge n. 400 del 1988 assegna al Ministro di giustizia l'onere della pubblicazione nella Gazzetta Ufficiale della mancata conversione o del rifiuto di conversione (o della conversione parziale) del decreto-legge.

Con riguardo alla ***prassi della decretazione d'urgenza nel nostro ordinamento***, bisogna evidenziare che se la formulazione letterale dell'art. 77 Cost. non sembrava concedere molto spazio di intervento al governo, il ricorso al decreto-legge, soprattutto negli ultimi quattro decenni, è avvenuto sempre più al di fuori dei «casi straordinari di eccezionalità ed urgenza» e dunque in dispregio del disposto costituzionale. Infatti a partire dagli anni ottanta del secolo scorso si registra il fenomeno del ricorso alla decretazione d'urgenza quale strumento di accelerazione del procedimento di approvazione della legge ed in cui il decreto-legge viene utilizzato dall'esecutivo come una sorta di disegno di legge "rinforzato" in quanto capace di produrre immediatamente effetti legislativi e perché tramite esso il governo rovescia sul Parlamento l'onere di concludere il relativo procedimento entro un predeterminato e ristretto termine "scaricando" anche politicamente sul Parlamento le relative responsabilità.

E l'***abuso della decretazione d'urgenza*** (cioè il ricorso frequente da parte del Governo all'adozione di decreti-legge anche in assenza dei requisiti di necessità ed urgenza) ha determinato già negli anni ottanta del secolo scorso una incidenza sui lavori parlamentari occupati appunto dalla conversione in legge di decreti-legge e con la difficoltà (aldilà delle specifiche ragioni politiche) di rispettare il termine dei sessanta giorni e con la conseguenza di rendere di fatto impossibile l'ordinario svolgimento dei lavori parlamentari.

E così il fenomeno degenerativo consistente nell'abuso di decreto-legge ha determinato un'ulteriore degenerazione (che oggi appare fortunatamente tramontata) consistente nella ***reiterazione del decreto-legge***, cioè nell'adozione, da parte del governo, nell'imminenza della scadenza di un decreto-legge non convertito, di un nuovo decreto-legge, identico al precedente, ma contenente anche una "clausola di salvezza" degli effetti del decreto-legge precedente (cioè una disposizione che faceva salvi gli effetti del decreto legge precedente ed oramai in scadenza). In altri termini, il "nuovo" decreto legge non solo perpetrava per altri sessanta giorni la vigenza delle disposizioni del decreto legge precedente, ma impediva anche il venir meno degli effetti dello stesso (che, ai sensi dell'art. 77 Cost., è *ex tunc*), procrastinandone gli effetti. Questo fenomeno (che ha dato vita a «catene» di decreti-legge che hanno prolungato la vita di una disciplina anche per anni), oltre ad essere palesemente in contrasto con il dettato costituzionale, si rifletteva anche sulla «qualità» delle discipline introdotte, che risultavano vieppiù disordinate e dalla formulazione caotica e sciatta. Inoltre si viene così a creare un circolo vizioso giacché:

a) l'alto numero di decreti-legge adottati dal governo rende difficile al Parlamento adempiere al compito della conversione;

b) il ritardo del Parlamento contribuisce al fenomeno della reiterazione del decreto-legge;

c) la reiterazione del decreto-legge comporta un'ulteriore crescita del numero dei decreti-legge da convertire con ulteriore appesantimento dei lavori del Parlamento.

La Corte costituzionale, dopo ripetuti segnali (sentt. nn. 302 del 1988; 29 e 161 del 1995; 84 del 1996), con la sent. n. 360 del 1996 ha dichiarato incostituzionale la reiterazione del decreto-legge, affermando che la stessa è consentita solamente nel caso in cui continuino a persistere – o si presentino delle nuove – straordinarie situazioni di necessità e urgenza. Con la sent. n. 360 del 1996 la Corte costituzionale interrompe il fenomeno della reiterazione dei decreti-legge e ha determinato una drastica riduzione, più in generale, dello stesso ricorso al decreto-legge che aveva raggiunto cifre ragguardevoli (nel 1996 il governo aveva adottato ben 361 decreti-legge: e così dai 4 decreti-legge adottati nel 1948 si è passati ai 6 del 1958, ai 17 del 1968, ai 58 del 1979, ai 100 del 1989, ai

139 del 1992, ai 259 del 1993, 327 del 1994; ma dopo la sent. n. 360 del 1996, si passa ai 44 nel 1997, 29 nel 1998, 42 nel 1999, 40 nel 2008; nella XVIII legislatura, iniziata nel marzo 2018, si sono avuti fino a febbraio 2020 41 decreti legge: 4 deliberati dal governo Gentiloni, 26 dal governo Conte I e 11 dal governo Conte II).

Nella sent. n. 360 del 1996 la Corte riconosce che la disciplina posta dall'art. 77 Cost., «nella sua limpida formulazione, non offre alternative al carattere necessariamente provvisorio alla decretazione d'urgenza: o le Camere convertono il decreto-legge entro sessanta giorni o il decreto perde retroattivamente la propria efficacia, senza che il governo abbia la possibilità di invocare proroghe o il Parlamento di provvedere ad una conversione tardiva». Il termine dei sessanta giorni fissato dall'art. 77 Cost. per la vigenza del decreto-legge costitusce dunque «un limite insuperabile» che «non può essere né violato né indirettamente aggirato» in ragione del necessario rispetto del criterio di attribuzione della competenza legislativa ordinaria assegnata dalla Costituzione alle Camere. Pertanto il decreto-legge reiterato si pone sotto molteplici profili in contrasto con l'art. 77 Cost. giacché:

– «altera la natura provvisoria della decretazione d'urgenza» procrastinando, di fatto, il termine invalicabile previsto dalla Costituzione per la conversione in legge;

– «toglie valore al carattere "straordinario" dei requisiti della necessità e dell'urgenza», poiché la reiterazione viene a stabilizzare e a prolungare nel tempo i motivi posti a fondamento del primo decreto;

– «attenua la sanzione della perdita retroattiva di efficacia del decreto non convertito», dal momento che il ricorso ripetuto alla reiterazione determina un'aspettativa circa la possibilità di consolidare gli effetti determinati dalla decretazione d'urgenza mediante la sanatoria finale della disciplina reiterata.

– «la prassi della reiterazione ... viene ... a incidere negli equilibri istituzionali ..., alterando i caratteri della stessa forma di governo e l'attribuzione della funzione legislativa ordinaria al Parlamento (art. 70 Cost.)».

5. *Il* referendum *abrogativo di legge* ex *art. 75 Cost.*

Il *referendum* è un *istituto di democrazia diretta* in quanto gli elettori sono chiamati ad esprimere direttamente il proprio voto a favore o contro una determinata proposta. La *democrazia diretta* si contrappone alla *democrazia rappresentativa* in cui invece gli elettori (non decidono direttamente sulle singole questioni, ma) eleggono i propri rappresentanti in Parlamento (che poi concretamente adotta le leggi e tutte le decisioni più significative della vita dell'ordinamento giuridico).

La Costituzione repubblicana fonda una democrazia rappresentativa con la presenza di significativi istituti di democrazia diretta, fra cui occupa una peculiare posizione il *referendum* abrogativo di legge o di atto avente forza di legge *ex* art. 75 Cost.

La Costituzione prevede varie forme di *referendum*:

– il *referendum* abrogativo, totale o parziale, di legge statale o di un atto statale avente valore di legge, previsto e disciplinato dall'art. 75 Cost.;

– il *referendum* regionale su leggi e provvedimenti amministrativi della Regione, la cui disciplina è, dall'art. 123 Cost., rimessa allo statuto regionale;

– il *referendum* eventuale che può inserirsi nel procedimento di revisione costituzionale o di approvazione di legge costituzionale (art. 138 Cost.);

– il *referendum* eventuale nel procedimento di approvazione dello statuto regionale (art. 123 Cost.);

– il *referendum* da sottoporre alla popolazione interessata in caso di fusione di Regioni o di creazione di nuova Regione (art. 132, primo comma, Cost.) o in caso di passaggio di Comuni o Province da una Regione ad un'altra (art. 132, secondo comma, Cost.) o in caso di mutamento delle circoscrizioni provinciali o l'istituzione di nuove Province nell'ambito della Regione (art. 133, primo comma, Cost.) o in caso di istituzione di nuovi Comuni o di modifica delle relative circoscrizioni o denominazioni (art. 133, secondo comma, Cost.).

Non tutte le predette tipologie referendarie possono essere incluse fra le fonti del diritto, ma sicuramente rientra in tale novero il *referendum* abrogativo di legge (statale o regionale) o di atto avente valore di legge. In questa sede ci si soffermerà sul *referendum ex* art. 75 Cost., giacché la disciplina dei *referendum* regionali è rimessa ai rispettivi statuti regionali (e alla legislazione regionale).

Si è discusso in passato sulla correttezza dell'inserimento del *referendum* abrogativo fra le fonti del diritto in ragione della funzione meramente abrogativa di tale istituto. Ma, come autorevolmente insegnato, il *referendum* abrogativo deve essere inserito fra le fonti giacché «*anche in sede di logica astratta, eliminare alcunché equivale ad immettere una corrispon-*

dente entità negativa [algebricamente, A – B = A + (– B)]. Sul terreno giuridico, d'altronde, il modificare una norma, partecipa, ad un tempo del togliersi e dell'aggiungervi qualcosa, confermandosi che si versa sempre in un medesimo ordine di fenomeno» (Crisafulli). Ed anche la Corte costituzionale (sent. n. 29 del 1987) ha sancito che il *referendum* abrogativo ha lo stesso rango della legge ordinaria. Infatti anche la mera abrogazione di una norma innova l'ordinamento giuridico. E l'esperienza referendaria ha dimostrato quanto il *referendum* «innovi» l'ordinamento giuridico (v. *infra*).

L'art. 75 Cost. rimette alla legge la disciplina delle modalità di attuazione del *referendum* e si limita a prevedere:

– i soggetti competenti a chiedere l'indizione del *referendum*: almeno 500.000 elettori o almeno cinque Consigli Regionali;

– gli atti sottoponibili a *referendum*: legge statale o atto statale avente valore di legge;

– un elenco di leggi non sottoponibili a *referendum*: leggi tributarie e di bilancio, di amnistia e di indulto, di autorizzazione e ratificare i trattati internazionali;

– il diritto di partecipazione al *referendum* dei cittadini aventi la maggiore età;

– il *quorum* necessario di partecipazione per la validità del *referendum*, dovendo recarsi alle urne la maggioranza degli aventi diritto;

– l'effetto del *referendum*: l'abrogazione totale o parziale dell'atto legislativo.

Come detto, l'art. 75 Cost. rimette alla legge ordinaria la disciplina delle modalità di attuazione del *referendum* abrogativo. Tale legge sarà adottata nel 1970 (l. n. 352 del 1970) e pertanto fino all'approvazione di tale legge il *referendum* abrogativo non è stato utilizzabile in ragione dell'assenza della necessaria disciplina legislativa.

La legge n. 352 del 1970, ponendo il ***procedimento referendario***, introduce una disciplina per alcuni versi restrittiva riguardo all'uso dello strumento referendario, giacché introduce, rispetto a quanto posto dall'art. 75 Cost., ulteriori limiti procedurali e temporali. Viene istituito un nuovo organo, l'*Ufficio centrale per il referendum*, avente sede presso la cancelleria della Cassazione, composto dai tre presidenti di sezione più anziani e dai tre consiglieri più anziani di ciascuna sezione della Cassazione, e che è competente:

– a ricevere la richiesta referendaria;

– a giudicare sulla legittimità di tale richiesta;
– a procedere alla dichiarazione dell'esito del *referendum*.

Il *comitato promotore del referendum* (che deve essere composto da almeno 10 elettori) presenta all'Ufficio centrale per il *referendum* la "richiesta referendaria" con l'indicazione del quesito che si intende sottoporre alla votazione popolare e la legge (o l'atto legislativo) di cui si richiede l'abrogazione (totale o parziale). Dalla data di presentazione del quesito, il comitato promotore dispone di tre mesi per raccogliere le firme e depositarle presso la cancelleria della Cassazione.

La legge pone limiti temporali per lo svolgimento del *referendum* giacché le richieste di *referendum*, con le firme raccolte, devono essere depositate nel periodo compreso fra il 1° gennaio e il 30 settembre, ma non può essere depositata alcuna richiesta referendaria nell'anno anteriore alla scadenza della legislatura e nei sei mesi successivi alla data di convocazione dei comizi elettorali per l'elezione della Camera. Entro il 31 ottobre l'Ufficio centrale può rilevare le eventuali irregolarità (che possono essere sanate) e può anche proporre la concentrazione dei quesiti che risultino analoghi. Questa fase deve chiudersi entro il 15 dicembre, con una decisione definitiva (assunta con ordinanza) dell'Ufficio centrale che si pronuncia sulla legittimità dei quesiti. L'Ufficio centrale esamina le richieste depositate allo scopo di accertare che esse siano conformi alle norme di legge ed entro il 15 dicembre decide sulla legittimità delle richieste depositate, mentre il giudizio di ammissibilità è riservato alla Corte costituzionale (v. *infra*). Infatti i quesiti dichiarati legittimi dall'Ufficio centrale vengono trasmessi alla Corte costituzionale per il *giudizio di ammissibilità del referendum*.

Con la legge cost. n. 1 del 1953 (art. 2) è stata assegnata alla Corte costituzionale la competenza (non prevista in Costituzione) a giudicare sull'ammissibilità delle richieste di *referendum* abrogativo e ad una successiva legge ordinaria era rimesso il compito di disciplinare sia le modalità del ***giudizio di ammissibilità del referendum abrogativo***, sia lo svolgimento del *referendum*.

La differenza fondamentale fra il giudizio svolto dall'Ufficio centrale per il *referendum* e quello svolto dalla Corte costituzionale è data dal parametro dei rispettivi giudizi:

– l'Ufficio centrale controlla il rispetto della legge n. 352 del 1970;
– la Corte costituzionale controlla il rispetto dell'art. 75 Cost. e di tutta la Costituzione.

Il parametro del giudizio di ammissibilità del *referendum* (svolto dalla Corte costituzionale) non è la legge ordinaria (come avviene per l'Ufficio centrale), bensì la Costituzione: l'art. 75, secondo comma, Cost. prevede infatti che le leggi vertenti su alcune materie (leggi tributarie e di bilancio, leggi di amnistia e indulto, leggi di autorizzazione alla ratifica dei trattati internazionali) non siano sottoponibili a *referendum* (e, come vedremo, la giurisprudenza costituzionale ha ritenuto non tassativo tale elenco ed ha ampliato notevolmente l'elenco di leggi escluse dalla sottoponibilità a *referendum*; v. *infra*).

Il *giudizio di ammissibilità del referendum abrogativo* si apre con l'ordinanza dell'Ufficio centrale per il *referendum* (che deve essere emanata non oltre il 15 dicembre) che dichiara legittima l'iniziativa referendaria. Il Presidente della Corte costituzionale fissa (non oltre il successivo 20 gennaio) il giorno della riunione della Corte, la quale decide (in camera di consiglio) sull'ammissibilità con sentenza da pubblicarsi entro il 10 febbraio successivo.

Nel dispositivo della sentenza la Corte si limita a dichiarare «*ammissibile*» o «*inammissibile*» la richiesta di *referendum*.

L'art. 75 Cost. elenca le leggi (tributarie e di bilancio, di autorizzazione alla ratifica dei trattati internazionali, di amnistia e di indulto) non sottoponibili a *referendum*. La giurisprudenza costituzionale ha dato un'interpretazione estensiva di tale elencazione, ma prima ancora ha ritenuto che i limiti di ammissibilità del *referendum* abrogativo vadano tratti dall'intero impianto costituzionale. E se l'art. 75 Cost. pone limiti espliciti all'ammissibilità del *referendum* abrogativo, la Corte costituzionale ha affermato l'esistenza anche di limiti «impliciti» (anch'essi con fondamento costituzionale). E così la Corte ha precisato che non sono sottoponibili a *referendum* abrogativo: le disposizioni della Costituzione, le leggi costituzionali, le leggi a contenuto costituzionalmente vincolato e quelle costituzionalmente necessarie, nonché le leggi rinforzate e le leggi che contengono discipline di attuazione delle leggi non sottoponibili a *referendum*.

Inoltre, in ragione dei vincoli discendenti dal principio democratico, la Corte costituzionale ha individuato la necessità che il quesito referendario soddisfi i requisiti della «*chiarezza*» (come requisito di comprensibilità del quesito), della «*univocità*» (nel senso che l'esito referendario deve essere univoco, non potendo condurre a conclusioni ambigue o incerte) e della «*omogeneità*» (questo requisito attiene alla possibilità che il quesito abbia ad oggetto più disposizioni legislative purché tra loro non eterogenee, pena la coartazione della volontà dell'elettore chiamato a rispondere con un solo "si" o "no" ad una domanda referendaria avente un oggetto plurimo e differenziato al proprio interno).

Il giudizio di ammissibilità del *referendum* verte dunque, da un lato, sulla tipologia di legge oggetto del quesito referendario e, dall'altro lato, sulla struttura del quesito referendario.

L'ampia gamma di strumenti argomentativi che la giurisprudenza costituzionale si è forgiata, consegna nelle mani della stessa un potere con elevato tasso di discrezionalità.

La decisione della Corte costituzionale deve essere pubblicata entro il 10 febbraio dell'anno successivo. Se il *referendum* è dichiarato ammissibile, il Presidente della Repubblica, previa deliberazione del Consiglio dei ministri, fissa con decreto il giorno della consultazione referendaria che deve svolgersi in una domenica compresa tra il 15 aprile e il 15 giugno. Nel caso di anticipato scioglimento delle Camere, il *referendum* già indetto è rinviato all'anno successivo. Se la legge oggetto del *referendum* è abrogata prima della data di svolgimento del *referendum*, l'Ufficio centrale per il referendum dichiara che le relative operazioni «non hanno più corso». La Corte costituzionale, con sent. n. 68 del 1978, ha dichiarato che nel caso in cui l'abrogazione della legge sottoposta a *referendum* venga accompagnata da altra disciplina della stessa materia che non modifichi i principi ispiratori della legge preesistente, né i contenuti normativi essenziali, il *referendum* debba svolgersi sulle nuove disposizioni legislative. A questo fine spetta all'Ufficio centrale porre in essere la relativa operazione.

Una volta espletato il *referendum*, spetta all'Ufficio centrale accertare che alla votazione abbia preso parte la maggioranza degli aventi diritto al voto (giacché in caso contrario il *referendum* è invalido) e, accertata la somma dei voti validi favorevoli e la somma dei voti validi contrari, proclamare il risultato del *referendum*. Se il *referendum* è respinto – nel senso che il risultato referendario è contrario all'abrogazione – «ne è data notizia» e lo stesso quesito non può essere riproposto prima che siano trascorsi almeno cinque anni. Se invece il risultato è favorevole all'abrogazione, il Presidente della Repubblica, con proprio decreto (pubblicato immediatamente nella *Gazzetta Ufficiale*) «dichiara» l'avvenuta abrogazione della legge (o dell'atto avente forza di legge). L'abrogazione ha effetto dal giorno successivo alla data di pubblicazione del predetto decreto; tuttavia il Presidente della Repubblica, previa deliberazione del Consiglio dei ministri, nel decreto stesso può far ritardare l'entrata in vigore dell'abrogazione per un termine non superiore a 60 giorni dalla data di pubblicazione del decreto medesimo.

6. *I regolamenti parlamentari*

Con l'espressione *"regolamenti parlamentari"* suole farsi riferimento agli atti con cui ciascuna Camera disciplina il proprio assetto e le modalità del proprio funzionamento. Sotto la dizione "regolamenti parlamentari" vengono in realtà ad essere ricomprese molte tipologie di atti regolamentari adottati dalle Camere, fra cui *in primis* l'atto (c.d. regolamento *maior*) cui ciascuna Camera disciplina la propria organizzazione e funzionamento, al quale atto è assegnata la denominazione di "regolamento" (rispettivamente "della Camera dei deputati" e "del Senato della Repubblica") cui si affiancano altri atti regolamentari (adottati sempre dalle rispettive Camere o da organi delle medesime ed attinenti ad oggetti specifici, come ad esempio i regolamenti delle giunte, delle commissioni di inchiesta, di commissioni speciali, ecc.).

I **regolamenti parlamentari** trovano fondamento in Costituzione giacché l'art. 64 Cost. esplicitamente afferma che «*Ciascuna Camera adotta il proprio regolamento a maggioranza assoluta dei suoi componenti*», mentre l'art. 72 Cost., nel disciplinare il procedimento di formazione della legge, dispone (primo comma) che «Ogni disegno di legge, presentato ad una Camera è, *secondo le norme del suo regolamento*, esaminato da una commissione e poi dalla Camera stessa». Sempre l'art. 72 Cost. assegna al regolamento di ciascuna Camera il potere di stabilire «procedimenti abbreviati per i disegni di legge dei quali è dichiarata l'urgenza» (secondo comma) nonché (terzo comma) i «casi» e le «forme» di ricorso al c.d. procedimento decentrato (v. *supra*, par. 2) e la disciplina delle «forme di pubblicità dei lavori delle commissioni».

Gli artt. 64 e 72 Cost. dunque, oltre a prevedere esplicitamente la fonte «regolamento di ciascuna Camera», assegnano a tale atto normativo specifiche competenze (organizzazione e funzionamento di ciascuna Camera, disciplina dell'*iter legis*) che sono pertanto da ritenersi costituzionalmente riservate a questa tipologia di fonte del diritto. Inoltre l'art. 64, primo comma, Cost. prescrive una maggioranza qualificata, da parte di ciascuna Camera, per l'approvazione del rispettivo regolamento (essendo necessario che si raggiunga, in ciascuna Camera, quanto meno la maggioranza assoluta dei componenti).

La potestà regolamentare delle Camere è espressione dell'autonomia e dell'indipendenza delle stesse (entrambe – autonomia e indipendenza – costituzionalmente riconosciute e garantite) e pertanto ciascuna Camera determina, nel rispetto della Costituzione, la propria organizzazione interna e le regole del proprio funzionamento.

La Costituzione pone una «*riserva di regolamento parlamentare*» per quanto attiene all'organizzazione e al funzionamento delle Camere, la cui disciplina è rimessa, nel rispetto di quanto fissato dalla Carta costituzionale, esclusivamente a tale fonte. Lo spazio riconosciuto ai regolamenti parlamentari è pertanto molto ampio.

L'approvazione nel 1971 dei nuovi regolamenti parlamentari (sia della Camera che del Senato) codificavano il ruolo «centrale» del Parlamento nella forma di governo e consacravano il metodo della co-determinazione fra maggioranza e opposizione come principio di organizzazione e svolgimento dei lavori parlamentari. La «centralità» del Parlamento discendeva, a sua volta, dal ruolo giocato dai partiti politici che si ponevano quali esclusivi canali di comunicazione fra società civile e istituzioni. I regolamenti parlamentari approvati nel 1971 rispecchiavano il principio della c.d. «centralità» del Parlamento, fortemente legato alla c.d. democrazia consociativa. Le modifiche introdotte a tali regolamenti a partire dagli anni Ottanta, fino a quelle apportate al regolamento della Camera (nel corso della XIII legislatura) e del Senato (al termine della XVII legislatura), ne hanno notevolmente cambiato il funzionamento.

Riguardo alla ***natura giuridica dei regolamenti parlamentari***, la dottrina era divisa fra quanti (sulle orme della dottrina ottocentesca) assegnavano ai medesimi la qualità di atti meramente interni a ciascuna Camera (c.d. *interna corporis*) e dunque non sindacabili e senza rilevanza esterna e quanti invece ritengono che i regolamenti parlamentari siano fonti primarie aventi un ambito materiale di competenza costituzionalmente riservato. In questo dibattito si innesta l'ulteriore riflessione avente ad oggetto, da un lato, la *sindacabilità dei regolamenti parlamentari* (e cioè se tali atti siano sottoponibili al controllo di un giudice ed in particolare della Corte costituzionale in sede di giudizio di costituzionalità) e, dall'altro lato, la «*parametricità*» *dei regolamenti medesimi* (e cioè se tali atti possano integrare il parametro del giudizio di costituzionalità con riguardo alla eventuale approvazione di una legge in violazione di una norma del regolamento parlamentare).

Ad entrambe le questioni la Corte costituzionale ha risposto negativamente. La Corte infatti ha rigettato la dottrina degli *interna corporis* (secondo cui i regolamenti parlamentari sarebbero norme meramente interne dell'organo parlamentare), dottrina che in passato era stata funzionale all'affermazione di sfere di autonomia e di indipendenza del Parlamento in quanto tramite essa si giustificava la sottrazione al controllo giurisdizionale degli atti parlamentari, dei procedimenti parlamentari e delle decisioni parlamentari. Fin dalla sent. n. 9 del 1959 la Corte costituzionale ha rigettato la dottrina degli *interna corporis* affermando chiaramente che la posizione costituzionale di indipendenza delle Camere non può giungere a far affermare l'assoluta insindacabilità del procedimento con cui gli atti delle Camere vengono deliberati. Al tempo stesso la Corte ha escluso la parametricità delle norme di regolamento parlamentare in quanto la determinazione «del senso e della portata» delle disposizioni contenute nei regolamenti parlamentari deve essere riservata a ciascuna Camera, in quanto nella discussione sull'interpretazione di una disposizione del relativo regolamento (nell'esercizio di facoltà attribuita dalla Costituzione), è da ritenersi decisivo l'apprezzamento della Camera medesima.

Nella sent. n. 9 del 1959, per la prima volta, la Corte costituzionale era chiamata a pronunciarsi sulla conformità a Costituzione, in riferimento agli artt. 64, 72 e 73 Cost., di una legge tributaria approvata alla Camera dei Deputati mediante il c.d. procedimento decentrato (commissione in sede legislativa o deliberante), mentre il regolamento della Camera (art. 40) esclude che tale procedimento possa essere utilizzato per le leggi in materia tributaria.

La Corte si trovava dunque a dover prendere posizione in merito alla questione della competenza della Corte costituzionale a controllare la legittimità costituzionale di una legge per quanto concerne il rispetto del procedimento previsto per la formazione della stessa. A questo proposito la Corte rileva che «L'art. 72 della Costituzione attribuisce specificamente a ciascuna Camera la facoltà di prevedere nel suo regolamento l'applicazione della procedura decentrata per l'approvazione di disegni di legge, salvo per quelli per i quali l'ultimo comma dell'art. 72 prescrive come inderogabile la procedura normale».

Pertanto la questione sottoposta all'attenzione della Corte (mancato rispetto di una norma del regolamento della Camera) necessita di essere tenuta distinta dai casi in cui sia la stessa Costituzione ad esigere la procedura normale di approvazione, escludendo quella decentrata. In quest'ultimo caso infatti, ci si trova di fronte ad «una questione di interpretazione di una norma della Costituzione che è di competenza della Corte costituzionale agli effetti del controllo della legittimità del procedimento di formazione di una legge». Viceversa «la determinazione ... del senso e della portata della disposizione dell'art. 40 del regolamento della Camera, che esclude la procedura decentrata per l'approvazione di "progetti in materia tributaria" riguarda una norma, sull'interpretazione della quale, essendo stata posta dalla Camera nel suo regolamento ... è da ritenersi decisivo l'apprezzamento della Camera».

Nella sent. n. 9 del 1959, la Corte costituzionale era chiamata ad esprimersi anche sulla asserita violazione dell'art. 70 Cost., «per difformità dei testi approvati rispettivamente dalle Commissioni della Camera e dal Senato».

A questo proposito la Corte, dopo aver affermato il proprio potere di indagine («giacché negandosi la possibilità di un controllo del processo formativo della legge si arriverebbe ad ammettere la possibilità di leggi irregolarmente formate: il che sembra contrario alla volontà del Costituente»), passa ad analizzare i resoconti stenografici delle sedute interessate (da cui emergeva che la Presidenza della commissione aveva chiesto ed ottenuto di essere «autorizzata al coordinamento del testo») nonché l'attestazione contenuta nel messaggio del Presidente della Camera di trasmissione (al Senato) del testo approvato. A questo proposito la Corte afferma che «*La competenza della Corte di controllare l'osservanza delle norme costituzionali sul procedimento formativo delle leggi implica che quando la controversia sulla legittimità costituzionale di una legge sorge per la denunciata difformità fra i testi approvati dalle due Camere, la Corte ha la potestà di accertare se il testo, che il Presidente di una Camera nel suo messaggio di trasmissione attesta essere stato approvato, è effettivamente conforme al testo approvato dalla stessa Camera*».

La Corte prende atto che «quando la Camera o una Commissione in sede legislativa, prima della votazione finale su un disegno di legge, ha autorizzato la Presidenza a procedere al coordinamento, il testo del disegno di legge coordinato dalla Presidenza non è ripresentato alla Camera o alla Commissione competente per una nuova votazione finale». Questa prassi – rispondente ad esigenze del funzionamento di organi collegiali – di per sé non in contrasto con la Costituzione, impone però che il testo coordinato debba avere «una formulazione che non alteri la sostanza del testo che aveva formato oggetto della votazione finale della Camera o della Commissione competente». La Corte costituzionale può dunque controllare la legittimità costituzionale del procedimento di formazione della legge «nel senso di accertare, caso per caso, se la formulazione data al testo legislativo coordinato si è mantenuta nei limiti nei quali il coordinamento è stato autorizzato, in modo che essa esprima l'effettiva volontà della Camera». La Corte passa dunque ad «accertare se il coordinamento del testo si è mantenuto nei limiti coi quali era stato autorizzato», mediante «il raffronto fra il testo, votato dalle Commissioni con riserva del coordinamento, ed il testo coordinato e poi promulgato». E da questo raffronto la Corte ritiene che non vi erano state «modificazioni di sostanza».

L'autonomia normativa (e «la peculiarità e dimensione di tale autonomia») riconosciuta a ciascuna Camera (sent. n. 78 del 1984, relativa al computo degli astenuti) comporta che i regolamenti parlamentari, in quanto svolgimento diretto della Costituzione, assegnano a ciascuna Camera un margine ampio nella «interpretazione e attuazione del pensiero del costituente in materia». E pertanto (sent. n. 154 del 1985) la Corte esclude la sindacabilità dei regolamenti parlamentari, in quanto non ricompresi fra gli atti aventi forza di legge sottoponibili al controllo di costituzionalità in ragione del fatto che le Camere dispongono di «una indipendenza guarentigiata nei confronti di qualsiasi altro potere, cui pertanto deve ritenersi precluso ogni sindacato sugli atti di autonomia normativa *ex* art. 64 Cost.» e tale indipendenza è conseguenza del ruolo «centrale» che la Costituzione ha assegnato al Parlamento collocandolo «al centro del sistema, facendone l'istituto caratterizzante l'ordinamento».

La dottrina ottocentesca tendeva a ricondurre i regolamenti parlamentari nel novero degli *interna corporis acta*, intendendoli come atti interni all'organo e pertanto ritenuti non capaci di produrre norme per l'ordinamento statale. Questa ricostruzione era funzionale all'affermazione dell'insindacabilità delle decisioni parlamentari, per cui se, da un lato, ai regolamenti parlamentari non era riconosciuta la qualità di fonti dell'ordinamento giuridico, dall'altro era così possibile giustificarne la insindacabilità. Questa tesi viene riproposta anche negli anni immediatamente successivi l'entrata in vigore della Carta repubblicana, ma la migliore dottrina e la Corte costituzionale hanno dimostrato l'inaccettabilità nel vigente ordinamento costituzionale della dottrina degli *interna corporis*. La Costituzione infatti prevede e disciplina espressamente il regolamento parlamentare che è dunque una fonte del diritto dell'ordinamento italiano ed è una fonte di grado primario in quanto trova direttamente in Costituzione il proprio fondamento.

Riconosciuta la qualità di fonte di grado primario del regolamento parlamentare, più complesso si rivela il successivo quesito relativo all'assegnazione o meno a tale atto della qualità di atto avente forza e valore di legge (proprio perché fonte di grado primario). E qui si pone il problema se sia ammissibile l'esistenza di una fonte di grado primario priva dei requisiti della forza e valore di legge (v. *supra*, par. 1). È agevole infatti ricordare che la "fonte primaria" per eccellenza è proprio la legge formale e dunque in dottrina – ed in giurisprudenza – le espressioni "legge" e "fonte primaria" "atto avente forza di legge" sono spesso utilizzate come sinonimi.

Nel caso dei regolamenti parlamentari si assiste dunque ad una divaricazione fra la nozione di "fonte primaria" – quali fonti che trovano il loro fondamento in Costituzione e fra cui sono ricompresi anche i regolamenti parlamentari in quanto atti normativi che trovano il proprio fondamento direttamente in Costituzione – e la nozione di "atto avente forza e valore di legge", all'interno della cui definizione la Corte costituzionale non ritiene possano ricomprendersi anche i regolamenti parlamentari. Infatti la Corte costituzionale, nella sent. n. 154 del 1985, ha escluso la sindacabilità dei regolamenti parlamentari in sede di controllo di costituzionalità della legge, affermando che tali atti non possono ritenersi ricompresi fra gli atti aventi forza e valore di legge *ex* art. 134 Cost., al fine della sottoponibilità al controllo di costituzionalità, pena la negazione dell'autonomia regolamentare quale espressione dell'indipendenza del Parlamento.

Secondo la Corte, la Costituzione «*ha collocato il Parlamento al centro del sistema, facendone l'istituto caratterizzante l'ordinamento. È nella logica di tale sistema che alle Camere spetti – e vada perciò riconosciuta – una indipendenza guarentigiata nei confronti di qualsiasi altro potere cui, pertanto, deve ritenersi precluso ogni sindacato degli atti di autonomia normativa* ex *art. 64, comma 1, Cost. ... Il Parlamento, insomma, in quanto espressione immediata della sovranità popolare, è diretto partecipe di tale sovranità, ed i regolamenti, in quanto svolgimento diretto della Costituzione, hanno una "peculiarità e dimensione" (sent. n. 78 del 1984), che ne impedisce la sindacabilità, se non si vuole negare che la riserva costituzionale di competenza regolamentare rientra fra le guarentigie disposte dalla Costituzione per assicurare l'indipendenza dell'organo sovrano da ogni potere*» (sent. n. 154 del 1985).

La Corte costituzionale esclude dunque la sindacabilità – in sede di giudizio di costituzionalità – dei regolamenti parlamentari di cui riconosce la natura di «svolgimento diretto della Costituzione» (e dunque la qualità di fonte primaria in quanto atto avente diretto fondamento costituzionale), in ragione della collocazione della potestà regolamentare di ciascuna Camera fra gli istituti di garanzia ("guarentigie") propri del Parlamento. La Corte esclude la sindacabilità del regolamento parlamentare proprio perché tale controllo comporterebbe un'ingerenza, costituzionalmente inaccettabile, della Corte medesima su un'attività delle

Camere ritenuta massima espressione dell'autonomia e indipendenza delle stesse.

Successivamente (sent. n. 120 del 2014) la Corte costituzionale, con riguardo sempre alla sulla «sindacabilità dei regolamenti parlamentari», ha precisato che gli stessi non rientrano tra le fonti-atto («leggi» e «atti aventi forza di legge»), indicate nell'art. 134 Cost., possibili oggetto del sindacato di costituzionalità, giacché «*Nel sistema delle fonti delineato dalla stessa Costituzione, il regolamento parlamentare è espressamente previsto dall'art. 64 come fonte dotata di una sfera di competenza riservata e distinta rispetto a quella della legge ordinaria e nella quale, pertanto, neppure questa è abilitata ad intervenire. L'art. 134 Cost., indicando come sindacabili la legge e gli atti che, in quanto ad essa equiparati, possono regolare ciò che rientra nella competenza della stessa legge, non consente di includere tra gli stessi i regolamenti parlamentari*» (v. sent. n. 154 del 1985 e ord. n. 444 e n. 445 del 1993). La Corte – pur escludendo che i regolamenti parlamentari possano essere annoverati fra gli atti aventi forza di legge – riconosce che gli stessi sono «fonti dell'ordinamento generale della Repubblica, produttive di norme sottoposte agli ordinari canoni interpretativi, alla luce dei principi e delle disposizioni costituzionali, che ne delimitano la sfera di competenza».

Bisogna però aggiungere che la questione relativa alla sindacabilità dei regolamenti parlamentari si è sempre posta, dinanzi alla Corte costituzionale, con riguardo ad un peculiare istituto (la c.d. autodichia parlamentare) in base al quale spetta a ciascuna Camera il potere di giudicare – in via esclusiva e definitiva – sui ricorsi avverso gli atti e i provvedimenti adottati dall'amministrazione della Camera medesima nei confronti dei propri dipendenti. Ma per la Corte (sent. n. 120 del 2014) il tema della legittimità dell'autodichia va posto (*ex* artt. 64 e 72 Cost.) all'interno dello «statuto di garanzia delle Assemblee parlamentari» (sent. n. 379 del 1996) che, come visto, ricomprende anche l'ambito di competenza (organizzazione interna e disciplina del procedimento legislativo) riservato ai regolamenti parlamentari. Pertanto «le vicende e i rapporti che ineriscono alle funzioni primarie delle Camere sicuramente ricadono nella competenza dei regolamenti e l'interpretazione delle relative norme regolamentari e sub-regolamentari non può che essere affidata in via esclusiva alle Camere stesse» (sent. n. 78 del 1984).

Per la Corte dunque il riconoscimento a ciascuna Camera di una "indipendenza" nell'esercizio delle rispettive "funzioni primarie" (e dunque delle "vicende" e dei "rapporti" di cui tali funzioni sono esplicazione) comporta necessariamente (in quanto "garanzia di tale indipendenza") una autonomia normativa (e dunque il potere di autodisciplinare tali funzioni con proprio regolamento) ma anche il potere di interpretazione esclusiva degli stessi da parte della Camera medesima. Per la Corte infatti la protezione dell'indipendenza riconosciuta a ciascuna Camera non attiene soltanto all'autonomia normativa, ma si estende al momento applicativo delle stesse norme regolamentari «e comporta, di necessità, la sottrazione a qualsiasi giurisdizione degli strumenti intesi a garantire il rispetto del diritto parlamentare» (sentt. n. 379 del 1996; n. 129 del 1981).

Con riguardo alla autodichia, la Corte precisa che l'indipendenza delle Camere non può ledere diritti fondamentali dei singoli, né porsi in contrasto con i principi inderogabili dell'ordinamento. In tali casi dunque «deve prevalere la "grande regola" dello Stato di diritto ed il conseguente regime giurisdizionale al quale sono normalmente sottoposti, nel nostro sistema costituzionale, tutti i beni giuridici e tutti i diritti (artt. 24, 112 e 113 della Costituzione)» (sent. n. 379 del 1996). Pertanto, nel caso in cui il regolamento parlamentare (o l'interpretazione datane dalla rispettiva Camera) oltrepassi gli ambiti di competenza alla stessa riservati, la "sede naturale" in cui far valere tali questioni è quella del conflitto fra i poteri dello Stato. In tale sede alla Corte costituzionale spetterà il compito di «ristabilire il confine – ove questo sia violato – tra i poteri legittimamente esercitati dalle Camere nella loro sfera di competenza e quelli che competono ad altri, così assicurando il rispetto dei limiti delle prerogative e del principio di legalità, che è alla base dello Stato di diritto».

7. *Lo statuto regionale*

L'ordinamento regionale costituisce una delle grandi novità della Costituzione repubblicana che assegna alle Regioni potestà normativa sia di grado primario che di grado secondario (v. *infra*, cap. V). Le fonti regionali di grado primario (statuto regionale e legge regionale) costituiscono dunque un'importante novità introdotta con la Costituzione del 1948 che, per le Regioni a statuto ordinario, ha iniziato ad avere concreta attuazione solo a partire dal 1970 registrando importanti modifiche in seguito alle modifiche costituzionali del 1999 e del 2001.

Per quanto riguarda l'autonomia regionale, la Costituzione distingue due tipologie di regioni:

a) le Regioni ad autonomia speciale (Sicilia, Sardegna, Valle d'Aosta, Trentino-Alto Adige e Friuli-Venezia Giulia) i cui statuti sono approvati con legge costituzionale (v. *supra*, cap. II, par. 5);

b) e le Regioni a statuto ordinario, cui si applica la disciplina posta direttamente dalla Costituzione ed identica per tutte tali Regioni (salva la possibilità di differenziazioni consentite dalla stessa Costituzione, v. *infra*).

Il dettato costituzionale relativo all'ordinamento regionale ha ricevuto una prima, importante, modifica con la legge cost. n. 1 del 1999 (concernente la potestà statutaria delle Regioni e l'elezione diretta del Presidente della Regione), che ha modificato gli artt. 121, 122, 123 e 126 Cost. In seguito, la legge cost. n. 3 del 2001 ha modificato gran parte del Titolo V della Parte II della Costituzione (intitolato «Le Regioni, le Province, i Comuni»), riscrivendo anche i criteri di ripartizione della potestà legislativa fra Stato e Regioni (art. 117 Cost.).

Con riguardo alla potestà statutaria delle Regioni va innanzitutto evidenziato l'ampliamento che ha registrato tale potestà in conseguenza della modifica costituzionale dell'art. 123 Cost. introdotta con la legge cost. n. 1 del 1999. L'autonomia statutaria regionale è infatti cresciuta sia dal punto di vista del contenuto che da quello del procedimento.

In precedenza l'art. 123, secondo comma, Cost. stabiliva che lo statuto fosse deliberato dal Consiglio regionale «a maggioranza assoluta dei suoi componenti» ed «approvato con legge della Repubblica». Il primo comma assegnava allo statuto (che doveva essere «*in armonia con la Costituzione e con le leggi della Repubblica*») il compito di stabilire «*le norme relative all'organizzazione interna della Regione*» e di regolare «*l'esercizio del diritto di iniziativa e del* referendum *su leggi e provvedimenti amministrativi della Regione e la pubblicazione delle leggi e dei regolamenti regionali*».

Pertanto era previsto che lo statuto regionale:

– con riguardo al procedimento, fosse «deliberato», a maggioranza assoluta, dal Consiglio regionale ed indi «approvato con legge della Repubblica»; l'ambigua formulazione dell'art. 123 Cost. aveva inizialmente diviso la dottrina fra i sostenitori della natura di atto statale dello statuto (configurandosi la deliberazione regionale come mera proposta) ed i sostenitori della tesi (poi affermatasi come prevalente) per cui lo statuto è atto regionale a formazione complessa in cui la legge statale è chiamata a svolgere una funzione di controllo (rimanendo peraltro indeterminato l'ambito di siffatto "controllo");

– con riguardo al contenuto, lo statuto regionale era chiamato a porre le norme relative a: organizzazione interna della Regione; esercizio del diritto di iniziativa e del *referendum* su leggi e provvedimenti amministrativi della Regione; disciplina della pubblicazione delle leggi e dei regolamenti regionali.

La nuova formulazione dell'art. 123 Cost. ha cambiato profondamente il procedimento di approvazione dello Statuto ampliandone anche gli ambiti materiali di competenza.

Infatti il nuovo art. 123 Cost. dispone che lo statuto regionale («in armonia con la Costituzione») «determina» (oltre alle materie già elencate nella previgente formulazione) la «forma di governo» regionale ed «i principi fondamentali di organizzazione e funzionamento» della Regione (oltre al Consiglio delle autonomie locali, «quale organo di consultazione fra le Regioni e gli Enti locali»).

Dal punto di vista del procedimento, l'art. 123 Cost. oggi afferma che lo Statuto regionale è approvato dal Consiglio regionale a maggioranza assoluta dei membri, con due deliberazioni successive adottate ad intervallo non minore di due mesi.

Successivamente a tale approvazione lo statuto viene pubblicato (c.d. *pubblicazione notiziale*), ma non promulgato, giacché da tale pubblicazione decorre il termine: a) di trenta giorni entro il quale il governo può promuovere la questione di costituzionalità dinanzi alla Corte costituzionale; b) di tre mesi entro il quale un quinto dei membri del consiglio regionale o un cinquantesimo degli elettori della Regione possono chiedere lo svolgimento di un *referendum* di approvazione dello statuto. In caso di svolgimento del *referendum* (per la validità del quale non è previsto alcun *quorum* di partecipazione), lo statuto potrà essere promulgato qualora venga approvato dalla maggioranza dei voti validi espressi.

La Costituzione pone – come visto – un **contenuto necessario dello statuto regionale**, individuando ambiti materiali riservati a tale tipo di fonte. Allo statuto regionale è assegnato il compito di determinare la «forma di governo» ed «i principi fondamentali di organizzazione e funzionamento» della Regione, ma in tale scelta lo statuto non gode di assoluta discrezionalità dovendosi misurare con quanto disposto da altre disposizioni della Costituzione: dall'art. 121 Cost. (che continua a prevedere, quali organi necessari della Regione, il consiglio regionale, la giunta regionale ed il presidente della regione), all'art. 123, ultimo comma, Cost. (che prevede per lo statuto il compito di disciplinare il Consiglio delle autonomie locali «quale organo di consultazione fra la Regione e gli Enti locali»); dall'art. 122 Cost. (che assegna al presidente, eletto a suffragio universale e diretto, la nomina dei membri della giunta), all'art. 126 Cost. (che prevede la possibilità per il consiglio di votare, a maggioranza assoluta, la sfiducia al presidente mediante l'approvazione di una mozione motivata, sottoscritta da almeno un quinto dei membri del consiglio e messa in votazione non prima di tre giorni dalla presentazione della stessa).

La disciplina fondamentale della forma di governo regionale continua dunque ad essere posta dalla Costituzione – essendo di fatto assegnata allo statuto solo la scelta relativa alla elezione diretta o meno del presidente della Regione – ma restano comunque ampi spazi alla potestà statutaria regionale (in merito alla disciplina degli istituti di democrazia diretta, al coinvolgimento degli enti locali, alla suddivisione della potestà regolamentare fra consiglio regionale e giunta regionale, ecc.).

E così la Corte costituzionale (sent. n. 378 del 2003) ha affermato che «*il riconoscimento nell'art. 123 Cost. del potere statutario in tema di forma di governo regionale è accompagnato dalla previsione dell'art. 122 Cost., e che quindi la disciplina dei particolari oggetti cui si riferisce l'art. 122 sfugge alle determinazioni lasciate all'autonomia statutaria*» (v. anche sent. n. 379 del 2003). Per la Corte dunque, l'art. 122 Cost., laddove assegna alla legge regionale la determinazione della disciplina dei casi di incompatibilità (nei limiti ivi descritti), non ricomprende la possibilità di introduzione di forme di incompatibilità non previste già dalla legge statale e che incidono sulla forma di governo regionale.

Lo statuto è una fonte di grado primario che funge da limite sia per le leggi ordinarie dello Stato, che non possono invadere le materie ad esso riservate dalla Costituzione, sia per le leggi regionali rispetto alle quali lo statuto si pone in un rapporto sia di competenza ma anche di "sovraordinazione" gerarchica (sia pure peculiare giacché lo statuto resta sempre fonte di grado primario). Infatti statuto regionale e legge regionale, pur essendo entrambi ricompresi nel novero delle fonti di grado primario, si pongono in un rapporto gerarchico sia per l'impossibilità per la legge regionale di disciplinare le materie riservate allo statuto, sia per il dovere della legge regionale di rispettare il dettato dello statuto (pena la violazione dell'art. 123 Cost.).

La Corte costituzionale (sentt. nn. 372, 378 e 379 del 2004), con riguardo a disposizioni contenute negli statuti di diverse Regioni (Toscana, Umbria ed Emilia Romagna) e caratterizzate da formulazioni generiche concernenti «nuovi diritti» riconosciuti a determinate categorie di soggetti (ad esempio, l'art. 3, sesto comma, dello statuto della Toscana stabilisce che «*la Regione promuove, nel rispetto dei principi costituzionali, l'estensione del diritto di voto agli immigrati*», mentre l'art. 4, primo comma, prevede che la Regione persegue «il rispetto dell'equilibrio ecologico, la tutela dell'ambiente e del patrimonio culturale, la conservazione della biodiversità, la promozione della cultura del rispetto degli animali») e che erano state impugnate dal governo che lamentava l'invasione di materie di competenza dello Stato, ha affermato che «*tali proclamazioni di obiettivi e di impegni*» hanno «*carattere non prescrittivo e non vincolante*» ed «*esplicano una funzione, per così dire, di natura culturale o anche politica, ma certo non normativa*». Tali disposizioni dunque sono carenti di «*idoneità lesiva*».

A questo proposito, la Corte sottolinea che lo statuto è una «*fonte regionale "a competenza riservata e specializzata"*» e cioè uno «*statuto di autonomia*», che, quantunque costituzionalmente garantito, deve comunque «essere in armonia con i precetti ed i principi tutti ricavabili dalla Costituzione» (sent. n. 196 del 2003). La Corte costituzionale ha ritenuto tali disposizioni (quali mere «enunciazioni statutarie») prive di efficacia e pertanto inidonee a ledere le competenze riservate allo Stato. Secondo la Corte tali disposizioni sarebbero dunque *tamquam non essent*. Tale impostazione non appare condivisibile perché la «cultura» è uno degli elementi costitutivi dello Stato costituzionale e perché la scienza del diritto costituzionale è una «scienza giuridica della cultura e dei testi costituzionali» (Häberle). Pertanto l'argomentazione basata sull'inefficacia di disposizioni statutarie in ragione della valenza meramente «culturale» delle stesse appare tutt'altro che convincente. Inoltre bisogna aggiungere che in questa maniera la Corte ha affermato che le disposizioni statutarie possono non avere alcuna efficacia, depotenziando così l'importanza della fonte "statuto regionale".

Nella nuova versione dell'art. 123 Cost. è inoltre richiesto che lo statuto sia solo «in armonia con la Costituzione» e non anche, come in precedenza, «con le leggi della Repubblica». La dottrina si è interrogata sul significato da assegnare a tale espressione («*in armonia con la Costituzione*»), dividendosi fra chi ritiene che lo statuto debba conformarsi a tutte le norme ricavabili sul piano costituzionale (in ragione del rapporto gerarchico intercorrente fra fonte costituzionale e statuto) e quanti invece sostengono che l'espressione «in armonia con la Costituzione» stia ad indicare la possibilità per lo statuto regionale di distanziarsi da singole disposizioni costituzionali purché non sia «orientato contro la Costituzione».

Il contrasto dottrinale relativo al significato da assegnare a tale espressione si è dunque sviluppato in merito allo «spazio» da lasciare all'autonomia statutaria regionale, e cioè se ritenere tale locuzione («in armonia con la Costituzione») come la ripetizione del principio di subordinazione dello statuto alle fonti di grado costituzionale o se invece intenderla come possibilità, concessa allo statuto regionale, di derogare a singole disposizioni costituzionali purché lo statuto nel suo complesso non si ponga in contrasto con l'impianto dell'intera Costituzione. La Corte costituzionale ha dato però una lettura di tale locuzione volta a rinforzare ulteriormente la subordinazione dello statuto regionale alla Costituzione. Secondo la Corte infatti «*il riferimento all'armonia, lungi dal depotenziarla, rinsalda l'esigenza di puntuale rispetto di ogni disposizione della Costituzione, poiché mira non solo ad evitare il contrasto con le singole previsioni di questa, dal quale non può certo generarsi armonia, ma anche a scongiurare il pericolo che lo statuto, pur rispettoso della lettera della Costituzione, ne eluda lo spirito*» (sentt. n. 304 del 2002, nn. 196 e 313 del 2003, n. 2 del 2004).

Lo statuto regionale deve dunque essere in armonia con ogni precetto costituzionale, con tutti i principi ricavabili dalla Costituzione e con lo "spirito" della Costituzione

8. *La potestà legislativa delle Regioni. La legge regionale*

La Costituzione del 1948, unitamente agli statuti speciali, delineava diverse tipologie di potestà legislativa regionale:

a) la *potestà primaria* (o *esclusiva*), assegnata alle sole Regioni a statuto speciale e alle Province autonome di Trento e di Bolzano e spettante sulle materie elencate nei rispettivi statuti; la disciplina di tali materie è assegnata in via esclusiva alla potestà legislativa della Regione la quale trova limiti, oltre che nelle norme di grado costituzionale, nei principi dell'ordinamento giuridico statale, negli obblighi internazionali e nelle norme fondamentali delle riforme economico-sociali;

b) la *potestà ripartita* (o *concorrente*), assegnata alle Regioni ordinarie dal previgente art. 117 Cost. (sulle materie ivi elencate) e consistente nella ripartizione della disciplina della materia fra legge statale – competente a porre i principi fondamentali della materia – e legge regionale, competente a porre le norme di dettaglio. Questa potestà legislativa spetta anche alle Regioni a statuto speciale nelle materie in cui i rispettivi statuti assegnano appunto alla Regione una potestà legislativa nel rispetto dei principi fissati dalla legge statale;

c) la *potestà di integrazione e di attuazione*, spettante ad alcune Regioni a statuto speciale nelle materie previste dai rispettivi statuti e che consente l'adeguamento di disposizioni legislative statali;

d) la *potestà legislativa delegata o di delegazione* (o attuativa o di attuazione) prevista dal secondo comma del previgente art. 117 Cost. secondo cui le leggi statali potevano demandare alla Regione «il potere di emanare norme per la loro attuazione».

L'art. 117 Cost., nella versione attualmente vigente, come introdotta con la riforma costituzionale del 2001, ha innovato profondamente la ripartizione della potestà legislativa fra Stato e Regioni elencando:

– le materie assegnate alla *competenza legislativa esclusiva dello Stato* (art. 117, secondo comma, Cost.);
– le materie assegnate alla *potestà legislativa* regionale *concorrente* (art. 117, terzo comma, Cost.);
– ed assegnando alle Regioni «la potestà legislativa in riferimento ad ogni materia non espressamente riservata alla legislazione dello Stato» (c.d. *clausola di residualità*, art. 117, quarto comma, Cost.).

Ma, prima ancora di tale ripartizione, il primo comma dell'art. 117 Cost. – disponendo che «la potestà legislativa è esercitata da Stato e Regioni» nel rispetto della Costituzione e dei vincoli derivanti dall'ordinamento europeo e dagli obblighi internazionali – ha attribuito una posizione di tendenziale parità alla potestà legislativa dello Stato e delle regioni. Infatti l'attuale formulazione del primo comma dell'art. 117 Cost. (*«la potestà legislativa è esercitata dallo Stato e dalle Regioni nel rispetto della Costituzione, nonché dei vincoli derivanti dall'ordinamento comunitario e degli obblighi internazionali»*) sembra porre in posizione di parità la potestà legislativa statale e quella regionale ed è dunque di non facile coordinamento con l'art. 70 Cost. – secondo cui la funzione legislativa spetta al Parlamento – e con le numerose riserve di legge contenute in Costituzione. Bisogna aggiungere però che i commi successivi dell'art. 117 Cost. – e cioè l'elenco della materie riservate alla potestà legislativa esclusiva dello Stato e l'elenco di quelle assegnate alla potestà legislativa regionale ripartita o concorrente – tendono concretamente a ridurre la portata dell'affermazione contenuta nel primo comma.

Il rapporto fra legge statale e legge regionale (entrambe fonti di grado primario) è basato sul principio di competenza (v. *supra*, cap. I, par. 6.3) e, proprio in base a tale principio, il secondo comma dell'art. 117 Cost. elenca le materie assegnate in via esclusiva alla potestà legislativa dello Stato:

a) politica estera e rapporti internazionali dello Stato; rapporti dello Stato con l'Unione europea; diritto di asilo e condizione giuridica dei cittadini di Stati non appartenenti all'Unione europea;

b) immigrazione;

c) rapporti tra la Repubblica e le confessioni religiose;

d) difesa e Forze armate; sicurezza dello Stato; armi, munizioni ed esplosivi;

e) moneta, tutela del risparmio e mercati finanziari; tutela della concorrenza; sistema valutario; sistema tributario e contabile dello Stato; armonizzazione dei bilanci pubblici; perequazione delle risorse finanziarie;

f) organi dello Stato e relative leggi elettorali; *referendum* statali; elezione del Parlamento europeo;

g) ordinamento e organizzazione amministrativa dello Stato e degli enti pubblici nazionali;

h) ordine pubblico e sicurezza, ad esclusione della polizia amministrativa locale;

i) cittadinanza, stato civile e anagrafi;

l) giurisdizione e norme processuali; ordinamento civile e penale; giustizia amministrativa;

m) determinazione dei livelli essenziali delle prestazioni concernenti i diritti civili e sociali che devono essere garantiti su tutto il territorio nazionale;

n) norme generali sull'istruzione;

o) previdenza sociale;

p) legislazione elettorale, organi di governo e funzioni fondamentali di Comuni, Province e Città metropolitane;

q) dogane, protezione dei confini nazionali e profilassi internazionale;

r) pesi, misure e determinazione del tempo; coordinamento informativo statistico e informatico dei dati dell'amministrazione statale, regionale e locale; opere dell'ingegno;

s) tutela dell'ambiente, dell'ecosistema e dei beni culturali.

La semplice lettura di tale elencazione dimostra l'eterogeneità delle molteplici materie ivi ricomprese.

La dottrina ha tentato di raggruppare tali materie in diverse tipologie (potestà estera, sicurezza esterna e interna, governo dell'economia, organizzazione della Repubblica, funzione dello Stato sociale e tutela dell'ambiente e dei beni culturali). Ma appare preferibile riconoscere che l'eterogeneità delle diverse materie non consente (se non con vistose forzature) di raggrupparle in maniera adeguata.

Il legislatore costituzionale aveva l'esigenza di elencare le diverse materie in ragione della scelta di assegnare allo Stato in via esclusiva alcune materie riservando tutte le restanti alle Regioni, fatta eccezione per quelle di cui all'art. 117, terzo comma, Cost., su cui lo Stato continua a disporre del potere di fissare i principi della materia. È infatti in ragione della scelta di far operare la clausola di residualità a vantaggio delle Regioni che l'elencazione di cui all'art. 117, secondo comma, diventa volutamente indeterminata. Questa esigenza, mossa dal timore di lasciare alle Regioni un qualche ambito materiale particolarmente importante, ha condotto il legislatore costituzionale, oltre che ad ampliare notevolmente l'elenco delle materie assegnate in via esclusiva alla legislazione statale, anche a riservare al legislatore statale non solo «materie in senso proprio» (cioè ambiti oggettivi chiaramente individuabili e definibili), ma anche «ambiti trasversali di competenza» (o «materie trasversali») non riferibili a «materie» nel senso letterale del termine, ma piuttosto a criteri di legittimazione dell'intervento statale (si pensi alla «tutela della concorrenza» o alla «determinazione dei livelli essenziali delle prestazioni concernenti i diritti civili e sociali» o anche alla «tutela dell'ambiente e dell'ecosistema»).

L'art. 117, terzo comma, Cost. elenca le materie nelle quali alla Regione è assegnata *potestà legislativa concorrente* nel rispetto dei principi fissati dalla legge statale (c.d. legge cornice). Anche in questo caso ci si trova di fronte ad un articolato ed eterogeneo elenco di materie.

Infatti tale disposizione costituzionale afferma che: «*Sono materie di legislazione concorrente quelle relative a: rapporti internazionali e con l'Unione europea delle Regioni; commercio con l'estero; tutela e sicurezza del lavoro; istruzione, salva l'autonomia delle istituzioni scolastiche e con esclusione della istruzione e della formazione professionale; professioni; ricerca scientifica e tecnologica e sostegno all'innovazione per i settori produttivi; tutela della salute; alimentazione; ordinamento sportivo; protezione civile; governo del territorio; porti e aeroporti civili; grandi reti di trasporto e di navigazione; ordinamento della comunicazione; produzione, trasporto e distribuzione nazionale dell'energia; previdenza complementare e integrativa; coordinamento della finanza pubblica e del sistema tributario; valorizzazione dei beni culturali e ambientali e promozione e organizzazione di attività culturali; casse di risparmio, casse rurali, aziende di credito a carattere regionale; enti di credito fondiario e agrario a carattere regionale*».

E lo stesso art. 117, terzo comma, Cost., spiega che «*Nelle materie di legislazione concorrente spetta alle Regioni la potestà legislativa, salvo che per la determinazione dei principi fondamentali, riservata alla legislazione dello Stato*».

Già prima della riforma del 2001 la Corte costituzionale aveva affermato che l'eventuale assenza di una legge cornice non può precludere alla Regione di disporre della relativa potestà legislativa, dovendosi in tali casi dedurre i principi fondamentali della materia dalla legislazione vigente. Ed anche successivamente alla riforma costituzionale del 2001 la Corte costituzionale ha espresso identica posizione specificando che «la nuova formulazione dell'art. 117, terzo comma, Cost., rispetto a quella previgente dell'art. 117, primo comma, esprime l'intento di una più netta distinzione fra la competenza regionale a legiferare in queste materie e la competenza statale, limitata dalla determinazione dei principi fondamentali della disciplina», ma non può ritenersi che «i principi possano trarsi solo da leggi statali nuove, espressamente rivolte a tale scopo. Specie nella fase di transizione dal vecchio al nuovo sistema di riparto delle competenze, la legislazione regionale concorrente dovrà svolgersi nel rispetto dei principi fondamentali comunque risultanti dalla legislazione statale già in vigore» (sentt. n. 282 del 2000, n. 162 del 2004).

Il quarto comma dell'art. 117 Cost. pone la c.d. *clausola di residualità* secondo cui le materie non espressamente assegnate alla potestà legislativa esclusiva statale o alla potestà legislativa regionale concorrente spettano alla potestà legislativa delle Regioni.

Questa disposizione costituisce per il nostro ordinamento una radicale innovazione che rovescia completamente il previgente assetto dei rapporti fra legge statale e legge regionale, giacché attualmente non è più necessario interrogarsi sul titolo di legittimazione costituzionale dell'intervento legislativo regionale, ma piuttosto «sull'esistenza di riserve, esclusive o parziali, di competenza statale» (Corte cost., sent. n. 282 del 2002).

La giurisprudenza costituzionale si è mostrata finora molto attenta nell'interpretazione dell'art. 117, quarto comma, Cost., ed ha affermato che se un oggetto non è «immediatamente riferibile ad una delle materie elencate nei commi secondo e terzo dell'art. 117 Cost.» non può automaticamente ritenersi che tale oggetto ricada nell'ambito di operatività dell'art. 117, quarto comma, Cost. (sent. n. 303 del 2003). Per la Corte costituzionale il «meccanismo dinamico» contenuto nell'art. 118 Cost. (secondo cui «Le funzioni amministrative sono attribuite ai Comuni salvo che, per assicurarne l'esercizio unitario, siano conferite a Province, Città metropolitane, Regioni e Stato, sulla base dei principi di sussidiarietà, differenziazione ed adeguatezza») «finisce col rendere meno rigida ... la stessa distribuzione delle competenze legislative» in quanto il passaggio delle competenze amministrative da un livello di governo più basso ad uno più alto può arrivare fino a consentire l'ingresso dello Stato nell'esercizio delle funzioni amministrative. Conseguenzialmente il principio di legalità («il quale impone che anche le funzioni assunte per sussidiarietà siano organizzate e regolate dalla legge») conduce a ritenere necessaria una disciplina legislativa statale che regoli i relativi ambiti di intervento.

L'incorporazione in Costituzione del principio di sussidiarietà assegna a quest'ultimo una dimensione «dinamica» (e non solo «statica») che consente allo stesso di mostrarsi quale fattore di flessibilità dell'ordine delle competenze. Secondo la Corte, il congiunto disposto degli artt. 117 e 118 Cost. introduce il «principio dell'intesa» discendente dalla peculiare funzione attribuita alla sussidiarietà (sent. n. 303 del 2003). L'intesa viene così a rivestire la funzione di strumento «procedimentale» che consente – in caso di necessità discendenti da «esigenze unitarie» – di ricondurre allo Stato la funzione legislativa anche in quelle materie assegnate dalla Costituzione alla potestà legislativa delle Regioni. È stato evidenziato che, così operando, la Corte, declinando in senso «dinamico e metodologico» il principio di sussidiarietà (oltre a presupporre il rispetto dell'art. 5 Cost.), determina una applicazione del principio dell'intesa anche nella dimensione del processo legislativo di attrazione allo Stato di funzioni amministrative.

Bisogna inoltre ricordare che la potestà legislativa regionale soggiace (oltre che al rispetto del proprio statuto) ai limiti dell'unità ed indivisibilità della Repubblica (art. 5 Cost.), del territorio di riferimento, della copertura finanziaria e del rispetto del patto di stabilità. Inoltre va ricordato che ai sensi dell'art. 120 Cost., la Regione «non può istituire dazi di importazione o esportazione o transito tra le Regioni, né adottare provvedimenti che ostacolino in qualsiasi modo la libera circolazione delle persone e delle cose tra le Regioni, né limitare l'esercizio del diritto al lavoro».

Il **procedimento di formazione della legge regionale** è disciplinato solo in minima parte dalla Costituzione. Spetta allo statuto e al regolamento interno del consiglio regionale disciplinare gli ulteriori aspetti. Le fasi essenziali consistono in:

1. **fase dell'iniziativa**: la disciplina dell'iniziativa legislativa regionale è interamente rimessa alla potestà statutaria regionale (art. 123 Cost.);
2. **fase dell'approvazione**: la disciplina dell'*iter legis* è rimessa all'autonomia statutaria e di ciascun consiglio regionale; è generalmente previsto il ruolo delle commissioni consiliari in sede referente e sono anche previste le classiche tre «letture» in assemblea. La legge è approvata (articolo per articolo e nella sua interezza) a maggioranza relativa. Lo statuto regionale ed il regolamento del consiglio regionale disciplinano dettagliatamente il relativo procedimento cui può partecipare il consiglio delle autonomie;
3. **fase della promulgazione** (da parte del presidente della Regione) e della **pubblicazione** sul Bollettino ufficiale della Regione.

La Costituzione del 1948 prevedeva un controllo preventivo dello Stato sulla legge regionale la quale non poteva essere promulgata dal presidente della Regione se non dopo l'apposizione del visto da parte del Commissario del Governo presso la Regione. Infatti l'art. 127 Cost. (anteriormente alla revisione introdotta con la legge cost. n. 3 del 2001) disponeva che la legge regionale fosse sottoposta al visto del Commissario. In caso di opposizione da parte del Governo per eccesso di competenza da parte della legge regionale o per contrasto con gli interessi nazionali (o con quelli di altre regioni), la legge era rinviata al Consiglio regionale e nel caso in cui quest'ultimo avesse riapprovato – a maggioranza assoluta – la legge, il Governo poteva promuovere la questione di costituzionalità (davanti alla Corte) o quella di merito (davanti alle Camere) per contrasto di interessi. La riforma costituzionale del 2001 ha eliminato il controllo preventivo del governo al quale il vigente art. 127 Cost. assegna la possibilità di impugnare la legge regionale (quando ecceda la competenza della Regione), promuovendo una questione di legittimità costituzionale dinanzi alla Corte costituzionale entro sessanta giorni dalla sua pubblicazione.

Nota bibliografica

AA.VV., *Il Parlamento*, a cura dell'Associazione italiana costituzionalisti, Padova, 2001; A. CERRI, *Delega legislativa*, in *Enc. giur. Treccani*, Roma, 1992; A.A. CERVATI, *La delega legislativa*, Milano, 1972; ID., *Art. 70*, in *La formazione delle leggi*, in *Comm. Cost.*, a cura di G. BRANCA, Bologna-Roma, 1975; A.A. CERVATI, *Il controllo di costituzionalità sui vizi del procedimento legislativo parlamentare in alcune recenti pronunce della Corte costituzionale*, in *Giur. cost.*, 1985, p. 1445 ss.; V. CRISAFULLI, *Lezioni di diritto costituzionale*, II, 1, *Le fonti*, Padova, 1984; C. DE FIORES, *Trasformazioni della delega legislativa e crisi delle categorie normative*, Padova, 2001; C. ESPOSITO, *La Costituzione italiana. Saggi*, Padova, 1954; ID., *Capo dello Stato*, in *Enc. dir.*, vol. VI, Milano, 1960; ID., *Decreto-legge*, in *Enc. dir.*, vol. XI, Milano, 1962; ID., *Costituzione, legge di revisione costituzionale e "altre" leggi costituzionali*, in *Raccolta di scritti in onore di A.C. Jemolo*, vol. III, Milano, 1963, 189 ss.; G.G. FLORIDIA-F. SORRENTINO, *Regolamenti parlamentari*, in *Enc. dir.*, vol. XXXIX, Milano, 1988; S. FOIS, *La riserva di legge*, Milano, 1963; ID., *Legalità (principio di)*, in *Enc. dir.*, vol. XXIII, Milano, 1973; S. GALEOTTI-B. PEZZINI, *Presidente della Repubblica nella Costituzione italiana*, in *Dig. disc. pubbl.*, vol. XI, Torino, 1996; M. GALIZIA, *Studi sui rapporti fra Parlamento e governo*, Milano, 1972; C. LAVAGNA, *Ricerche sul sistema normativo*, Milano, 1984; N. LUPO, *Deleghe e decreti legislativi "correttivi": esperienze, problemi, prospettive*, Milano, 1996; N. MACCABIANI, *La legge-delegata. Vincoli costituzionali e discrezionalità del governo*, Milano, 2005; P. MAGARÒ, *Delega legislativa e dialettica politico-istituzionale*, Torino, 2003; E. MALFATTI, *Rapporti tra deleghe e delegificazioni*, Torino, 1999; M. MANETTI, *Regolamenti parlamentari*, in *Enc. dir.*, vol. XXXIX, Milano, 1988, p. 656 ss.; A. MANZELLA, *Il Parlamento*, III ed., Bologna, 2003; T. MARTINES, *La natura giuridica dei regolamenti parlamentari*, Pavia, 1952; ID., *Regolamenti parlamentari e attuazione della Costituzione*, in *Studi parl. e di pol. cost.*, 1971, fasc. 3, p. 5 ss.; M. MAZZIOTTI DI CELSO, *Parlamento (funzioni)*, in *Enc. dir.*, vol. XXXI, Milano, 1981, p. 757 ss.; F. MODUGNO, *In tema di regolamenti parlamentari e di controllo sugli* "interna corporis acta" *delle Camere*, in *Scritti in onore di Gaspare Ambrosini*, II, Milano, 1970, p. 1381 s.; ID., *Legge (diritto costituzionale)*, in *Enc. dir.*, vol. XXIII, Milano, 1973; ID., *Atti normativi*, in *Enc. giur. Treccani*, Roma, 1988; C. MORTATI, *Le leggi provvedimento*, Milano, 1968; ID., *Istituzioni di diritto pubblico*, I, Padova, 1974; L. PALADIN, *Artt. 76 e 77*, in *Comm. Cost.*, a cura di G. Branca, Bologna-Roma, 1979; ID., *Le fonti del diritto italiano*, Bologna, 1996; M. PATRONO, *Legge (vicende della)*, in *Enc. dir.*, vol. XXIII, Milano, 1973; A. PIZZORUSSO, *Delle fonti del diritto*, in *Commentario del Codice civile*, a cura di A. SCIALOJA e G. BRANCA, *Disposizioni sulla legge in generale (Artt. 1-9)*, Bologna-Roma, 1977; F. POLITI, *Delega legislativa (postilla)*, in *Enc. giur. Treccani*, vol. IX, Roma, 2006; ID., *Parlamento*, in *Il diritto*, Milano, 2008;

G.U. RESCIGNO, *L'atto normativo*, Bologna, 1998; P. RIDOLA, *Democrazia rappresentativa e parlamentarismo*, Torino, 2011; G. SALERNO, *Referendum*, in *Enc. dir.*, vol. XXXIX, Milano, 1988; A.M. SANDULLI, *Legge, forza di legge e valore di legge*, in *Riv. trim. dir. pubbl.*, 1957, p. 299 ss.; M. SICLARI, *Le norme interposte nel giudizio di costituzionalità*, Padova, 1992; S. STAIANO, *Decisione politica ed elasticità del modello nella delega legislativa*, Napoli, 1990; G. ZAGREBELSKY, *Il sistema costituzionale delle fonti del diritto*, Torino, 1984.

Capitolo Quarto

Le fonti dell'ordinamento europeo e la loro incidenza nell'ordinamento italiano

SOMMARIO: 1. Introduzione. Cenni sull'assetto costituzionale dell'Unione Europea. – 2. Le fonti normative dell'ordinamento europeo. Fonti di diritto primario e fonti di diritto derivato. – 3. Il regolamento europeo. – 4. La direttiva europea. – 5. La decisione. – 6. Gli altri atti tipici dell'ordinamento europeo. – 7. Le procedure legislative. – 8. Il rapporto tra fonti dell'ordinamento statale e fonti dell'ordinamento europeo. – Nota bibliografica.

1. *Introduzione. Cenni sull'assetto costituzionale dell'Unione Europea*

Al fine di una migliore comprensione degli argomenti ricompresi nella tematica delle fonti del diritto dell'ordinamento europeo e dell'incidenza delle stesse nell'ordinamento italiano, appare utile premettere alcuni rapidi cenni sull'assetto costituzionale dell'Unione Europea.

L'odierna Unione Europea (UE) è il risultato di un lungo cammino che prende le mosse negli anni Cinquanta del secolo scorso con la sottoscrizione dei tre Trattati istitutivi delle Comunità europee (CECA 1951, CEE e CEEA 1957). Tali Trattati sono stati nel tempo oggetto di numerose modifiche e, da ultimo, con l'entrata in vigore (avvenuta sul finire del 2009) del Trattato di Lisbona (sottoscritto il 13 dicembre 2007, ratificato dall'Italia con legge n. 130 del 2008 ed entrato in vigore sul finire del 2009), l'Unione europea (già sorta con il Trattato di Maastricht del 1992 ma che si affiancava, senza sopprimerle, alle preesistenti Comunità) ha definitivamente preso il posto della Comunità Europea (CE, che a sua volta aveva preso il posto della Cee e della Ceca) quale soggetto che «sostituisce e succede alle Comunità europee» (anche se continua a restare in vigore il trattato Euratom).

Appare necessario delineare (sia pure rapidamente) il quadro delle istituzioni dell'Unione, soprattutto con riguardo a quelle titolari di potere normativo. Il Trattato dell'Unione Europea (TUE) assegna la titolarità della funzione legislativa al Consiglio (o Consiglio dell'Unione Europea, da tenere distinto dal Consiglio europeo) e al Parlamento europeo.

Il ***Consiglio*** è formato da un rappresentante di ciascun governo di ogni Stato membro ed è l'organo decisionale centrale e con poteri normativi di carattere primario. I lavori del Consiglio sono di regola caratterizzati dal principio di segretezza, ma quando il Consiglio delibera in qualità di legislatore, i risultati delle votazioni, le dichiarazioni di voto e le dichiarazioni a verbale sono resi pubblici. Il Consiglio esercita, congiuntamente al Parlamento europeo, la funzione legislativa, la funzione di bilancio ed esercita funzioni di definizione delle politiche e di coordinamento. Il Consiglio, salvo che non sia disposto diversamente, delibera a maggioranza qualificata, intendendosi per maggioranza qualificata almeno il 55% dei membri del Consiglio, con un minimo di 15 rappresentanti di Stati che totalizzino almeno il 65% della popolazione dell'Unione; la minoranza di blocco deve comprendere almeno quattro membri del Consiglio; in caso contrario la maggioranza qualificata si considera raggiunta.

Il ***Parlamento europeo***, attualmente composto di 705 deputati eletti direttamente dai cittadini elettori dei 27 Stati membri, esercita, congiuntamente al Consiglio, la funzione legislativa e la funzione di bilancio (oltre ad esercitare funzioni di controllo politico e consultive).

Ruolo particolarmente significativo è quello svolto nell'assetto istituzionale dell'Unione Europea dalla ***Commissione europea***, organo esecutivo e promotrice del processo legislativo, composta da un delegato per ogni Stato membro che però non agisce in rappresentanza del proprio Stato ed anzi deve assicurare la massima indipendenza decisionale dal governo nazionale che lo ha indicato. Infatti i membri della Commissione europea «vengono scelti in base alla loro competenza generale» e «devono offrire ogni garanzia di indipendenza»; essi «esercitano le loro funzioni in piena indipendenza nell'interesse generale dell'Unione Europea». La Commissione svolge funzioni di iniziativa, istruttorie, esecutive e di controllo, nonché poteri legislativi su delega del Consiglio; vigila sul rispetto dei trattati e del diritto dell'Unione; dà esecuzione al bilancio ed esercita funzioni di coordinamento, di esecuzione e di gestione. Un atto legislativo dell'Unione può essere adottato solo su proposta della Commissione, salvo che i trattati non dispongano diversamente. Un atto legislativo può delegare alla Commissione il potere di adottare atti non legislativi di portata generale che integrano o modificano determinati elementi non essenziali dell'atto legislativo. L'atto legislativo delegante deve comunque disciplinare gli elementi essenziali dell'ambito oggetto di delega.

Il Trattato di Lisbona ha introdotto la possibilità per i cittadini dell'Unione, in numero di almeno un milione, ed aventi la cittadinanza di un numero significativo di Stati membri, di poter prendere l'iniziativa d'invitare la Commissione europea, nell'ambito delle sue attribuzioni, a presentare una proposta appropriata su materie in merito alle quali tali cittadini ritengono necessario un atto giuridico dell'Unione ai fini dell'attuazione dei trattati.

La **Corte di giustizia dell'Unione europea** (composta da Corte di giustizia e da Tribunale) esercita un controllo di legittimità sugli atti legislativi dell'UE, sugli atti del Consiglio, della Commissione e della Banca centrale europea che non siano raccomandazioni o pareri, nonché sugli atti del Parlamento europeo e del Consiglio europeo destinati a produrre effetti giuridici nei confronti di terzi. Ai giudici europei è assegnato il compito di assicurare «*il rispetto del diritto nell'interpretazione e nell'applicazione dei trattati*», mentre ciascuno Stato membro è chiamato a stabilire i rimedi giurisdizionali necessari per assicurare una tutela giurisdizionale effettiva in ogni settore disciplinato dal diritto dell'Unione.

2. *Le fonti normative dell'ordinamento europeo. Fonti di diritto primario e fonti di diritto derivato*

La dottrina distingue tradizionalmente le fonti normative dell'ordinamento europeo in *fonti primarie* (o fonti di diritto primario o o originario o convenzionale), rappresentate dai trattati e dalle relative modifiche, e *fonti derivate* (o fonti di diritto derivato), in cui vanno ricompresi gli atti normativi adottati dalle istituzioni dell'Unione Europea.

L'ordinamento europeo si presenta come un complesso sistema di fonti al vertice del quale bisogna ovviamente porre i Trattati istitutivi che non solo pongono le norme che disciplinano l'assetto, le competenze e le procedure di funzionamento dell'Unione europea, ma che – prima ancora – "fondano" l'ordinamento europeo. Per tale ragione le norme dei Trattati (oggi Trattato sull'Unione Europea – TUE - e Trattato sul Funzionamento dell'Unione Europea, TFUE) vengono a porsi in una posizione sovraordinata rispetto alle altre norme dell'ordinamento europeo e conferma di tale considerazione si trova nell'art. 263 TFUE che assegna alla Corte di giustizia il compito di pronunciarsi sulla legittimità di "atti legislativi" dell'ordinamento europeo.

La categoria delle fonti di diritto primario dell'ordinamento europeo è rappresentata innanzitutto (anche se non esclusivamente) dai Trattati istitutivi di cui in dottrina si riconosce il *"carattere costituzionale"*. I Trattati infatti vengono a rivestire la duplice veste di atti del diritto internazionale ma anche di atti fondanti (e dunque "costituzionali") dell'ordinamento europeo. E la stessa Corte di giustizia (v. Parere 14 dicembre 1991, n. 1/1991) ha affermato che il Trattato istitutivo *"benché sia stato concluso in forma d'accordo internazionale, costituisce la Carta costituzionale di una comunità di diritto"*. E così si riconosce che TUE e TFUE costituiscono «un complesso normativo unico».

La natura "costituzionale" dei Trattati conduce a ritenere che le modifiche agli stessi possano essere apportate solo nel rispetto delle procedure ivi previste (v. già Corte di giustizia, sent. 8 aprile 1976, n. 43/75, *Defrenne*). L'art. 48 TUE afferma che i trattati possono essere modificati mediante una «procedura di revisione ordinaria» o mediante «procedure di revisione semplificate».

Con riguardo alla individuazione delle fonti di diritto primario, bisogna aggiungere che con il termine "Trattati" si fa comunemente riferimento ad un alto numero di atti che ricomprendono, oltre al TUE e al TFUE (come risultanti oggi dopo il Trattato di Lisbona) anche altri atti internazionali susseguitisi nei decenni e che continuano a produrre effetti (si pensi al Trattato di Bruxelles del 1965 sulla fusione degli esecutivi, ai Trattati di Lussemburgo e Bruxelles del 1970 e del 1975 sull'aumento delle competenze finanziarie, sui poteri di bilancio del Parlamento europeo e sulla creazione della Corte dei conti, oppure all'Atto Unico Europeo del 1986, ecc.) ma anche all'alto numero di "Protocolli" allegati ai Trattati istitutivi e che contengono la disciplina di istituzioni (si pensi ai vari Protocolli sugli statuti di organi o istituzioni dell'Unione: dallo Statuto della Corte di giustizia dell'Unione europea allo Statuto della Banca Europea per gli investimenti, allo Statuto del Sistema europeo di banche centrali e Banca centrale europea) o di importanti aspetti o materie della vita dell'Unione (si pensi, ad esempio, al Protocollo n. 2 sull'applicazione dei principi di sussidiarietà e di proporzionalità o al Protocollo n. 7 sui privilegi e le immunità dell'Unione europea).

Le norme dei Protocolli hanno lo stesso valore giuridico dei Trattati (l'art. 51 TUE li dichiara «parte integrante» dei Trattati e la Corte di giustizia fin dagli anni Cinquanta ha riconosciuto una loro «efficacia imperativa» uguale a quella dei Trattati: sentt. 23 aprile 1956, nn. 7/54 e 9/54, *Groupement des industries sidérurgiques luxembourgeoises c. Alta Autorità*).

Fra le fonti di diritto primario vanno ricompresi anche gli Atti di adesione, che sono gli atti internazionali mediante i quali i singoli Stati aderiscono all'Unione europea. Dopo aver previsto la procedura di ammissione, l'art. 49 TUE precisa che «le condizioni per l'ammissione e gli adattamenti dei trattati su cui è fondata l'Unione ... formano l'oggetto di un accordo tra gli Stati membri e lo Stato richiedente» e che «tale accordo è sottoposto a ratifica da tutti gli Stati contraenti conformemente alle loro rispettive norme costituzionali». Le disposizioni dell'atto di adesione (e gli eventuali protocolli allegati) vanno pertanto ad integrare le norme dei Trattati istitutivi condividendone la natura giuridica. Anche la Corte di giustizia ha precisato che le disposizioni contenute in atti di adesione vanno considerate «disposizioni di diritto primario che ... possono essere sospese, modificate o abrogate soltanto mediante i procedimenti contemplati per la revisione dei Trattati originari» (sentt. 28 aprile 1988, nn. 31/86 e 35/86, *LAISA c. Consiglio*).

Vanno ricomprese inoltre fra le fonti di diritto primario anche le integrazioni dei Trattati adottate a valle di procedure semplificate ma che costituiscono sempre manifestazione della volontà degli Stati membri.

Una particolare riflessione richiede la ***Carta dei diritti fondamentali dell'Unione***, proclamata a Nizza nel dicembre 2000 da Parlamento europeo, Consiglio e Commissione e che, elaborata con un "intento ricognitivo" dei diritti fondamentali già riconosciuti all'interno dell'Unione, con il Trattato di Lisbona (art. 6 TUE) ha acquistato «lo stesso valore giuridico dei Trattati».

Con riguardo alle *fonti di diritto derivato*, l'art. 288 TFUE elenca gli atti adottabili da parte delle istituzioni europee:

– il *regolamento*: atto avente «portata generale», obbligatorio in tutti i suoi elementi e «direttamente applicabile in ciascuno degli Stati membri»;

– la *direttiva*: «vincola lo Stato membro cui è rivolta per quanto riguarda il risultato da raggiungere, salva restando la competenza degli organi nazionali in merito alla forma e ai mezzi»;

– la *decisione*: «obbligatoria in tutti i suoi elementi per i destinatari da essa designati»;

– le *raccomandazioni* ed i *pareri* che sono atti «non vincolanti».

Le fonti del *diritto derivato* si distinguono dunque, innanzitutto, in atti vincolanti e non vincolanti. Fra quest'ultimi vanno ricordati:

– la *raccomandazione*: invito rivolti ad uno o più Stati a conformarsi ad un certo comportamento;
– il *parere*: atto volto ad esprimere il punto di vista di un'istituzione europea su un determinato oggetto o questione;

Le *fonti vincolanti* si distinguono in tre tipologie:

1) il *regolamento (o regolamento europeo, o regolamento comunitario)*: ha portata generale e pone norme generali e astratte ed è obbligatorio in tutti i suoi elementi; è «direttamente applicabile» all'interno di ciascuno Stato membro, nel senso che non è necessario – e neppure consentito – un atto dello Stato che ne ordini l'esecuzione nell'ordinamento nazionale, perché il regolamento europeo s'impone per forza propria, e la sua applicazione è obbligatoria per tutti i soggetti dello Stato membro. L'immediata applicabilità, all'interno di ogni Stato membro, delle norme contenute nel regolamento europeo pone il problema del rapporto fra tale fonte e le fonti statali interne (sia di grado costituzionale che di grado legislativo);
2) la *direttiva (o direttiva europea o direttiva comunitaria)*: è un atto normativo avente come destinatario lo Stato membro che è vincolato «per quanto riguarda il risultato da raggiungere, salva restando la competenza degli organi nazionali in merito alla forma e ai mezzi». Lo Stato ha quindi un *obbligo di risultato*, che deve essere raggiunto entro il termine fissato dalla direttiva medesima. L'atto statale di recepimento della direttiva varia a seconda della normativa interna del singolo ordinamento statale (legge, regolamento, ecc.). La necessità dell'intervento statale per l'attuazione ed il recepimento delle direttive europee pone il problema degli effetti conseguenti all'eventuale inadempimento del singolo Stato nei confronti dell'obbligo di recepimento della direttiva medesima;
3) la *decisione*: atto obbligatorio in tutti i suoi elementi «per i destinatari da essa designati»; è direttamente applicabile, ma ha portata particolare, poiché si rivolge a soggetti specifici. Le istituzioni europee tendono ad utilizzare lo strumento della «*decisione*» per applicare a casi concreti norme generali o principi contenuti nei trattati o in altri atti europei (si pensi ad una decisione concernente le modalità di applicazione concreta in un determinato ambito del principio di tutela della concorrenza, decisione che può essere indirizzata a tutte le imprese o anche

agli Stati membri). La decisione può dunque apparire espressione di attività amministrativa, ma, potendo essa indirizzarsi ad intere categorie di soggetti ed essendo dotata di immediata efficacia (in quanto vincolante per i destinatari), le si deve riconoscere la qualità di atto normativo. Ed anche la Corte di giustizia ha affermato che la decisione «si impone a tutti gli organi dello Stato destinatario» e pertanto le giurisdizioni nazionali devono non solo astenersi dall'applicare ogni disposizione interna la cui attuazione sarebbe suscettibile di ostacolare l'esecuzione di una decisione, ma anche tutelare i diritti discendenti dalla stessa.

3. *Il regolamento europeo*

Il **regolamento europeo** (art. 288 TFUE) ha portata generale, è obbligatorio in tutti i suoi elementi ed è direttamente applicabile in ciascuno degli Stati membri, a differenza della *direttiva*, che invece (v. *infra*, par. 4) vincola lo Stato membro cui è indirizzata per quanto concerne l'obiettivo da raggiungere, ferma restando la competenza dei rispettivi organi nazionali in merito alle forme e ai mezzi. L'immediata applicabilità, all'interno di ogni Stato membro, delle norme contenute nel regolamento pone il problema del rapporto fra fonte statale e fonte europea (v. *infra*).

La Corte di giustizia fin dagli anni Sessanta ha definito il regolamento atto avente «natura essenzialmente normativa» (sentt. 14 dicembre 1962, nn. 16/62 e 17/62, *Confédération nationale des producteurs des fruits et légumes e a. c. Consiglio*) mediante il quale l'Unione europea pone la disciplina di una materia (la cui competenza è stata trasferita dagli Stati membri all'Unione) e che determina l'onere per gli Stati membri di «astenersi da qualsiasi provvedimento che deroghi a tali regolamenti o ne pregiudichi l'efficacia» (Corte giust., 2 febbraio 1977, n. 50/76, *Amsterdam Bulb*).

Come visto, l'art. 288 TFUE elenca le caratteristiche del regolamento che:

a) ha "portata generale", nel senso che è indirizzato «non già ad un numero limitato di destinatari, indicati espressamente oppure facilmente individuabili, bensì ad una o più categorie di destinatari determinate astrattamente e nel loro complesso» (Corte giust., sentt. nn. 16/62 e 17/62, cit.), sicché non può escludersi la possibilità di regolamenti che (nonostante la portata generale) possano riguardare fattispecie territorialmente circoscritte;

b) è «obbligatorio in tutti i suoi elementi», sicché (ad esempio) un singolo Stato non può decidere di applicarne solo alcune parti (Corte giust., 7 febbraio 1979, 128/78, *Commissione c. Regno Unito*) dovendo invece ogni Stato membro conformarsi al regolamento «in maniera rigorosa» (Corte giust., 11 febbraio 1971, n. 39/70, *Norddeutsches Viehund Fleischkontor*) e laddove il regolamento necessiti di ulteriori integrazioni ricade sullo Stato membro il dovere di adozione di «ogni misura di carattere generale o particolare atta ad assicurare l'esecuzione degli obblighi ... conseguenti agli atti delle istituzioni dell'Unione» (Corte giust., 17 dicembre 1970, n. 30/70, *Scheer*). E, con particolare riguardo al regolamento, la Corte di giustizia ha evidenziato che ricade sullo Stato membro il dovere di «adottare le misure interne che permettano di assicurarne la piena e completa applicazione qualora ciò si renda necessario» (Corte giust., 26 febbraio 2008, n. C-132/05, *Commissione c. Germania*);

c) è «direttamente applicabile in ciascuno degli Stati membri»: il regolamento non richiede alcun atto di ricezione (neanche di una legge meramente riproduttiva del contenuto del regolamento) nel diritto interno dei singoli Stati (Corte giust., 10 ottobre 1973, n. 34/73, *F.lli Variola*) che, qualora adottato, va ritenuto incompatibile con il diritto dell'Unione in quanto strumento capace «di ostacolare l'efficacia diretta dei regolamenti ... e di comprometterne quindi la simultanea ed uniforme applicazione» in tutta l'Unione europea (Corte giust., 7 febbraio 1973, n. 39/72, *Commissione c. Italia*). La diretta applicabilità dei regolamenti determina la capacità degli stessi di creare situazioni giuridiche soggettive in capo a soggetti privati che questi possono far valere sia nei confronti di soggetti privati (Corte giust., 12 dicembre 1974, n. 36/74, *Walrave*) che nei rapporti con lo Stato (o soggetti pubblici) o con istituzioni dell'Unione europea.

4. *La direttiva europea*

La **direttiva europea** (art. 288, terzo comma, TFUE) «*vincola lo Stato membro cui è rivolta per quanto riguarda il risultato da raggiungere, salva restando la competenza degli organi nazionali in merito alla forma e ai mezzi*». La direttiva dunque necessita, per produrre effetti all'interno dello Stato membro, di un atto di recepimento da parte dello Stato membro, atto di recepimento da adottare entro il termine previsto dalla stessa direttiva. Le specifiche modalità di attuazione sono rimesse alla disciplina interna di ogni singolo Stato. Sugli Stati membri ricade dunque l'obbligo di attuazione della direttiva (entro il termine che la direttiva medesima pone) nell'ordinamento nazionale (ivi compresa la relativa comunicazione alla Commissione: Corte giust., 27 aprile 1989, n. 324/87, *Commissione c. Italia*).

La formulazione dell'art. 288 TFUE conduce a riconoscere che la direttiva dovrebbe essere redatta in maniera tale da lasciare ai singoli Stati membri, ferma rimanendo l'indicazione degli obiettivi da raggiungere, un tasso di discrezionalità che consenta una armonizzazione (più che una identità) delle legislazioni nazionali. Al tempo stesso bisogna ricordare che la prassi delle istituzioni europee è invece nel senso di adozione di direttive molto dettagliate, con il risultato di una forte compressione della discrezionalità degli Stati membri il cui compito finisce per risolversi in una mera trascrizione del contenuto della direttiva medesima. La Corte di giustizia ha ritenuto tale prassi, di per sé, non in contrasto con quanto disposto dall'art. 288 TFUE almeno laddove «la realizzazione di una rigorosa identità» fra le normative dei vari Stati membri si riveli necessaria con riguardo al risultato da raggiungere (Corte giust., 23 novembre 1977, n. 38/77, *Enka*) o anche laddove sia richiesto – per la peculiarità della singola materie: si pensi ad esempio alla tutela dell'ambiente – un recepimento da parte dello Stato del contenuto della direttiva che imponga una riproduzione anche letterale delle medesime norme nell'ordinamento nazionale (Corte giust., 20 ottobre 2005, n. C-6/04, *Commissione c. Regno Unito*).

Ma anche laddove la direttiva consenta un margine di discrezionalità agli Stati membri, il giudice europeo ha precisato che in ogni caso l'attuazione della direttiva nell'ordinamento nazionale debba avvenire soddisfacendo ("pienamente") le «esigenze di chiarezza e di certezza delle situazioni giuridiche» (Corte giust., 6 maggio 1980, n. 102/79, *Commissione c. Belgio*) al fine di «garantire l'efficacia reale» della direttiva «con le forme e i mezzi più idonei» (Corte giust., 8 aprile 1976, n. 48/75, *Royer*). Il recepimento della direttiva deve dunque avvenire con atto normativo vincolante, rivelandosi inidonei a questo scopo le mere «prassi amministrative» (Corte giust., 10 maggio 2007, n. C-508/04, *Commissione c. Austria*) o una «semplice circolare» (Corte giust., 2 dicembre 1986, n. 239/85, *Commissione c. Belgio*) in ragione della assenza di «una situazione sufficientemente precisa, chiara e trasparente che permetta ai cittadini degli altri Stati membri di sapere quali siano i loro diritti e di avvalersene» (Corte giust., 23 maggio 1985, n. 29/84, *Commissione c. Germania*).

In caso di inadempienza dello Stato membro nel recepimento della direttiva, la Corte di giustizia, fin dagli anni settanta, ha riconosciuto in favore dei soggetti privati la possibilità di far valere dinanzi ai giudici nazionali non solo l'inadempienza dello Stato ma anche quegli obblighi che la specifica direttiva pone a carico dello Stato (o di soggetti pubblici) ed a vantaggio del soggetto privato, giacché altrimenti lo Stato inadempiente verrebbe a trarre giovamento dal proprio inadempimento (Corte giust., 4 dicembre 1974, n. 41/74, *Van Duyn*; Id., 5 aprile 1979, n. 148/78, *Ratti*). Pertanto, dopo la scadenza del termine fissato dalla direttiva, questa – pur in assenza di atto nazionale di recepimento – produce effetti nell'ordinamento nazionale, ma solo nelle parti che consentano una immediata e concreta applicazione e cioè laddove la singola disposizione della direttiva abbia un contenuto precettivo sufficientemente chiaro e preciso e non condizionato né subordinato all'adozione di atti ulteriori da parte dello Stato membro o di istituzioni europee (Corte giust., 23 febbraio 1994, n. C-236/92, *Comitato di coordinamento per la difesa della cava e a.*).

Tale capacità di produzione di effetti della direttiva non recepita è però da escludersi qualora si intendano far valere diritti o obblighi nei confronti di privati (Corte giust., 10 marzo 2005, n. C-235/03, *QDQ Media*; Id., 3 maggio 2005, nn. C-387/02, C-391/02 e C-403/02, *Berlusconi e a.*) a meno che la direttiva, a sua volta, non sia attuativa di un principio generale del diritto dell'Unione già capace di per sé di produrre tali effetti (Corte giust., 22 novembre 2005, n. C-144/04, *Mangold*). La direttiva dunque «non può di per sé creare obblighi a carico di un singolo» (Corte giust., 26 febbraio 1986, n. 152/84, *Marshall*) giacché altrimenti si giungerebbe ad assegnare all'Unione europea «il potere di emanare norme che facciano sorgere con effetto immediato obblighi a carico di questi ultimi, mentre tale competenza le spetta solo laddove le sia attribuito il potere di adottare regolamenti» (Corte giust., 14 luglio 1994, n. C-91/92, *Faccini Dori*).

Fino agli anni ottanta del secolo scorso l'Italia deteneva il deplorevole primato di Stato maggiormente inadempiente nel recepimento delle direttive comunitarie. Con la legge n. 86 del 1989 venne istituito un procedimento annuale che prende l'avvio con la presentazione, da parte del governo, di un disegno di legge destinato ad adeguare la normativa italiana all'ordinamento comunitario (e dunque non solo recepimento delle direttive, ma anche attuazione delle pronunce della Corte di giustizia, ecc.). La legge statale approvata prendeva il nome di «*legge comunitaria*» (in quanto indirizzata all'adempimento dei vincoli comunitari). La legge n. 86 del 1989 è stata abrogata ed interamente riscritta dalla legge n. 11 del 2005 che, pur ribadendo l'impianto della legge n. 86 del 1989, ha in particolare disciplinato l'intervento delle Regioni nella determinazione delle posizioni che lo Stato assume a livello europeo.

La legge n. 11 del 2005 a sua volta è stata abrogata dalla legge 24 dicembre 2012, n. 234 (*"Norme generali sulla partecipazione dell'Italia alla formazione e all'attuazione della normativa e delle politiche dell'Unione europea"*), la quale ha introdotto una riforma organica della disciplina sia della c.d. «fase ascendente» (e cioè delle norme che regolano la partecipazione dell'Italia alle decisioni che portano alla formazione della normativa europea), sia della c.d. «fase discendente» (e cioè delle norme che regolano l'attuazione in Italia della normativa europea).

La legge n. 234 del 2012 ha fatto venir meno la «legge comunitaria» che è sostituita da due distinte tipologie di provvedimenti:

– la **legge di delegazione europea**, che contiene le disposizioni di delega necessarie per il recepimento delle direttive e che il governo presenta alle Camere entro il 28 febbraio di ogni anno;
– la **legge europea**, che contiene le disposizioni che adeguano l'ordinamento interno a quello europeo e per la quale non è previsto un termine specifico di presentazione, essendo la stessa eventuale e non necessaria.

Lo strumento principale volto ad assicurare l'adeguamento dell'ordinamento nazionale a quello dell'Unione europea è dunque rappresentato dalla "legge di delegazione europea" la quale, a questo fine, conferisce le deleghe necessarie per il recepimento delle direttive europee. La "legge europea" invece contiene: le disposizioni modificative o abrogative di norme interne oggetto di procedure di infrazione o di sentenze della Corte di giustizia; quelle necessarie per dare attuazione agli atti dell'Unione europea ed ai Trattati internazionali conclusi dall'Unione europea; le norme emanate nell'ambito del potere sostitutivo.

La legge n. 234 del 2012 precisa che la delega conferita con la legge di delegazione europea è volta unicamente all'attuazione degli atti da recepire, e pertanto deve ritenersi non ammissibile l'inserimento nella legge di delegazione europea di ogni ulteriore delega non direttamente riconducibile al recepimento degli atti legislativi europei (fatta salva la modifica o abrogazione di disposizioni vigenti limitatamente a quanto necessario per garantire la conformità dell'ordinamento ai pareri motivati o alle sentenze di condanna della Corte di giustizia).

La Corte di giustizia – come anticipato – da tempo ha riconosciuto che, in caso di inadempienza da parte del singolo Stato nel recepimento di una direttiva europea, questa possa produrre i propri effetti quando contenga disposizioni sufficientemente dettagliate e non ponga meri obiettivi (c.d. direttive *self-executing* o autoapplicative). E così la Corte di giustizia (v. già sent. 19 novembre 1991, cause riunite nn. C-6/90 e C-9/90) ha affermato che la mancata attuazione di direttive comunitarie determina la responsabilità civile dello Stato inadempiente per danni arrecati a singoli. La Corte di giustizia riconosce la responsabilità dello Stato per danni derivanti dalla violazione degli obblighi ad esso incombenti in forza del diritto europeo. E pertanto lo Stato membro è tenuto a risarcire i danni derivanti ai singoli dalla mancata attuazione di una direttiva, giacché «sarebbe messa a repentaglio la piena efficacia delle norme comunitarie e sarebbe infirmata la tutela dei diritti da esse riconosciuti se i singoli non avessero la possibilità di ottenere un risarcimento ove i loro diritti siano lesi da una violazione del diritto comunitario imputabile ad uno Stato membro».

E qualora, uno Stato membro violi l'obbligo di adottare tutti i provvedimenti necessari a conseguire il risultato prescritto da una direttiva, «la piena efficacia di questa norma di diritto comunitario esige che sia riconosciuto il diritto al risarcimento ove ricorrano tre condizioni»: 1) il risultato prescritto dalla direttiva deve implicare l'attribuzione di diritti a favore dei singoli; 2) il contenuto di tali diritti deve poter essere individuato sulla base delle disposizioni della direttiva; 3) l'esistenza di un nesso di causalità tra la violazione dell'obbligo a carico dello Stato e il danno subìto dai soggetti lesi (v. sentt. 22 gennaio 1976, *Russo*, n. 60/75; 16 febbraio 1976, *Rewe*, n. 33/76; 7 luglio 1981, Rewe, n. 158/80).

Allo scopo di assicurare «l'efficacia» delle direttive comunitarie, la Corte di giustizia ha riconosciuto la capacità delle disposizioni della direttiva non attuata di essere immediatamente operanti anche in assenza di un atto formale di ricezione da parte degli Stati nazionali (c.d. *applicazione diretta della direttiva* o *direttiva self-executing*), purché le disposizioni della direttiva siano sufficientemente precise e vi sia l'assenza dii formali condizioni alla recezione delle disposizioni della direttiva (Corte giust., 22 febbraio 1990, n. 221/88; Corte giust., 11 luglio 1991, *Verholen e a.*, n. C-87-89/90). Per la Corte di giustizia, è compito del giudice nazionale assicurare la piena efficacia del diritto europeo e proteggere le posizioni giuridiche soggettive dei singoli (v. già sentt. 9 marzo 1978, n. 106/77, *Simmenthal* e 19 giugno 1990, n. C-213/89, *Factortame*).

5. *La decisione*

L'art. 288, quarto comma, TFUE definisce la decisione «obbligatoria in tutti i suoi elementi» ed aggiunge che «se designa i destinatari è obbligatoria soltanto nei confronti di questi». Quindi il TFUE assegna alla decisione la possibilità di essere qualificata come atto a portata generale o a portata individuale. In precedenza l'art. 249 TCE affermava che l'obbligatorietà della decisione operava solo «per i destinatari da essa designati».

Mediante la decisione le istituzioni europee provvedono ad applicare ai casi concreti la disciplina posta dai Trattati o da altri atti normativi ed i destinatari possono essere soggetti privati (ad esempio, imprese) o Stati membri. In quest'ultimo caso il carattere obbligatorio della decisione «si impone a tutti gli organi dello Stato destinatario» ed i giudici nazionali «devono astenersi dall'applicare ogni disposizione interna ... la cui attuazione sarebbe suscettibile di ostacolare l'esecuzione di una decisione» (Corte giust., 21 maggio 1987, n. 249/85, *Albako*).

La decisione può dunque avere, oltre che una valenza normativa (ad esempio ponendo disposizioni di dettaglio con riguardo a discipline poste da un regolamento o da una direttiva), anche una funzione amministrativa (venendosi a caratterizzare la decisione per un contenuto tipico di un atto generale).

I Trattati prevedono inoltre la decisione quale strumento normativo generale da adottare per determinati fini (ad esempio è con decisione del Consiglio europeo che sono stabilite le formazioni in cui si riunisce il Consiglio; oppure nell'ambito della Pesc è la decisione l'unico atto mediante il quale Consiglio europeo e Consiglio adottano le proprie determinazioni).

6. *Gli altri atti tipici dell'ordinamento europeo*

Oltre a regolamenti, direttive e decisioni, i Trattati prevedono altri atti che in linea di principio non rientrano nel novero delle fonti normative. Ed infatti l'art. 288 TFUE definisce le raccomandazioni e i pareri atti "non vincolanti".

La *raccomandazione* è un atto mediante il quale il Consiglio o la Commissione formula agli Stati membri o ad altri soggetti (ad esempio imprese) norme di comportamento (che, appunto, in quanto contenute in una raccomandazione, non hanno carattere vincolante). Con riguardo alla efficacia della raccomandazione, la Corte di giustizia ha affermato che «i giudici nazionali sono tenuti a prendere in considerazione le raccomandazioni ai fini della soluzione delle controversie sottoposte al loro giudizio, in particolare quando esse sono di aiuto nell'interpretazione di norme nazionali adottate allo scopo di garantire la loro attuazione, o mirano a completare norme comunitarie aventi natura vincolante» (Corte giust., 13 dicembre 1989, n. C-322/88, *Grimaldi*).

Il *parere* è invece l'atto mediante il quale l'istituzione che l'adotta esprime la propria valutazione su una determinata problematica.

Nella prassi Consiglio e Commissione adottano anche ulteriori tipologie di atti non previsti nei Trattati ("conclusioni", "risoluzioni", "comunicazioni", "orientamenti") che, in quanto atti atipici, non sono vincolanti né obbligatori ma, oltre ad esprimere la posizione – rispetto ad una determinata problematica – della istituzione che li adotta, finiscono, a volte, per far sorgere dubbi circa la correttezza dell'azione posta in essere dalla istituzione procedente.

7. *Le procedure legislative*

Con riguardo alle ***procedure legislative***, l'art. 289 TFUE distingue:

– la *procedura legislativa ordinaria*, consistente nella "adozione congiunta di un regolamento, di una direttiva o di una decisione da parte del Parlamento europeo e del Consiglio su proposta della Commissione" (secondo la procedura definita dall'art. 294 TFUE);

– la *procedura legislativa speciale*, utilizzabile nei casi specifici previsti dai trattati, ed in cui l'adozione di un regolamento, di una direttiva o di una decisione avviene da parte del Consiglio con la partecipazione del Parlamento europeo.

L'*iniziativa legislativa* (sia per la procedura ordinaria che per quelle speciali) spetta sempre alla Commissione europea, anche se in alcuni casi specifici (previsti dai Trattati) l'iniziativa può provenire da un gruppo di Stati membri o dal Parlamento europeo, su raccomandazione della Banca centrale europea o su richiesta della Corte di giustizia o della Banca europea per gli investimenti.

Nella *procedura legislativa ordinaria* (chiamata anche di *"codecisione"*) il Consiglio decide insieme al Parlamento europeo. Tale procedura è utilizzata per la gran parte delle politiche europee concernendo i settori in cui l'Unione ha competenza esclusiva o concorrente con gli Stati membri. La procedura legislativa ordinaria si apre con la trasmissione, da parte della Commissione, della proposta sia al Consiglio che al Parlamento europeo. Il testo deve essere esaminato contemporaneamente dal Consiglio e dal Parlamento europeo e la posizione finale del Consiglio non può essere adottata finché il Parlamento non abbia espresso il proprio parere "in prima lettura" (l'esame del testo è definito "lettura" e si possono avere fino a tre letture prima che il Consiglio e il Parlamento approvino o respingano una proposta legislativa). In attesa della posizione in prima lettura del Parlamento, il Consiglio può adottare un "orientamento generale" (che è accordo politico) che spesso ha la funzione di accelerare la procedura legislativa (facilitando un accordo tra Consiglio e Parlamento perché fornisce a quest'ultimo un'indicazione sulla posizione del Consiglio).

Le *procedure legislative speciali* (che possono essere utilizzate dal Consiglio solo in determinati settori) si distinguono in:

– *"procedura di approvazione"*, in cui il Parlamento europeo ha il potere di accettare o respingere una proposta legislativa con votazione a maggioranza assoluta, ma non la può modificare; nella *"procedura di approvazione"* al Parlamento europeo residua solo un potere di veto;
– *"procedura di consultazione"*, in cui il Parlamento europeo può approvare o respingere una proposta legislativa, o proporre emendamenti; nella *"procedura di consultazione"* il Consiglio è tenuto solo ad acquisire, prima dell'adozione dell'atto legislativo, il parere del Parlamento europeo, potendo anche distaccarsi dal relativo contenuto. In questa procedura (che si applica in vari settori fra cui quello relativo al mercato interno e alle norme in materia di concorrenza) il Parlamento adotta un parere – che può essere di approvazione o di bocciatura di una proposta legislativa o anche di proposta di emendamenti – che il Consiglio non è giuridicamente obbligato a seguire, ricadendo sullo stesso solo il dovere di acquisizione di tale parere prima dell'adozione dell'atto legislativo.

Deve riscontrarsi che in entrambe le procedure speciali il ruolo del Parlamento europeo è limitato ed il Consiglio viene a svolgere, di fatto, il ruolo di legislatore, giacché il Parlamento europeo viene chiamato semplicemente a dare la propria approvazione o ad essere consultato in merito ad una proposta legislativa elaborata e discussa dal Consiglio.

8. *Il rapporto tra fonti dell'ordinamento statale e fonti dell'ordinamento europeo*

La Corte di giustizia, fin dai primi anni sessanta del secolo scorso, ha riconosciuto sia il principio della diretta applicabilità del diritto comunitario all'interno degli Stati membri, sia il principio della preminenza del diritto comunitario su quello nazionale (v., *ex plurimis*, sent. 5 febbraio 1963, n. 25/62, *van Gend & Loos*; sent. 15 luglio 1964, n. 6/64, *Costa*; sent. 14 dicembre 1971, n. 7/71, *Commissione c. Francia*; sent. 4 dicembre 1974, n. 41/74, *van Duyn*; sent. 23 aprile 1986, n. 294/83, *Parti ecologiste Les Verts*).

Con riguardo alla determinazione degli ambiti di competenza dell'Unione europea, va ricordato che le competenze dell'Unione, come accumulatesi nel corso dei diversi trattati, vengono "riordinate" dal Trattato di Lisbona (e dunque nel TUE e nel TFUE) in base a diversi principi (principio di attribuzione, mandati generali, clausola dei poteri impliciti, ecc.). L'Unione europea è competente con riguardo alle materie attribuite dai trattati alle istituzioni europee (c.d. *principio del singolo mandato enumerativo* o *principio di attribuzione*). In tal senso gli artt. 4 e 5 TUE dispongono (art. 4, par. 1) che «qualsiasi competenza non attribuita all'Unione nei trattati appartiene agli Stati membri» e che (art. 5 TUE) «la delimitazione delle competenze dell'Unione si fonda sul principio di attribuzione». Pertanto, in virtù del *principio di attribuzione*, l'Unione europea agisce esclusivamente nei limiti delle competenze attribuitele nei trattati e «per realizzare gli obiettivi da questi stabiliti».

L'assegnazione all'Unione Europea di una determinata competenza in via esclusiva impone agli Stati membri di astenersi da qualsiasi azione in merito. Nel silenzio dei trattati la Corte di giustizia ha sanzionato, a volte con l'inapplicabilità altre volte con la nullità dei relativi atti, una eventuale "appropriazione" da parte del singolo Stato membro della specifica competenza. In genere però le competenze assegnate all'Unione si sovrappongono, secondo un criterio di competenza concorrente, a quelle degli Stati membri. In tali casi finché l'Unione non abbia utilizzato il proprio potere, si riconosce al singolo Stato la relativa titolarità.

Altre volte sugli Stati membri ricade il dovere di dare esecuzione (sia in via legislativa – ad es. in attuazione di direttive – sia in via amministrativa, sia in via giudiziaria) ad atti dell'Unione. L'attuazione della normativa europea non determina una modifica della ripartizione delle competenze all'interno del singolo Stato membro, pur ricadendo sullo

Stato la responsabilità per l'eventuale inattuazione della normativa europea (e che giustifica, ad esempio, la previsione nel nostro ordinamento di poteri sostitutivi in caso di inadempienza da parte delle Regioni). A questo proposito la Corte di giustizia ha da tempo specificato che «spetta a tutte le autorità degli Stati membri, siano esse autorità del potere centrale dello Stato, autorità di uno Stato federale o altre autorità territoriali, garantire il rispetto delle norme di diritto europeo nell'ambito delle loro competenze» e che non spetta alle istituzioni europee (e in particolare alla Commissione) pronunciarsi sulla ripartizione delle competenze all'interno di ciascuno Stato membro (Corte giust., 12 giugno 1990, n. C-8/1988).

Sui singoli Stati membri incombe inoltre l'attuazione al proprio interno del diritto europeo. In tali casi è la normativa nazionale a determinare le procedure e le forme da seguire purché l'affermazione della normativa europea non sia resa di fatto impossibile o particolarmente difficoltosa. Il potere di controllo diretto dell'Unione si sostanzia fondamentalmente nel ricorso per infrazione che può essere attivato davanti alla Corte di giustizia dalla Commissione contro uno Stato membro per violazione di un obbligo imposto dalla normativa europea.

Il problema di fondo (con riguardo alla prospettiva dell'ordinamento italiano) è rappresentato dal tipo di *rapporto intercorrente fra ordinamento europeo ed ordinamento italiano*. Inizialmente la Corte costituzionale (sent. n. 14 del 1964) ha affermato che, in virtù della legge di esecuzione del trattato, i regolamenti comunitari producono effetti immediati nell'ordinamento interno nei confronti di precedenti leggi e norme statali, riconoscendo però anche la possibilità per le norme legislative statali posteriori di introdurre norme contrarie a quanto disposto da un precedente regolamento comunitario. Questo orientamento venne sconfessato dalla Corte di giustizia, la quale (sent. 15 luglio 1964, n. 6/64, *Costa c. Enel*), affermando il *principio del primato del diritto comunitario sul diritto interno*, ha escluso in ogni caso la possibilità per la norma statale (sia anteriore, che posteriore) di derogare a quanto stabilito dalla norma comunitaria.

In seguito la Corte costituzionale (sent. n. 183 del 1973) ha riconosciuto la prevalenza della norma comunitaria sulla norma statale, ma distinguendo a seconda se la norma comunitaria fosse anteriore o posteriore rispetto a quella interna. In quest'ultimo caso infatti, la prevalenza della norma comunitaria avviene in base al criterio cronologico (*lex posterior derogat priori*); nel caso invece, in cui la norma legislativa statale sia successiva rispetto a quella comunitaria, la norma interna viene ad essere incostituzionale per violazione dell'art. 11 Cost. Questa disposizione costituzionale, infatti, laddove dispone che l'Italia acconsente, a condizione di reciprocità, a limitazioni di sovranità volte a favorire la partecipazione dell'Italia ad organismi sopranazionali che assicurino la pace e la giustizia fra le Nazioni, è ritenuta la base costituzionale che giustifica la partecipazione del nostro paese alle Comunità europee e all'Unione europea (oggi è anche l'art. 117, primo comma, Cost., come modificato dalla legge cost. n. 3 del 2001, a prevedere la subordinazione alle norme comunitarie del potere legislativo dello Stato e delle Regioni).

Secondo tale ricostruzione, la norma legislativa statale, quando si pone il contrasto con una precedente norma comunitaria, è viziata di incostituzionalità. In questo caso però, in ragione del sistema accentrato di costituzionalità vigente in Italia, il giudice comune – secondo la Corte costituzionale – non poteva direttamente applicare la norma comunitaria (facendola prevalere su quella statale successiva), ma doveva sollevare una questione di costituzionalità della norma statale, giacché questa, disponendo in contrasto con la precedente norma comunitaria, concretizza una violazione dell'art. 11 Cost.

Questo nuovo esito della giurisprudenza costituzionale lasciava comunque aperto il contrasto con la Corte di giustizia che continuava ad affermare il primato della norma comunitaria sia posteriore che anteriore rispetto a quella statale senza dover passare per il giudizio di costituzionalità (v. sent. 9 marzo 1978, n. 106/77, *Simmenthal*).

Il contrasto si risolse con la sent. n. 170 del 1984 con cui la Corte costituzionale, riconoscendo che *l'ordinamento comunitario e quello statale «sono configurati come autonomi e distinti, ancorché coordinati, secondo la ripartizione di competenza stabilita e garantita dal trattato»*, dichiara che le antinomie scaturenti dal contrasto fra norme statali e antecedenti norme comunitarie vanno risolte mediante la «disapplicazione» del diritto interno contrastante con quello comunitario. Pertanto, ogni giudice (ma anche ogni operatore giuridico), in caso di contrasto fra norma statale e norma comunitaria, deve applicare quest'ultima e non applicare la norma interna. La Corte costituzionale, che già nella sent. n. 183 del 1973 aveva affermato il carattere inderogabile dei principi fondamentali dell'ordinamento costituzionale italiano e dei diritti inalienabili della persona umana (delineando così la *dottrina dei «controlimiti»*, indicandosi con tale espressione i principi basilari dell'ordinamento italiano che non possono essere oggetto di quelle «limitazioni di sovranità» giustificate dall'art. 11 Cost.), nella pronuncia del 1984 ribadisce tale limite inderogabile ed afferma la propria competenza ad intervenire nel caso di lesione di tali limiti (ed oggetto della relativa pronuncia costituzionale sarà la legge di ratifica del trattato nella parte in cui consente l'ingresso nel nostro ordinamento della norma lesiva dei principi fondamentali della Costituzione).

Nota bibliografica

AA.VV., *Il diritto costituzionale comune europeo*, a cura di M. SCUDIERO, Napoli, 2002; AA.VV., *L'ordinamento europeo*, a cura di S. MANGIAMELI, voll. I e II, Milano, 2005-2006; ASSOCIAZIONE ITALIANA DEI COSTITUZIONALISTI, *Le prospettive dell'Unione europea e la Costituzione*, Padova, 1995; ASSOCIAZIONE ITALIANA DEI COSTITUZIONALISTI, *Annuario, 1999. La Costituzione europea*, Padova, 2000; ASSOCIAZIONE ITALIANA DEI COSTITUZIONALISTI, *Annuario 2005. L'integrazione dei sistemi costituzionali europeo e nazionali*, Padova, 2007; R. ADAM-A. TIZZANO, *Lineamenti di diritto dell'Unione europea*, Torino, 2016; F. ASTONE, *Il processo normativo dell'Unione europea e le procedure nazionali per l'esecuzione degli obblighi comunitari*, Torino, 2007; B. BEUTLER-R. BIEBER-J. PIPKORN-J. STREIL-J. WEILER, *L'Unione Europea. Istituzioni, ordinamento e politiche*, Bologna, 1998; R. BIN-P. CARETTI-G. PITRUZZELLA, *Profili costituzionali dell'Unione europea*, Bologna, 2015; E. CANNIZZARO, *Il diritto dell'integrazione europea*, Torino, 2015; P. CARETTI (a cura di), *Diritto dell'Unione europea e ravvicinamento delle legislazioni nazionali: effetti sul sistema interno delle fonti*, Torino, 2013; M. CARTABIA-W.H.H. WEILER, *L'Italia in Europa: profili istituzionali e costituzionali*, Bologna, 2001; A. CERVATI, *Per uno studio comparativo del diritto costituzionale*, Torino, 2009; P. COSTANZO-L. MEZZETTI-A. RUGGERI, *Lineamenti di diritto costituzionale dell'Unione europea*, Torino, 2014; C. CURTI GIALDINO (diretto da), *Codice dell'Unione europea operativo. TUE e TFUE commentati articolo per articolo, con la Carta dei diritti fondamentali dell'Unione europea*, Napoli, 2012; P. MORI, *Rapporti tra fonti nel diritto dell'Unione Europea: il diritto primario*, Torino, 2010; N. NUGENT, *Governo e politiche dell'Unione Europea. Storia e teoria dell'integrazione*, Bologna, 2008; S.P. PANUNZIO-E. SCISO (a cura di), *Le riforme istituzionali e la partecipazione dell'Italia all'Unione europea*, Milano, 2002, p. 83 ss.; F. POLITI, *Temi di diritto dell'Unione europea*, IV ed., Torino, 2019; ID., *Diritto costituzionale dell'Unione Europea*, Torino, 2018; G. REPETTO, *Argomenti comparativi e diritti fondamentali in Europa. Teorie dell'interpretazione e giurisprudenza sovranazionale*, Napoli, 2011; P. RIDOLA, *Diritto comparato e diritto costituzionale europeo*, Torino, 2010; ID., *Il principio li-*

bertà nello Stato costituzionale, Torino, 2018; ID., *Esperienza, costituzioni, storia*, Napoli, 2019; M. SICLARI (a cura di), *Contributi allo studio della Carta dei diritti fondamentali dell'Unione europea*, Torino, 2003; A. TIZZANO (a cura di), *Trattati dell'Unione europea*, Milano, 2014; J. ZILLER, *Diritto delle politiche e delle istituzioni dell'Unione europea*, Bologna, 2013.

Capitolo Quinto
Le fonti di grado secondario e la consuetudine

1. *La potestà regolamentare. Il ruolo del principio di legalità e l'esistenza di diverse tipologie di potestà regolamentare*

Le fonti di grado secondario vengono generalmente ricomprese sotto la generica denominazione di *"regolamento"*. Con questo sostantivo infatti si indicano in genere le fonti di grado secondario (ma, come visto, a volte la denominazione «regolamento» può indicare anche fonti di grado primario come ad esempio i regolamenti parlamentari). L'aggettivo che accompagna il sostantivo «regolamento» tende ad indicare, in genere, l'organo o l'ente che adotta l'atto medesimo (regolamenti governativi, ministeriali, regionali, provinciali, comunali, ecc.).

L'**atto regolamentare**, in quanto fonte del diritto, **è un atto normativo** (cioè capace di produrre norme giuridiche) **di grado secondario.** A fini didattici non appare inutile ricordare che l'atto regolamentare interviene a porre norme giuridiche volte a disciplinare qualunque materia con la funzione, in genere, di porre la disciplina di esecuzione di norme di legge. L'atto regolamentare, in quanto fonte del diritto, ha la «capacità» di porre precetti *erga omnes*, cioè di introdurre norme «generali» ed "astratte", capaci di rivolgersi a tutti i soggetti dell'ordinamento (c.d. «capacità innovativa», Cerri).

La Costituzione, salvo l'art. 117, sesto comma, Cost. (relativo alla ripartizione di potestà regolamentare fra Stato e Regioni) e qualche altro piccolo accenno (artt. 5, 87, 123 Cost.), non disciplina la potestà regolamentare, ma questa constatazione è conseguenziale al riconoscimento del fatto che la Costituzione pone la disciplina delle fonti primarie, mentre è compito della legge disciplinare le fonti di grado secondario. Se le fonti di grado primario trovano il proprio fondamento in Costituzione (o in una fonte di grado costituzionale), le fonti di grado secondario trovano nella legge (o in una fonte di grado primario) il rispettivo fondamento. A questo proposito si afferma che la potestà regolamentare – quale potere di adottare atti normativi di grado secondario – si basa sul ***principio di legalità*** nel senso che tale potere deve trovare fondamento in una legge.

La dottrina si è spesso interrogata sulla portata e sul significato del principio di legalità e, in particolare, sul ruolo di tale principio in un ordinamento democratico (al riguardo più dettagliatamente v. *supra*, cap. I, par. 8).

Il *principio di legalità*, come detto, esige che il potere regolamentare trovi esplicitamente il proprio fondamento in una fonte di grado primario, ma, a questo proposito, ci si interroga se possa ritenersi sufficiente una generica assegnazione (da parte della fonte di grado primario) di potestà normativa o se invece sia di volta in volta necessaria una specifica base legislativa. Da un punto di vista strettamente formale, il fondamento legislativo può risolversi in un «mero conferimento» di potere regolamentare (*principio di legalità in senso formale*). In questa accezione è necessario e sufficiente che la legge assegni al relativo organo una potestà di adozione di atti regolamentari.

Volendo invece assegnare al principio di legalità una valenza non solo formale ma anche sostanziale, bisogna ritenere non sufficiente un mero conferimento di potere normativo da parte della legge, ma è da ritenere necessaria anche una determinazione della dimensione e degli ambiti di intervento (e quindi della "ampiezza") del potere normativo che viene conferito. Questo tipo di approccio, che sembra più conforme al dettato costituzionale, conduce a ritenere che, oltre al trasferimento di poteri in favore della fonte subordinata, la legge debba porre, quale «limite invalicabile», anche una normativa di principio (*principio di legalità in senso sostanziale*).

La potestà regolamentare viene conferita a volte ad organismi tecnici, chiamati dunque, in ragione della propria competenza, a porre discipline di settore, ovviamente nel quadro dei principi fissati dalla legge che conferisce il relativo potere regolamentare. E qui appare con evidenza il significato di garanzia del principio di legalità che, qualora inteso in senso meramente formale – come mera attribuzione di potere normativo – finisce per conferire all'organismo tecnico anche l'opzione fra scelte di principio (e dunque di valore). Il principio di legalità in senso sostanziale postula invece la necessità che sia la legge stessa a fissare la disciplina di principio della materia, rimanendo al titolare della potestà regolamentare un potere sì normativo ma di attuazione delle scelte di fondo operate dalla – e contenute nella – legge.

Come visto, il potere regolamentare può trovare diverse espressioni a partire dal soggetto cui lo stesso è conferito. Di particolare rilevanza è il potere del Governo in ragione della peculiare posizione istituzionale dello stesso (vertice della amministrazione statale, detentore del potere esecutivo in ragione del peculiare rapporto di fiducia con il Parlamento, espressione e detentore di potere politico, ecc.). Con riguardo alla potestà regolamentare del Governo si è continuata a registrare la tendenza degli esecutivi ad affermare – anche tendendola ad ampliare – la relativa potestà regolamentare, nonché dottrine volte a giustificare l'esistenza – se non la necessità – di una potestà normativa dell'esecutivo e che hanno spesso svuotato di contenuto il principio di legalità.

Ovviamente le diverse riflessioni sulla potestà regolamentare del Governo vanno collocate all'interno del relativo ordinamento giuridico (con riguardo allo specifico rapporto fra Parlamento e Governo) così come le varie riflessioni registrate sul rapporto fra legge e regolamento devono essere collocate nel momento storico nel quale le stesse sono state elaborate.

A tal proposito illuminante è proprio la riflessione sul fondamento del potere regolamentare registratasi in Italia a partire dagli anni successivi all'instaurazione dello Stato unitario. In epoca di monarchia limitata la contrapposizione fra la tesi che riteneva necessario l'intervento dell'atto legislativo e la tesi che invece ravvisava il fondamento del potere regolamentare nella discrezionalità di cui gode l'esecutivo, rispecchiava la competizione per la primazia nel potere fra Parlamento e Governo (e più specificamente fra Parlamento e monarchia). Schematicamente potrebbe dirsi che nel periodo statutario alla tesi secondo cui la potestà regolamentare della pubblica amministrazione (che all'epoca si identificava con il governo) è espressione del potere discrezionale di cui l'amministrazione dispone nella sua attività si contrapponeva l'opinione della necessarietà di una espressa attribuzione di competenza da parte della legge al potere esecutivo.

All'inizio del XX secolo, con l'allargamento del suffragio elettorale, anche il tema del fondamento del potere regolamentare viene ad assumere significati ulteriori. Inoltre, sulla base della teoria della pluralità degli ordinamenti giuridici (v. *supra*, cap. I, par. 3), il potere regolamentare viene ad atteggiarsi in maniera differente anche a seconda dei rapporti fra ordinamenti particolari e ordinamento statale. Così Santi Romano fonda la potestà regolamentare della pubblica amministrazione sul principio di autonomia di quest'ultima, pur ritenendo sempre necessaria una legge affinché tali regolamenti possano esplicare i propri effetti anche nell'ordinamento generale.

In epoca repubblicana il riconoscimento ad opera della Costituzione del 1948 del principio pluralistico, se può essere ritenuto un importante tassello per l'elaborazione di una teoria che ritenga il potere regolamentare espressione diretta di una sfera di autonomia costituzionalmente fondata, parimenti non può ritenersi da solo sufficiente a sostenere la non-necessarietà di un fondamento legislativo, sia per quanto disposto dagli artt. 23, 70 e 97 Cost., sia qualora si consideri il peculiare «trattamento» riservato al potere regolamentare in generale dalla Costituzione repubblicana. Questa infatti, se spende solo pochi cenni per il potere regolamentare dell'esecutivo, fornisce ricchi spunti alla generale problematica del potere regolamentare: dalla esplicita posizione di supremazia del Parlamento al ruolo della legge nel sistema delle fonti, dal riconoscimento delle autonomie (art. 5 Cost.) all'affermazione esplicita di poteri regolamentari (a Regioni, Enti locali, ecc.), fino alla previsione di chiare garanzie costituzionali (art. 113 Cost.).

Nelle riflessioni sul potere regolamentare (in particolare quello governativo, ma anche degli Enti locali, della pubblica amministrazione, della Corte costituzionale, delle Camere, ecc.) il rapporto fra il principio che postula il necessario fondamento legislativo del potere regolamentare e l'affermazione della rilevanza della collocazione istituzionale dell'organo si presenta in veste altamente differenziata. La tesi che fa leva sul ruolo istituzionale dell'organo è naturalmente inaccettabile quando giunge a negare, oltre alla necessità del fondamento legislativo, la stessa subordinazione del potere regolamentare a quello legislativo. Ma questa tesi appare non disprezzabile quando, riconoscendo la necessità di una previa legge che *attivi* il relativo potere, assegna peculiare e specifico valore alla posizione istituzionale del soggetto titolare del rispettivo potere regolamentare.

Si presenta così un aspetto – quello della **collocazione istituzionale del soggetto titolare del potere regolamentare** – che, nello studio del potere normativo, riveste un ruolo decisivo. L'assegnazione di uno specifico peso al ruolo istituzionale dell'organo induce a riflettere sulla inevitabile diversità che intercorre a seconda del soggetto ritenuto titolare di potere regolamentare. L'intervento legislativo, sempre necessario, muta di significato perché la legge, nei casi previsti dalla Costituzione, deve lasciare al potere regolamentare del soggetto individuato lo "spazio normativo" costituzionalmente riconosciuto. Conseguenzialmente il rapporto legge-regolamento viene ad atteggiarsi in maniera differente proprio in ragione del rapporto intercorrente fra Parlamento e soggetto dotato di potestà regolamentare.

Con riguardo a determinate tipologie di potestà regolamentare (Enti locali, Autorità indipendenti, pubbliche amministrazioni), bisogna pertanto muovere dal duplice riconoscimento dell'importanza sia del necessario fondamento legislativo del potere regolamentare che del ruolo costituzionale del soggetto. In questa ricostruzione bisogna pertanto distinguere a seconda se la specifica potestà regolamentare abbia un fondamento solo legislativo – sicché il perimetro di tale potere è interamente rimesso alla volontà del legislatore – o se invece abbia un fondamento costituzionale. In quest'ultimo caso anche la relativa potestà regolamentare, in quanto espressione di un'autonomia costituzionalmente riconosciuta, viene a godere – oltre che di un fondamento – anche di una tutela costituzionale che, pur non potendo giungere a negare il rispetto del principio di legalità e il principio di subordinazione della fonte di grado secondario a quelle di grado primario, parimenti assicura al soggetto titolare un àmbito che lo stesso legislatore deve rispettare.

Pertanto bisogna giungere a riconoscere che in quest'ultimo caso la legge, sempre necessaria, viene a trovarsi «limitata», non potendo giungere a disciplinare capillarmente la materia, dovendo lasciare spazio alla fonte regolamentare e dovendo piuttosto rispettare e «valorizzare» il ruolo istituzionale dell'organo, ruolo che dunque opera come limite alle potenzialità della – pur sempre necessaria – legge. Va dunque ribadito che l'accento posto sul ruolo istituzionale dell'organo titolare del potere regolamentare non opera quale ragione giustificatrice dell'assenza di un fondamento legislativo – e dunque quale limite o negazione dello stesso principio di legalità –, ma piuttosto quale elemento di limitazione dell'arbitrio del legislatore e in funzione di imposizione di un vincolo in positivo per il legislatore medesimo.

Il riconoscimento dell'esistenza, in alcuni casi, di un duplice fondamento – costituzionale e legislativo – del potere regolamentare viene ad assegnare alla (sempre necessaria) legge un significato differente giacché l'intervento del legislatore è «necessario» in un duplice senso: come fondamento e limite del potere regolamentare, ma anche quale vincolo in positivo per il legislatore che non può giungere (nei casi in cui il potere regolamentare abbia anche un fondamento costituzionale) a comprimere del tutto il relativo potere regolamentare. La discrezionalità del legislatore, nell'instaurare la fonte regolamentare, non è dunque in questi casi illimitata, giacché la legge deve necessariamente rispettare i principi e limiti posti dalla Costituzione.

La constatazione che il potere regolamentare trova molteplici espressioni spinge a tenere distinte le diverse manifestazioni del potere regolamentare a seconda del soggetto titolare di tale potestà, distinguendo dunque i regolamenti dell'esecutivo – o governativi – dalla potestà regolamentare della pubblica amministrazione, dal potere normativo – statutario e regolamentare – degli Enti locali e dalla potestà regolamentare delle autorità amministrative indipendenti. Ma la distinzione della potestà regolamentare va operata anche con riguardo al fondamento, costituzionale o legislativo, della stessa. In questa prospettiva, se appare condivisibile l'opinione che colloca i regolamenti governativi e le altre fonti normative di emanazione amministrativa secondo un ordine di ripartizione di competenze fissato dalla legge, si ritiene necessario aggiungere che nei casi in cui tali sfere di autonomia trovano in Costituzione il proprio fondamento e riconoscimento, la legge non può essere ritenuta «padrona assoluta» di tale «ripartizione di competenze», spettando alla stessa il compito di porre la disciplina giuridica di principio della materia e di lasciare adeguato spazio alla relativa fonte regolamentare.

Viene così a configurarsi un quadro composito nel quale, alla riaffermazione dell'indiscutibile collocazione della legge in un grado di superiorità, si affianca parimenti il riconoscimento di una «ripartizione di aree» tra potere legislativo e potere regolamentare assegnato ad altri soggetti (pubblica amministrazione, autorità amministrative indipendenti, Enti locali, ecc.) in cui l'autonomia normativa riconosciuta agli stessi è delimitata in un sistema pluriarticolato contenente, da un lato, le leggi e le fonti a questa equiparate e, dall'altro lato, gli atti normativi che sono espressione di autonomia differenziata.

2. *Il potere regolamentare del Governo. La delegificazione*

La potestà regolamentare del Governo, in quanto espressione di un'autonomia costituzionalmente non garantita ma neppure vietata, è rimessa alla legge ordinaria (o ad una fonte a questa equiparata) nella quale il regolamento – quale atto normativo secondario – deve necessariamente trovare sia il fondamento che la delimitazione del proprio ambito di efficacia.

Con riguardo ai regolamenti governativi, la Costituzione (art. 87 Cost.) si limita ad affermare che il Presidente della Repubblica «*emana i regolamenti*». La legge n. 400 del 1988 (legge che disciplina il potere normativo del Governo) all'art. 17 prevede vari **tipi di regolamenti**:

– **regolamenti di esecuzione** (o esecutivi): i regolamenti di esecuzione pongono disposizioni contenenti la disciplina esecutiva di norme di legge e di decreti legislativi;

– **i regolamenti di** attuazione **e integrazione** (o attuativi e integrativi): i regolamenti di attuazione e di integrazione pongono norme di attuazione o integrative di disposizioni di legge e di decreti legislativi recanti norme di principio;

– **i regolamenti indipendenti**: si definiscono tali i regolamenti che disciplinano materie prive di disciplina di grado legislativo e non coperte da riserva di legge (v. *supra*, cap. I, par. 8); è dunque necessaria la coesistenza di entrambi i requisiti: la materia non deve essere coperta da riserva di legge e non deve essere già disciplinata da alcuna fonte di grado primario;

– **i regolamenti di organizzazione** (o organizzativi): sono definiti tali i regolamenti che disciplinano l'organizzazione e il funzionamento delle amministrazioni pubbliche secondo le disposizioni dettate dalla legge. L'art. 97, secondo comma, Cost. (secondo cui «*I pubblici uffici sono organizzati secondo disposizioni di legge, in modo che siano assicurati il buon andamento e la imparzialità dell'amministrazione*») pone una riserva di legge in materia di organizzazione dei pubblici uffici, ma giurisprudenza e dottrina hanno sempre affermato che tale riserva è relativa e pertanto è sufficiente che la legge ponga la disciplina di principio della materia, ben potendo gli ulteriori aspetti di dettaglio essere disciplinati dalla fonte di grado secondario. La legge n. 59 del 1997 (art. 13) ha infine aggiunto all'art. 17 della legge n. 400 del 1988 il quarto comma *bis*, secondo cui l'organizzazione e la disciplina «degli uffici dei ministeri» sono determinate con regolamenti di delegificazione (v. *infra*) «nel rispetto dei principi posti dal d.lgs. n. 29 del 1993, e successive modificazioni» (e di una serie di criteri indicati dalla disposizione medesima).

Con il sostantivo "***delegificazione***" si fa riferimento al fenomeno mediante il quale una materia già disciplinata dalla legge (o comunque da fonte di grado primario) viene "delegificata" (cioè, per così dire, "abbassata di livello") al fine di consentire che la futura disciplina della materia possa essere introdotta con fonti di grado secondario (e, in particolare, mediante, un regolamento governativo).

La riflessione sull'istituto della delegificazione ruota attorno a diversi nodi problematici (rapporto fra fonti di grado primario e fonti di grado secondario; rapporto Parlamento-Governo; esistenza o meno di un vincolo costituzionale circa il rapporto gerarchico fra le diverse fonti), ma, dal punto di vista della teoria delle fonti del diritto, sembra importante soffermarsi sul punto relativo al meccanismo di funzionamento di tale istituto. A questo proposito bisogna innanzitutto sottolineare che il regolamento di delegificazione (cioè il regolamento che introduce una nuova disciplina rispetto alla disciplina precedente posta da fonte di grado primario) è (e resta) fonte di grado secondario. La delegificazione dunque non assegna al regolamento governativo la qualità di fonte di grado primario.

Il secondo comma dell'art. 17 della legge n. 400 del 1988 disciplina l'istituto della delegificazione. In base a questa disposizione, il regolamento governativo, previa «autorizzazione» da parte di una legge che ponga «le norme generali regolatrici della materia» e che disponga l'abrogazione delle norme vigenti – abrogazione che però non opera immediatamente, ma a partire dall'entrata in vigore delle future norme regolamentari –, può disciplinare materie già disciplinate con fonti di grado primario purché non coperte da riserva assoluta di legge.

Quindi, su una materia già disciplinata da fonte di grado primario e a questa non riservata in via assoluta dalla Costituzione, la legge ordinaria (c.d. *legge di delegificazione o autorizzante*) può consentire che la futura disciplina della materia sia posta dal regolamento governativo, ma tale legge (autorizzante) deve porre le norme generali della materia (che il futuro regolamento governativo dovrà rispettare) ed è sempre tale legge ad abrogare la normativa (di grado primario) già esistente e l'effetto abrogativo si produrrà solo con l'entrata in vigore del futuro regolamento governativo (c.d. *abrogazione differita*). Infatti, se l'effetto abrogativo si producesse immediatamente, si verrebbe ad avere un vuoto normativo dal momento che si avrebbe l'abrogazione della normativa preesistente ma non si avrebbe ancora la nuova normativa introdotta dal regolamento governativo che ovviamente è ancora da adottare.

La formulazione del secondo comma dell'art. 17 della legge n. 400 del 1988 sembra assicurare il rispetto del principio gerarchico, giacché è sempre la legge ad abrogare le norme primarie previgenti, pur differendo l'effetto abrogativo al momento di entrata in vigore del regolamento governativo. Bisogna però aggiungere che la quasi totalità delle leggi di delegificazione non contiene l'elencazione espressa delle norme abrogate, rimettendo così al regolamento governativo l'individuazione delle norme di grado primario previgenti sulle quali andrà ad operare l'abrogazione differita.

A questo proposito si è distinto (Dickmann) fra «*delegificazione abrogativa propria*» (riconducibile direttamente alla previsione di cui all'art. 17, secondo comma, legge n. 400 del 1988), e che presuppone nella legge autorizzante l'elencazione espressa e tassativa delle disposizioni legislative abrogate con effetto dall'entrata in vigore del regolamento, e «*delegificazione abrogativa impropria*», che si ha quando la legge autorizzante pone una clausola generale di abrogazione delle disposizioni legislative vigenti incompatibili con la emananda disciplina regolamentare, e spesso con la puntualizzazione che spetterà al futuro regolamento governativo individuare le disposizioni da intendersi abrogate con l'entrata in vigore dello stesso. Riguardo a questa distinzione, appare agevole evidenziare come la seconda ipotesi venga ad essere qualitativamente diversa dalla prima, giacché in tale ultimo caso è lo stesso regolamento governativo ad individuare le norme abrogate, rimanendo così alla legge il solo effetto di "autorizzazione". Inoltre bisogna sottolineare come questo esito non appaia giustificabile alla luce dell'impianto posto dall'art. 17, secondo comma, della legge n. 400 del 1988.

L'atteggiamento della dottrina, volto a distinguere diverse tipologie di delegificazione, risponde alla fenomenologia delle molteplici leggi mediante le quali il legislatore ha di fatto dato vita a differenti "declinazioni" di tale istituto, a partire già dal 1989 prevedendo – con una formulazione ancora meno stringente di quella dell'art. 17 della legge n. 400 del 1988 – la c.d. delegificazione comunitaria (art. 4, primo comma, legge n. 86 del 1989, secondo cui «*Nelle materie già disciplinate con legge, ma non riservate alla legge, le direttive possono essere attuate mediante regolamento, se così dispone la legge comunitaria*» v. oggi art. 35 legge n. 234 del

2012). Altre tipologie di delegificazione possono rinvenirsi in ulteriori atti legislativi (v. ad es. art. 32, terzo comma, legge n. 36 del 1994, art. 10, terzo comma, legge n. 25 del 1997; l'art. 20 della legge n. 59 del 1997, prevedeva un meccanismo periodico di ricorso sistematico alla delegificazione, consistente nella c.d. "legge annuale di semplificazione dei procedimenti amministrativi").

A giustificazione dell'istituto della delegificazione si afferma, da parte di alcuni, che si tratterebbe di uno strumento di semplificazione del quadro normativo e di risposta all'eccesso di disciplina legislativa esistente nel nostro ordinamento. Ma è agevole replicare che la delegificazione non "semplifica" affatto il quadro normativo giacché sostituisce soltanto discipline di grado primario con discipline di grado secondario e dunque non vi è alcuna riduzione del numero degli atti normativi, ma soltanto un abbassamento di livello gerarchico degli stessi. L'unico vero effetto determinato dalla delegificazione è lo spostamento di potere normativo dal Parlamento al Governo che si trova a disporre di un ampio potere normativo su intere materie praticamente senza, o con pochissimi, vincoli. E questa constatazione conduce a ribadire quanto già affermato (v. *supra*, cap. III) in merito alla progressiva crescita dei poteri normativi del Governo con svuotamento del potere legislativo del Parlamento e con aggiramento delle garanzie costituzionalmente previste.

3. *La potestà normativa delle pubbliche amministrazioni*

La potestà normativa delle pubbliche amministrazioni si differenzia per specifiche peculiarità dalla potestà regolamentare del Governo in ragione del pluralismo politico-istituzionale e del ruolo costituzionalmente riconosciuto alle pubbliche amministrazioni.

La Costituzione pone importanti principi in merito all'organizzazione e all'azione della pubblica amministrazione. Massimo Severo Giannini ha evidenziato che la Carta repubblicana «ha introdotto per la prima volta in modo consapevole, nella nostra storia giuridica, il problema della separazione dell'amministrazione dal governo e della tutela di essa contro l'azione del governo, quale organo politico». Ed a questo fine operano, come strumenti di garanzia, gli istituti del principio di legalità e della riserva di legge (v. *supra*, cap. I, par. 8).

In Costituzione è possibile rinvenire (secondo l'insegnamento di Mario Nigro) tre modelli coesistenti di amministrazione:

a) quale «apparato servente» del Governo (art. 95 Cost.);

b) quale «apparato a sé» regolato direttamente dalla legge (artt. 97 e 98 Cost.);

c) quale «amministrazione autonomistica e comunitaria» (art. 5 Cost., artt. 114 ss. Cost.).

E la riflessione sulla potestà regolamentare delle pubbliche amministrazioni non può prescindere da questa constatazione. Il principio del pluralismo istituzionale o politico-amministrativo, posto dall'art. 5 Cost. – quale svolgimento del principio democratico – determina che l'ordinamento repubblicano si fondi sulla necessaria esistenza di una pluralità di centri di governo e di amministrazione autonomi anche politicamente. E l'art. 97 Cost. – secondo cui «*I pubblici uffici sono organizzati secondo disposizioni di legge in modo che siano assicurati il buon andamento e l'imparzialità dell'amministrazione*» – fonda la distinzione, costituzionalmente rilevante, fra attività di governo e attività amministrativa, con le conseguenziali, necessarie, distinzioni anche a livello organizzativo.

Il principio della separazione fra politica ed amministrazione trova esplicazione in altri principi costituzionali ed innanzitutto nel **principio di legalità** che postula la sottoposizione dell'amministrazione alla legge, potendo l'amministrazione compiere solo gli atti ed i comportamenti previsti dalla legge e nel modo da questa indicato. È la legge dunque che predetermina le modalità di azione della pubblica amministrazione. E la riserva di legge posta dall'art. 97 Cost. risponde ad un'esigenza garantistica nei rapporti sia fra politica e amministrazione, che fra amministrazione e cittadino.

La dottrina ha da tempo dimostrato che rientrano nel novero delle fonti del diritto tutti quegli atti con cui la pubblica amministrazione, dettando norme nel campo d'azione affidato alle sue cure, comunque innova l'ordinamento giuridico (Sandulli). Quindi la pubblica amministrazione esercita potestà normativa non solo adottando atti aventi la specifica denominazione di «regolamenti», ma anche quando adotta atti amministrativi aventi un contenuto normativo e caratterizzati dalla «generalità» dei destinatari. A questo proposito si utilizza anche l'espressione «atti amministrativi generali» all'interno dei quali però la dottrina ha dimostrato la possibilità di distinzione degli atti amministrativi generali a contenuto normativo dagli atti amministrativi generali a contenuto non normativo.

La pluralità delle pubbliche amministrazioni e la separazione fra le stesse determina una espansione anche del fenomeno dell'attività normativa dalle medesime svolta. Ed anche la giurisprudenza amministrativa ha affermato la necessità che ciascuna pubblica amministrazione, nell'esercizio dei poteri discrezionali affidatile dalla legge, debba prefissare i criteri e i principi che devono regolare la successiva azione amministrativa e l'adozione dei singoli provvedimenti. Va dunque ribadita, anche in questo ambito, l'operatività del principio di legalità e, più in generale, i limiti alla potestà regolamentare sopra descritti.

4. *I regolamenti delle autorità amministrative indipendenti*

All'interno dell'ampio *genus* della potestà normativa delle pubbliche amministrazioni va collocata anche la **potestà regolamentare delle autorità amministrative indipendenti** che però presenta numerose peculiarità che spingono la dottrina a ricostruzioni anche molto distanti le une dalle altre.

Con l'espressione "*autorità amministrative indipendenti*" si fa riferimento a diversi organismi che hanno trovato affermazione nel nostro ordinamento a partire dagli anni ottanta del secolo scorso. Nell'ordinamento italiano l'espansione del fenomeno delle autorità amministrative indipendenti è avvenuta secondo due differenti linee di sviluppo:

– da un lato vi è stato un ampliamento del numero dei settori sottoposti al controllo di siffatte autorità: dalla borsa (Consob) alle assicurazioni (Ivass), dall'esercizio del diritto di sciopero (Garante per lo sciopero nei servizi pubblici) alla concorrenza (Autorità antitrust), dal trattamento dei dati personali (Garante privacy) al settore delle comunicazioni (Garante delle comunicazioni), dai servizi di pubblica utilità (Autorità di regolazione per energia reti e ambiente) agli appalti pubblici (Anac), ecc.;
– dall'altro le diverse autorità hanno progressivamente rivendicato, attraverso un utilizzo «ampio» dei rispettivi poteri, una sempre maggiore «autonomia».

L'esame del diritto positivo consente di poter affermare l'estrema difficoltà di individuazione di un «modello» di autorità amministrativa indipendente, riscontrandosi dietro siffatta espressione numerose figure tra loro eterogenee. L'elemento peculiare delle autorità amministrative indipendenti è dunque quello dell'*indipendenza*, la cui garanzia discende proprio dal tipo di funzione da esse svolto – di regolamentazione e di protezione di interessi collettivi in settori socialmente rilevanti – nell'adempimento del quale è necessario che l'autorità agisca appunto in maniera «indipendente», e cioè senza alcun condizionamento ad opera né del potere politico, né di gruppi privati.

L'essenza del fenomeno delle autorità amministrative indipendenti va ravvisata nella garanzia e nell'espletamento delle funzioni di *administrative regulation* quale espressione di una democratica visione della amministrazione, non più «braccio operativo» delle scelte compiute dalla maggioranza politica, bensì «formula in linea con la Costituzione» ed «antesignane di una emergente, nuova concezione dell'amministrazione, ancorata alla società e al rispetto dei diritti individuali» (Longobardi). E l'*indipendenza* di tali organi – quale capacità di determinare la propria azione nell'esercizio dei poteri attribuiti dalla legge – si presenta quale sottrazione, sia sul piano organizzativo che su quello funzionale, di tali autorità ad ogni ingerenza dell'esecutivo. E così anche il riconoscimento di potere regolamentare discende dall'attribuzione alle autorità amministrative indipendenti di poteri riconducibili alla funzione di *regolazione* e di *controllo*, intendendo il concetto di *regolazione amministrativa*, come funzione svolta da una autorità amministrativa, agente in posizione di terzietà e di neutralità e per la cura di interessi collettivi, e diretta a disciplinare l'attività dei soggetti privati.

Le autorità amministrative indipendenti più significative presenti nel nostro ordinamento sono le seguenti:

– la *Commissione nazionale per le società e la Borsa* (Consob), cui è affidata la vigilanza sul corretto funzionamento delle borse valori, nonché il controllo della trasparenza delle società quotate in borsa e delle informazioni fornite al pubblico. Il d.lgs. n. 58 del 1998 (*"Testo unico delle disposizioni in materia di intermediazione finanziaria"*), oltre ad attribuire alla Consob ampi poteri regolamentari, le ha esplicitamente assegnato il ruolo di tutela degli investitori in quanto garante della correttezza e trasparenza dei comportamenti degli intermediari, della trasparenza dei mercati e dell'ordinato svolgimento delle negoziazioni, dell'efficienza e trasparenza del mercato dei capitali e del mercato di controllo societario e della correttezza contabile dei bilanci societari;

– l'*Autorità garante della concorrenza e del mercato (Antitrust)*, istituita dalla legge n. 287 del 1990 che le assegna il compito di vigilare sul rispetto della concorrenza. Svolge funzioni conoscitive e consultive per tutto ciò che riguarda la regolamentazione della concorrenza e del mercato, nonché funzioni sanzionatorie e di tipo autorizzatorio con riguardo ai fenomeni di concentrazioni pregiudizievoli della libera concorrenza, di intese restrittive e di abuso:

– l'*Istituto per la vigilanza sulle assicurazioni* (Ivass), organo di controllo delle imprese di assicurazione;

– l'*Autorità per le garanzie nelle comunicazioni*, che ha rilevanti poteri di regolazione e di controllo nel settore delle comunicazioni;

– il *Garante per la protezione dei dati personali*, che svolge funzioni di vigilanza e di controllo del rispetto delle norme poste a tutela dei dati sensibili;

– l'*Autorità di regolazione per energia reti e ambiente* (che è succeduta alle preesistenti Autorità per l'energia elettrica e il gas e Autorità per l'energia elettrica il gas ed il sistema idrico), preposta alla regolazione e al controllo dei settori dell'energia elettrica, del gas e delle reti idriche;

– la *Commissione di garanzia per l'attuazione della legge sull'esercizio del diritto di sciopero*, che regola l'esercizio del diritto di sciopero nei servizi pubblici;

– l'*Autorità nazionale anticorruzione (Anac)*, che svolge la funzione di prevenzione della corruzione nell'ambito delle pubbliche amministrazioni (e delle società partecipate e controllate), mediante un'attività di vigilanza nell'ambito dei contratti pubblici e di attuazione della trasparenza.

La potestà regolamentare assegnata a tali autorità discende dall'obbligo giuridico sulle stesse ricadenti di adozione di norme, destinate a regolare i settori loro affidati, il cui contenuto trova nella legge attributiva di competenza non solo il proprio fondamento, ma anche l'obbligo in positivo (la «funzione», appunto) di disciplinare la materia *de qua*. In questa prospettiva il potere normativo delle autorità amministrative indipendenti viene a configurarsi quale esercizio di una funzione che trova nella legge e nella Costituzione fondamento e vincolo.

Le amministrazioni indipendenti presenti nel nostro ordinamento si distinguono per l'attribuzione alle stesse, da parte della vigente legislazione, di diverse «tipologie» di potestà normativa: di organizzazione; di esecuzione e/o di attuazione e/o di integrazione di norme di grado primario; di disciplina di ambiti delegificati; di potestà regolamentare indipendente. Sotto la denominazione *"regolamenti delle autorità indipendenti"* si raccolgono dunque atti normativi eterogenei che si differenziano fra loro per una pluralità di ragioni. E tale eterogeneità discende della numerosità ed eterogeneità delle autorità indipendenti presenti nel nostro ordinamento dotate di funzioni, competenze e poteri spesso molto differenti le une dalle altre.

La eterogeneità delle autorità indipendenti presenti nel nostro ordinamento si riflette dunque sul potere regolamentare delle stesse ed anche, più in generale, sulla categoria «regolamenti delle autorità amministrative indipendenti», il cui comune denominatore può essere rappresentato dalla ampia autonomia riconosciuta alle autorità indipendenti nell'esercizio dei relativi poteri normativi. Proprio per far fronte a questo elemento, negli Stati Uniti, con l'*Administrative Procedure Act* (del 1946) fu introdotto un quadro di regole procedimentali fondate sul principio della partecipazione al procedimento dei soggetti destinatari del provvedimento finale e sul principio del rispetto del contraddittorio (procedura di «*notice and comment*», caratterizzata dalla preliminare pubblicazione della «proposta di atto» sulla quale tutti i soggetti interessati possono far pervenire le proprie osservazioni, di cui l'autorità procedente deve tenere conto in sede di adozione dell'atto di regolazione).

Il «*procedimento partecipativo*» (quale «strumento della partecipazione dei soggetti interessati, sostitutivo della dialettica propria delle strutture rappresentative») è oggi invocato quale uno dei principi giustificativi del ruolo e dei poteri delle autorità indipendenti le quali, ponendosi «al di fuori della tradizionale tripartizione di poteri ... trovano in questo modo una legittimazione dal basso, proprio attraverso le garanzie del giusto procedimento e poi mediante il controllo in sede giurisdizionale». Garanzia del giusto procedimento e controllo giurisdizionale sono dunque principi sostanziali dell'attività delle medesime. In particolare la previsione di garanzie procedimentali e il principio del contraddittorio – con garanzia della partecipazione dei privati al procedimento di formazione degli atti normativi delle autorità indipendenti – assegnano alle autorità una «legittimazione democratica dal basso» giacché «la caduta del valore della legalità sostanziale viene ... almeno in parte compensata dalla legalità procedurale. Si instaura una correlazione inversa tra legalità sostanziale e legalità procedurale» (Chieppa).

L'ampia potestà normativa conferita alle autorità indipendenti è giustificata dalla garanzia di partecipazione «attiva» al relativo procedimento dei soggetti interessati. E la «*legalità procedurale*» – intesa come predisposizione di forme procedurali volte a garantire la partecipazione al procedimento degli interessati in posizione «attiva» e con il rispetto del principio del contraddittorio – «compensa» il difetto di legalità sostanziale del potere normativo delle amministrazioni indipendenti, ma anche il deficit di legittimazione democratica delle medesime.

L'art. 23 della legge n. 262 del 2005, in merito ai «*Procedimenti per l'adozione di atti regolamentari e generali*», ha previsto che gli atti «aventi natura regolamentare o di contenuto generale» della Banca d'Italia, della Consob, dell'Ivass e della Covip «devono essere motivati con riferimento alle scelte di regolazione e di vigilanza del settore ovvero della materia su cui vertono» e tali atti devono essere «accompagnati da una relazione» volta ad illustrarne le «conseguenze» su: a) la regolamentazione in generale; b) sull'attività delle imprese e degli operatori; c) sugli interessi degli investitori e dei risparmiatori.

I regolamenti delle singole autorità devono disciplinare le modalità di applicazione dei principi elencati nel medesimo art. 23, legge n. 262 del 2005 (motivazione, relazione illustrativa, principio di proporzionalità, ecc.) indicando «i casi di necessità e di urgenza o le ragioni di riservatezza» che possono giustificare la deroga ai principi medesimi L'importanza delle regole procedimentali quale «correttivo» alla perdita di legalità sostanziale e al *deficit* di legittimazione democratica delle autorità amministrative indipendenti era stata inizialmente sottolineata dalla giurisprudenza del Consiglio di Stato (Cons. Stato, sez. VI, n. 5105 del 2002; Cons. Stato, sez. Consultiva per gli atti normativi, n. 11603 del 2004; Cons. Stato, sez. VI, 11 aprile 2006, n. 2007; Cons. Stato, sez. VI, sent. 27 dicembre 2006, n. 7296) che riconosce la possibilità di una «compensazione della caduta della legalità sostanziale» per effetto di un «rafforzamento della legalità procedurale sotto forma di garanzie del contraddittorio».

Il Consiglio di Stato (sez. norm., parere n. 355/06 del 6 febbraio 2006, parere sul «*Codice dei contratti pubblici di lavori, servizi e forniture*») ha ribadito che i poteri normativi delle amministrazioni indipendenti trovano giustificazione anche nella previsione di un procedimento partecipativo «inteso come strumento della partecipazione dei soggetti interessati sostitutivo della dialettica propria delle strutture rappresentative. Il rischio di una caduta del valore della legalità sostanziale deve essere compensato, almeno in parte, con un rafforzamento della legalità procedurale, sotto forma di garanzie del contraddittorio». Pertanto la singola autorità indipendente deve prevedere «idonee garanzie partecipative in sede di approvazione dei propri regolamenti» nonché «dotarsi di sistemi di consultazione preventiva, volta a raccogliere il contributo informativo e valutativo dei soggetti vigilati».

5. *Il potere regolamentare delle Regioni*

L'art. 117, comma 6, limita la potestà regolamentare statale alle sole materie sulle quali lo Stato gode di potestà legislativa esclusiva e riserva alle Regioni il potere regolamentare in tutte le altre materie, mentre ai Comuni e alle Province è riconosciuta potestà regolamentare in ordine alla disciplina dell'organizzazione e dello svolgimento delle funzioni loro attribuite.

Con riguardo alla potestà regolamentare delle Regioni, l'art. 121 Cost., nella versione originale, assegnava al Consiglio regionale l'esercizio delle *"potestà legislative e regolamentari attribuite alla Regione"* e la riforma introdotta con la legge cost. n. 1 del 1999 ha eliminato dall'art. 121 Cost. l'aggettivo *"regolamentari"* rimettendo così allo statuto regionale le scelta se assegnare o meno potestà regolamentare alla giunta regionale (assegnazione in precedenza preclusa).

Con riguardo alle materie su cui può intervenire il regolamento regionale, la Corte costituzionale (sent. n. 407 del 2002) ha affermato che la riforma del 2001 non ha eliminato «*la preesistente pluralità di titoli di legittimazione per interventi regionali diretti a soddisfare contestualmente, nell'ambito delle proprie competenze, ulteriori esigenze rispetto a quelle di carattere unitario definite dallo Stato*».

Inoltre, anche con riguardo alla potestà regolamentare delle regioni, non può non ritenersi necessario il rispetto del principio di legalità. Pertanto la singola regione può adottare regolamento su una determinata materia solo previa legge regionale che conferisca (alla giunta regionale o al consiglio regionale, a seconda della previsione dello statuto regionale) potestà regolamentare, ma, con riguardo alle materie di legislazione concorrente, è necessaria anche l'adozione, da parte dello Stato, della legge contenente i principi fondamentali della materia ("concorrente"), legge che, a sua volta, non può giungere a comprimere gli spazi di autonomia (legislativa e regolamentare) spettanti alla regione.

6. *Il potere normativo degli Enti locali*

Il potere normativo degli Enti locali si articola in potestà statutaria e potestà regolamentare.

Gli Enti locali (Comuni, Province e Città metropolitane) hanno un riconoscimento costituzionale già previsto dalla Costituzione del 1948 ed ampliato e rafforzato dalla legge cost. n. 3 del 2001. Attualmente è il *Testo unico sull'ordinamento degli Enti locali* (TUEL, approvato con d.lgs. n. 267 del 2000 ed oggetto di vari interventi legislativi successivi) a porre la disciplina legislativa di tali enti.

A Comuni, Province e Città metropolitane la Costituzione riconosce autonomia statutaria e regolamentare (art. 114, secondo comma, Cost. e art. 117, sesto comma, Cost.). L'art. 114, secondo comma, Cost. afferma che Comuni, Province e Città metropolitane «*sono enti autonomi con propri statuti, poteri e funzioni secondo i principi fissati dalla Costituzione*» e l'art. 117, comma sesto, dispone che Comuni, Province e Città metropolitane «*hanno potestà regolamentare in ordine alla disciplina dell'organizzazione e dello svolgimento delle funzioni loro attribuite*».

Comuni, Province e Città metropolitane devono dotarsi di un proprio ***Statuto***, il quale stabilisce le norme fondamentali dell'organizzazione dell'ente e specifica le attribuzioni degli organi e le forme di garanzia e di partecipazione delle minoranze, i modi di esercizio della rappresentanza legale dell'ente, nonché le forme della partecipazione popolare, del decentramento, dell'accesso dei cittadini alle informazioni e ai procedimenti amministrativi e le forme di collaborazione tra Comuni e Province. Lo Statuto di Comuni e Province è approvato dal Consiglio (comunale o provinciale) con maggioranze particolari (voto favorevole di due terzi dei consiglieri assegnati, in prima votazione; oppure in seguito con doppia votazione a maggioranza assoluta).

L'autonomia normativa degli Enti locali – che, come detto, ricomprende sia la potestà statutaria che quella regolamentare – se trova fondamento in Costituzione, necessita di una legge che ne determina gli ambiti di competenze e le modalità di esercizio. La Costituzione attribuisce alla competenza esclusiva del legislatore statale la disciplina della legislazione elettorale degli Enti locali, degli «organi di governo» e delle loro «funzioni fondamentali». Spetta inoltre alla legge statale o a quella regionale, secondo le rispettive competenze, conferire agli Enti locali le altre funzioni (rispetto a quelle «fondamentali»), secondo i princìpi di sussidiarietà, differenziazione e adeguatezza.

Nel rispetto dei principi fissati dalla legge e nel rispetto dello statuto, il comune e la provincia adottano **regolamenti** nelle materie di propria competenza ed in particolare per l'organizzazione e il funzionamento delle istituzioni e degli organismi di partecipazione, per il funzionamento degli organi e degli uffici e per l'esercizio delle funzioni. Il regolamento costituisce lo strumento normativo tipico dell'ente locale, mediante il quale questi provvede non soltanto all'organizzazione dell'ente medesimo (in attuazione e nel rispetto di quanto disposto dello statuto) ma anche a disciplinare le materie di propria competenza.

Con la legge 7 aprile 2014, n. 56 ("*Disposizioni sulle città metropolitane, sulle Province, sulle unioni e fusioni di comuni*"), adottata «in attesa della riforma del titolo V della parte seconda della Costituzione» (riforma poi bocciata dal referendum costituzionale del 2016), sono state introdotte disposizioni in materia di Province e di Città metropolitane. Le ***Città metropolitane*** (che sono costituite nel territorio delle Province omonime di Torino, Milano, Venezia, Genova, Bologna, Firenze, Bari, Napoli e Reggio Calabria; particolare disciplina è prevista per la Città metropolitana di Roma Capitale) sono definite «*enti territoriali di area vasta*» il cui territorio coincide con quello della provincia omonima e a cui vengono assegnate determinate finalità istituzionali (cura dello sviluppo strategico del territorio metropolitano; promozione e gestione integrata dei servizi, delle infrastrutture e delle reti di comunicazione di interesse della Città metropolitana; cura delle relazioni istituzionali afferenti al proprio livello). Allo **statuto della Città metropolitana** è assegnato il compito di stabilire le norme fondamentali di organizzazione, ivi comprese le attribuzioni degli organi nonché l'articolazione delle rispettive competenze. Inoltre lo statuto: a) regola le modalità e gli strumenti di coordinamento dell'azione complessiva di Governo del Territorio metropolitano; b) disciplina i rapporti tra i Comuni e le loro unioni e la Città metropolitana; c) può prevedere la costituzione di zone omogenee, per specifiche funzioni; d) regola le modalità in base alle quali i Comuni non compresi nel territorio metropolitano possono istituire accordi con la Città metropolitana. A partire dal 1° gennaio 2015 le Città metropolitane sono subentrate alle Province omonime; il sindaco del comune capoluogo ha assunto le funzioni di sindaco metropolitano e la Città metropolitana opera con il proprio statuto e i propri organi. Alla Città metropolitana sono attribuite le funzioni fondamentali delle Province ed altre funzioni fondamentali (adozione piano strategico triennale del territorio metropolitano; pianificazione territoriale generale; organizzazione dei servizi pubblici di interesse generale di ambito metropolitano; mobilità e viabilità; promozione e coordinamento dello sviluppo economico e sociale).

Le ***Province*** sono definite «enti territoriali di area vasta». Le Province, quali enti con funzioni di area vasta, esercitano determinate funzioni fondamentali (pianificazione territoriale provinciale; tutela e valorizzazione dell'ambiente; pianificazione dei servizi di trasporto in ambito provinciale; costruzione e gestione delle strade provinciali; programmazione provinciale della rete scolastica; raccolta ed elaborazione di dati, assistenza tecnico-amministrativa agli Enti locali; gestione dell'edilizia scolastica; controllo dei fenomeni discriminatori in ambito occupazionale e promozione delle pari opportunità sul territorio provinciale).

Il pilastro fondamentale su cui la Carta repubblicana edifica – in base al principio del pluralismo autonomistico – l'assetto delle autonomie locali è rappresentato dall'art. 5 Cost. secondo cui *la Repubblica* («*una e indivisibile*») «*riconosce e promuove le autonomie locali*» e «*adegua i principi ed i metodi della sua legislazione alle esigenze dell'autonomia e del decentramento*». Il riconoscimento costituzionale degli Enti locali (Comuni, Province e Città metropolitane) assegna agli stessi (quantunque già esistenti già nell'epoca statutaria) fondamento costituzionale ed una sfera di autonomia costituzionalmente riconosciuta.

Il costituente fa riferimento ad una «architettura» dell'autonomia locale (strutturata in Comuni e Province, cui si aggiungono dal 2001 le Città metropolitane) che è quella preesistente nel Regno d'Italia a sua volta ereditata dalla legislazione piemontese ed ispirata ai modelli di amministrazione locale elaborati durante la rivoluzione francese e rifiniti durante il periodo napoleonico. In tale modello il comune è «ente necessario» dell'ordinamento, per cui l'intero territorio nazionale è diviso in Comuni, aventi un ordinamento uniforme (c.d. *uniformità del regime municipale*) e che tendono ad identificarsi nelle singole comunità territoriali. Il principio dell'uniformità del regime municipale comporta l'applicazione di un'identica disciplina (salvo piccole differenziazioni) a realtà (Comuni) molto diverse le une dalle altre (ad es. per dimensioni territoriali, per numero di abitanti, per peculiarità geografiche, socio-economiche, ecc.), e, a questo proposito, va ricordato che l'affermazione nel Regno d'Italia del modello basato sul principio dell'uniformità giuridica corrisponde alla scelta di circoscrivere entro rigorosi limiti l'autonomia degli Enti locali che vengono anche sottoposti a penetranti poteri di controllo da parte dello Stato e che erano privi di potestà statutaria e titolari delle sole funzioni espressamente assegnate dalla legge.

La Costituzione repubblicana del 1948, pur richiamandosi al modello preesistente, compie però – rispetto al modello preesistente – un salto di qualità giacché assegna fondamento costituzionale alle autonomie locali, disponendo (previgente art. 114 Cost., oggi modificato dalla legge cost. n. 3 del 2001) che la «Repubblica si riparte in Regioni, Province e

Comuni» e conferendo a Comuni e Province il ruolo di «circoscrizioni di decentramento statale» (previgente art. 129 Cost., oggi abrogato) ed infine assegnando alla «legge generale della Repubblica» il compito di fissare i principi dell'autonomia locale e le funzioni di Comuni e Province (previgente art. 128 Cost. oggi abrogato). Infatti la Costituzione repubblicana, nel disciplinare Comuni e Province, pur facendo riferimento a caratteri del modello preesistente, al tempo stesso infonde, in tale modello, una nuova linfa rappresentata dal principio autonomistico (art. 5 Cost.) che spinge ad assegnare nuovi ed ulteriori contenuti alle singole disposizioni relative alle autonomie locali. Comuni e Province vengono infatti a rivestire il ruolo costituzionalmente garantito di «enti esponenziali» delle rispettive comunità territoriali, dotati di un proprio indirizzo politico-amministrativo che si distingue da quello statale.

La modifica costituzionale del 2001, riscrivendo gli artt. 114 e ss. Cost., conferma l'orientamento già inaugurato dalle norme contenute nel testo unico degli Enti locali (TUEL approvato con d.lgs. n. 267 del 2000) che riconosce a Comuni, Province e Città metropolitane (oltre che alle Regioni) la qualifica di «enti autonomi» con propri statuti, poteri e funzioni secondo i principi fissati dalla Costituzione (art. 114, secondo comma, Cost.) e l'art. 117, sesto comma, Cost. specifica che Comuni, Province e Città metropolitane hanno potestà regolamentare in ordine alla disciplina dell'organizzazione e dello svolgimento delle funzioni loro attribuite.

Potestà statutaria e potestà regolamentare dell'ente locale se possono essere ricomprese nella più generale categoria della potestà normativa degli Enti locali, vanno però tenute distinte in quanto relative ad atti differenti (statuto e regolamento) sia per i procedimenti di formazione che per i contenuti degli stessi.

Lo **statuto dell'Ente locale** pone le norme fondamentali di organizzazione dell'ente ed in particolare le attribuzioni degli organi, le forme di garanzia e di partecipazione delle minoranze, le forme della collaborazione tra Comuni e Province, della partecipazione popolare, del decentramento, dell'accesso dei cittadini alle informazioni e ai procedimenti amministrativi (art. 6 TUEL). Per l'approvazione dello statuto (e le sue eventuali modifiche) è richiesta una maggioranza qualificata, cioè il voto favorevole dei due terzi dei membri del consiglio; qualora tale maggioranza non sia raggiunta è sufficiente la maggioranza assoluta in due successive sedute da tenersi entro trenta giorni. Le norme dello statuto devono rispettare i principi generali del TUEL e le norme di legge che disciplinano organi e funzioni degli Enti locali, ma la legge ordinaria non può comprimere la potestà statutaria fino ad annullarla pena la negazione dell'autonomia statutaria costituzionalmente prevista. Allo statuto dell'ente locale spetta stabilire (all'interno dei limiti sopra descritti) i principi di organizzazione e funzionamento dell'ente, le forme di controllo, anche sostitutivo, nonché le garanzie delle minoranze e le forme di partecipazione popolare.

I **regolamenti degli Enti locali** devono rispettare le norme statutarie e sono volti a disciplinare l'organizzazione e lo svolgimento delle varie funzioni amministrative conferite all'Ente locale. Tali regolamenti devono rispettare i principi posti dal TUEL e, in ragione del principio gerarchico, quanto disposto dalle fonti di grado primario.

Il problema di fondo degli atti normativi degli Enti locali (statuto e regolamenti) è dato dalla individuazione del significato del fondamento costituzionale di tale potestà normativa e del rapporto intercorrente tra tali atti normativi e le fonti di grado primario (*in primis*, la legge). A questo proposito deve riconoscersi che l'autonomia regolamentare degli Enti locali non può essere assimilata, senza alcuna distinzione, alla potestà regolamentare di altri soggetti (ad es. il Governo) in ragione dell'esplicito fondamento costituzionale di tale autonomia e dei valori di cui l'autonomia locale è espressione. I regolamenti governativi infatti non sono atti di autonomia, ma di esecuzione della legge, mentre gli atti normativi degli Enti locali sono «atti di esecuzione costituzionale» (Fenucci).

L'autonomia degli Enti locali è espressione di una esigenza di "democrazia sostanziale" che si realizza appunto attraverso la maggiore coincidenza possibile fra governanti e governati. E pertanto la pratica del governo locale, con la creazione di centri politicamente autonomi, vicini e sensibili ai bisogni locali, è funzionale all'affermazione del principio democratico. E se gli Enti locali godono, nei limiti costituzionalmente fissati, di autonomia politica, la potestà normativa agli stessi riconosciuta è anch'essa espressione di tale autonomia politica e pertanto anche gli atti normativi degli Enti locali, in quanto espressione di un'autonomia costituzionalmente garantita, vengono a trovarsi svincolati da un rigido principio gerarchico nei confronti della legge statale.

L'autonomia è strettamente connessa con il fenomeno della pluralità degli ordinamenti giuridici e pone il problema dei rapporti fra gli stessi. Pertanto il rapporto fra norma statale e norma posta da atti normativi dell'ente locale si presenta come un rapporto complesso, in quanto senz'altro basato sull'affermazione del principio gerarchico, ma che non può ritenersi esaurito con il solo rapporto gerarchico dovendo ritenersi operante anche il principio di competenza. Gli atti normativi degli Enti locali infatti, pur restando sempre fonti di grado secondario – e questa considerazione è importante dal punto di vista degli strumenti di impugnazione di tali atti, sempre sottoponibili, ad es., al controllo del giudice amministrativo – si pongono, in riferimento ad alcuni contenuti (ad esempio quelli relativi all'organizzazione dell'ente locale), come limite per legge statale la quale non può giungere ad annullare la sfera di autonomia costituzionalmente garantita all'Ente locale.

7. *Consuetudine, consuetudine costituzionale e convenzione costituzionale*

La consuetudine (o *usi* o *"uso normativo"*) è una fonte-fatto e, in quanto tale, è una fonte del diritto assunta dall'ordinamento nella sua oggettività, senza alcun riferimento a circostanze soggettive o volontaristiche. La **consuetudine** (o *"fatto consuetudinario"*) è un "fatto normativo": è una fonte non scritta e consiste nella *ripetizione* costante *ed uniforme di una determinata condotta con la convinzione che tale condotta sia giuridicamente doverosa*.

La consuetudine si compone pertanto di due elementi:

– l'elemento materiale o oggettivo (*diuturnitas*), consistente nella condotta ripetuta nel tempo in maniera costante;

– l'elemento spirituale o soggettivo (*opinio iuris et necessitatis*), consistente nella convinzione della doverosità giuridica del comportamento medesimo.

L'art. 1 disp. prel. c.c. pone gli usi fra le fonti del diritto (anche se all'ultimo posto) e il successivo art. 8 dispone che «*nelle materie regolate dalle leggi e dai regolamenti gli usi hanno efficacia solo in quanto sono da essi richiamati*». Se l'art. 1 disp. prel. c.c. colloca la consuetudine nel grado più basso della gerarchia delle fonti, l'art. 8 disp. prel. c.c. (oltre a confermare tale collocazione) fonda la tradizionale distinzione tra:

– consuetudine *contra legem*, riscontrabile quando il "fatto consuetudinario" è contrario a norme scritte; nel nostro ordinamento la consuetudine *contra legem* è inammissibile in ragione della collocazione della consuetudine nel livello più basso della gerarchia delle fonti;

– consuetudine *secundum legem*, che si ha quando il "fatto consuetudinario" è richiamato dal (e pertanto trova legittimazione nel) diritto scritto;

– consuetudine *praeter legem*, riscontrabile nei casi in cui la consuetudine viene a disciplinare oggetti non previsti affatto da disposizioni normative scritte.

Da tale distinzione si trae anche la legittimità delle due forme di consuetudine *secundum legem* – che si ha quando è la stessa fonte scritta a lasciare uno spazio normativo alla consuetudine medesima – e *praeter legem*, che si ha in ambiti cioè non disciplinati da alcuna fonte scritta.

Aperta è la discussione in merito alla ammissibilità nel nostro ordinamento della *desuetudine*. Il divieto di consuetudine *contra legem* porta a ritenere inammissibile la *desuetudine* (*id est*, la cessazione di applicazione di una regola posta da un atto normativo) nei casi in cui si intenda sostituire la norma scritta con una norma consuetudinaria alla prima contraria, mentre in via teorica si potrebbe ritenere ammissibile il semplice "non uso" della disposizione scritta (che in ipotesi potrebbe non generare alcuna reazione); secondo altri però la desuetudine quale "norma in negativo" verrebbe sempre a porsi come norma *contra legem*.

Le **consuetudini costituzionali** sono quelle consuetudini che disciplinano i rapporti tra gli organi costituzionali. In questo caso si tratta di comportamenti posti in essere da un numero ristretto di soggetti e che possono essere limitati anche a pochi casi soltanto.

Con riguardo alla consuetudine costituzionale, ci si è interrogati se la stessa possa essere ricompresa nel novero degli usi normativi (o "consuetudine di diritto privato") o se, in ragione del fatto che i relativi comportamenti riguardano pochi soggetti (organi costituzionali e soggetti politico-costituzionali) e si manifestano in numericamente poche occasioni, si determini una impossibilità di fatto di una *diuturnitas* (cioè di un comportamento ripetuto nel tempo), ma si debba prendere atto che ci si trova di fronte solo a (più o meno) pochi "precedenti". Ci si interroga dunque in dottrina sulla ammissibilità stessa di una "consuetudine in materia costituzionale" ed eventualmente quale rapporto verrebbe ad instaurarsi tra una consuetudine costituzionale (o in materia costituzionale) ed altre fonti del diritto; ulteriore quesito concerne le modalità di abrogazione o di modifica di una consuetudine costituzionale o in materia costituzionale.

In dottrina si afferma (G.U. Rescigno) che l'espressione *consuetudine costituzionale* è ambigua giacché copre due diverse ipotesi (distinguibili "almeno sul piano concettuale"): quella "consuetudine *con forza costituzionale*" (quindi un fatto normativo di grado costituzionale) e "consuetudine *in materia costituzionale*" (quindi consuetudine che continua ad occupare il livello più basso della scala gerarchica delle fonti pur vertendo sulla "materia costituzionale"). Il quadro costituzionale delle fonti conduce però a ritenere che l'espressione "consuetudine costituzionale" può avere soltanto il significato di "consuetudine in materia costituzionale".

Per tale ragione risulta molto difficile distinguere la consuetudine costituzionale dalle norme di correttezza costituzionale e dalle **convenzioni costituzionali**, tipiche degli ordinamenti di *common law* e che consistono in accordi di comportamento fra organi costituzionali. Le *convenzioni costituzionali* vengono ad essere "regolarità" nella esperienza costituzionale da cui vengono tratte «regole di comportamento» (G.U. Rescigno).

Nota bibliografica

AA.VV., *Imparzialità e indipendenza delle Authorities nelle recenti dinamiche istituzionali e amministrative*, a cura di L. Paganetto, Roma, 2007; M. AINIS, *Sul valore della prassi nel diritto costituzionale*, in *Riv. trim. dir. pubbl.*, 2007; G. AMATO, *Rapporti fra norme primarie e norme secondarie*, Padova, 1962; V. BACHELET, *Evoluzione del ruolo e delle strutture della pubblica amministrazione*, in *Scritti in onore di C. Mortati*, vol. II, Milano, 1977 (ora anche in ID., *L'amministrazione in cammino*, Milano, 1984); G. BERTI, *Art. 5*, in *Comm. Cost.*, a cura di G. BRANCA, Bologna-Roma, 1975; ID., *Amministrazione e Costituzione*, in *Dir. amm.*, 1993, 461 ss.; M. BERTOLISSI (a cura di), *L'ordinamento degli enti locali*, Bologna, 2002; N. BOBBIO, *Consuetudine (teoria generale)*, in *Enc. dir.*, vol. IX, Milano, 1961; ID., *Fatto normativo*, in *Enc. dir.*, vol. XVI, Milano, 1967; L. CARLASSARE, *Regolamenti dell'esecutivo e principio di legalità*, Padova, 1966; ID., *Fonti del diritto (dir. cost.)*, in *Enc. dir.*, *Annali*, vol. II, Milano, 2008; L. CARLASSARE-P. VERONESI, *Regolamento (diritto costituzionale)*, in *Enc. dir.*, *Aggiornamenti*, vol. V, Milano, 2001; A. CERRI, *Regolamento*, in *Enc. giur. Treccani*, Roma, 1991; F. CERRONE, *La potestà regolamentare tra forma di governo e sistema delle fonti. La tipologia dei regolamenti governativi nella legge n. 400 del 1988*, Torino, 1992; A.A. CERVATI, *Delegificazione*, in *Enc. giur. Treccani*, Roma, 1997; R. CHIEPPA-G.P. CIRILLO, *Autorità amministrative indipendenti*, Padova, 2011; V. CRISAFULLI, *Lezioni di diritto costituzionale. L'ordinamento costituzionale italiano (Le fonti normative. La Corte costituzionale)*, Padova, 1984; C. ESPOSITO, *Consuetudine (dir. cost.)*, in *Enc. dir.*, vol. IX, Milano, 1961; F. FENUCCI, *I regolamenti dell'autonomia locale*, Milano, 2005; M.S. GIANNINI, *Diritto amministrativo*, vol. I, Milano, 1993; A. IANNUZZI, *Regolamenti delle Regioni. Questioni teoriche e aspetti problematici*, Napoli, 2012; N. LONGOBARDI, *Autorità amministrative indipendenti e sistema giuridico-istituzionale*, Torino, 2009; N. LUPO, *Dalla legge al regolamento. Lo sviluppo della potestà normativa del governo nella disciplina delle pubbliche amministrazioni*, Bologna, 2003; M. MANETTI, *Poteri neutrali e Costituzione*, Milano, 1994; ID., *Autorità indipendenti (dir. cost.)*, in *Enc. giur. Treccani*, vol. IV, Roma, 1996; F. MERUSI, *Sentieri interrotti della legalità*, Bologna, 2007; L. MEZZETTI, *La Costituzione delle autonomie*, Napoli, 2004; F. MODUGNO, *Fonti del diritto – I) Dir. cost.*, in *Enc. giur. Treccani*, Roma, 1988; A. MORRONE, *Il diritto regionale nella giurisprudenza e nelle fonti*, Padova, 2005; M. NIGRO, *La pubblica amministrazione fra costituzione materiale e costituzione formale*, in *Riv. trim. dir. proc. civ.*, 1985, p. 162 ss.; L. PALADIN, *Le fonti del diritto italiano*, Bologna, 1996; F. POLITI, *Regolamenti delle autorità amministrative indipendenti*, in *Enc. giur. Treccani*, vol. XXVI, Roma, 2002; G.U. RESCIGNO, *Le convenzioni costituzionali*, Milano, 1972; ID., *Consuetudine costituzionale*, in *Diritto on line Treccani*, 2015; A.M. SANDULLI, *L'attività normativa della pubblica amministrazione*, Milano, 1970; R. TITOMANLIO, *Potestà normativa e funzione di regolazione*, Torino, 2012; L. VANDELLI, *Il sistema delle autonomie locali*, Bologna, 2007; G. ZAGREBELSKY, *Sulla consuetudine costituzionale nella teoria delle fonti*, Torino, 1970; ID., *Convenzioni costituzionali*, in *Enc. giur. Treccani*, Roma, 1988.

Finito di stampare nel mese di marzo 2020
nella Stampatre s.r.l. di Torino
Via Bologna, 220